物流业碳排放及低碳发展对策
——以京津冀为例

耿立艳　姚小菊　翟晨菈　著

科学出版社
北京

内 容 简 介

本书立足于京津冀物流业碳排放问题，以低碳物流运作理论、低碳经济理论、可持续发展理论、绿色物流理论为基础，运用文献研究法、定性分析与定量分析相结合、理论分析与实证研究相结合的研究方法，突破以往物流业碳排放研究的国家层面限制，探究了京津冀物流业的碳排放现状、影响因素、未来发展趋势，并提出基于协同发展的京津冀物流业低碳发展建议。本书完善了绿色物流理论体系，同时为相关部门制定物流业节能减排政策提供参考依据。

本书可作为低碳物流、绿色物流、物流业碳排放相关领域理论研究人员的参考用书，也可作为高校相关专业本科生和研究生的教材。

图书在版编目（CIP）数据

物流业碳排放及低碳发展对策：以京津冀为例 / 耿立艳，姚小菊，翟晨莅著. —北京：科学出版社，2022.11

ISBN 978-7-03-073690-1

Ⅰ. ①物… Ⅱ. ①耿… ②姚… ③翟… Ⅲ. ①物流-低碳经济-经济发展-研究-华北地区 Ⅳ. ①F259.22

中国版本图书馆CIP数据核字（2022）第205550号

责任编辑：陶　璇 / 责任校对：贾娜娜

责任印制：赵　博 / 封面设计：有道设计

科学出版社 出版

北京东黄城根北街16号

邮政编码：100717

http://www.sciencep.com

保定市中画美凯印刷有限公司印刷

科学出版社发行　各地新华书店经销

*

2022年11月第 一 版　开本：720×1000　1/16

2025年 2 月第二次印刷　印张：15 1/4

字数：350 000

定价：156.00 元

前　言

一、本书背景

1. 全球变暖问题引发广泛关注

全球气候变暖已成为全世界共同关注的严峻问题。工业社会以来，人类无节制地对资源进行利用和开发，导致生态环境急剧恶化、资源枯竭和全球变暖。20世纪80年代以来，每一个连续的十年都比前一个十年温度更高，2015~2019年是有完整气象记录以来温度最高的五年，全球气候变暖速度增快、物候期比以往更加提前、冰川消融面积增加、海平面上升，致使有的国家屡屡出现被淹危机等现象，全球气候极端性增强。与此同时，气候变暖还威胁到粮食、能源、生态、水资源和公共卫生的安全。近百年来全球气温不断升高，大气中的温室气体含量也在不断增加，许多科学家认为，温室气体的大量排放造成的温室效应是引起全球变暖的主要原因。根据国际能源署调查，美国、中国、俄罗斯和日本排放的二氧化碳量几乎占全球的1/2，其中，中国人均二氧化碳排放量约11.73吨，约占全球总量的13.9%。温室气体的大量排放也带来了一系列的气候问题，如暴风雨、寒流、沙尘暴等极端恶劣天气比以往更加频繁。

温室效应影响的进一步扩大，以及其具有的持续性和不可逆性等特点，已经引起了国际社会深刻的认识，并将气候问题列为全球十大环境问题首位。超过85个国家元首或政府首脑、192个国家的环境部长出席了2009年召开的哥本哈根世界气候大会，并商讨了2012~2020年的全球减排协议。在2015年召开的巴黎世界气候大会中有150多个参会成员提交了减排计划书，并达成一份196个国家与地区签署的控温协议，称为《巴黎协定》。该协定于2016年11月4日正式生效，为2020年后全球应对气候变化行动做出安排。减少温室气体排放、控制全球变暖等已经被列入议事日程，并成为国际经济政治的主要议题之一，这充分说明应对气候变化和节能减排已经被提升到前所未有的高度。

2. 大力发展低碳经济已成定局

低碳经济，是指在可持续发展理念指导下，运用技术创新、制度创新、产业转型和使用新能源等方法，减少煤炭、石油等高碳排放量能源的消耗，尽可能地缓解温室效应现状，达到社会经济发展和生态环境保护双赢的一种经济发展形态。2003 年英国颁布了能源白皮书《我们能源的未来：创建低碳经济》，这是“低碳经济”一词最早出现在政府文件中。

从 1992 年的联合国环境与发展大会开始，中国就致力于环境保护的规划和研究，并采取了一系列的行动，先后针对环境、能源、节能和气候方面制定了众多规章和法律，包括《中华人民共和国环境保护法》《中华人民共和国节约能源法》《中华人民共和国大气污染防治法》《中华人民共和国大气污染防治法实施细则》《中华人民共和国循环经济促进法》等。在 2009 年的哥本哈根会议上，中国政府承诺，到 2020 年，中国单位国内生产总值（gross domestic product，GDP）的二氧化碳排放相比 2005 年下降 40%~45%。2015 年习近平主席出席巴黎大会，并为《巴黎协定》快速签署和生效提供重要推动力，中国成为全球气候治理重要的参与者、贡献者和引领者。《中华人民共和国国民经济和社会发展第十三个五年规划纲要》提出，在“十三五”（2016~2020 年）期间，单位 GDP 的二氧化碳排放降低 18%。2018 年 3 月，根据第十三届全国人民代表大会第一次会议批准的国务院机构改革方案，设立中华人民共和国生态环境部，旨在更好地应对气候变化和开展节能减排工作。2019 年 7 月 9 日，李克强总理在主持召开的国家应对气候变化及节能减排工作领导小组会议上指出，中国会继续付出艰苦卓绝的努力，确保兑现对国际社会做出的 2030 年左右二氧化碳排放总量达峰和强度大幅下降的承诺。在碳市场建设方面，我国正积极推动《碳排放权交易管理暂行条例》立法进程，适时印发《2019~2020 年全国碳排放权交易配额总量设定与分配实施方案（发电行业）》、《发电行业配额分配技术指南》和重点排放单位温室气体排放报告管理办法、核查管理办法、交易机构管理办法等配套管理制度，持续、深入、系统地开展面向各类市场主体的全国碳市场能力建设活动，组织完成全国碳排放权注册登记系统和交易系统这两个重要系统的建设。众多法规政策和承诺有力地说明了坚持节能减排实现可持续发展，走低碳经济之路，将成为未来我国应对气候变化和经济社会转型的重大战略。

3. 物流业的能源问题亟待解决

1）物流业能源消耗大，碳排放量居高不下

温室气体的排放主要是源于能源的使用，特别是以煤炭、石油、天然气等为主的化石能源的燃烧和使用。根据国家统计局 2010 年按行业能源消费量的统计数据，我国能源消耗总量为 32.5 亿吨标准煤，其中，物流业相关的交通运输、仓储和邮政业的能源消耗为2.6亿吨标准煤，占到2010年全国能源消耗总量的8%。这仅仅是物流业的数据，如果把企业中物流消耗和商业流通领域的数据统计进来，将达到10%以上。通过分析《中国能源统计年鉴2018》中交通运输、仓储和邮政业的能源消耗数据可以发现，2016年物流业的能源消耗占据我国能源消费总量的9.1%，且近十年的能源消耗量一直呈上升趋势。物流业作为我国能源消耗增长最快及二氧化碳排放量增长速度最快的行业之一，将会对环境产生较大的污染。IPCC（Intergovernmental Panel on Climate Change，联合国政府间气候变化专门委员会）2007年的报告显示，如果保持当前的能源消耗方式，物流业的能源消耗量将以每年约2%的速度增长，到2030年将比现在高出80%。IPCC第五次评估报告显示，即使人类停止排放二氧化碳，全球变暖带来的（如地表平均温度处于高位、海平面上升等）问题仍将持续多个世纪。2018年发布的《IPCC全球升温1.5 ℃特别报告》指出，人们对电力行业的过多关注，导致供暖、交通运输等行业的减排速度过于缓慢。根据国际能源署等多家机构的评测报告，目前全球能源转型速度与气候变化带来的风险相比，依然过于缓慢。因此，研究我国物流业能源消耗现状和二氧化碳排放量问题，对于促进物流业节能减排，更好发展促进经济，确保我国单位GDP二氧化碳排放下降，以及《中美气候变化联合声明》中2030年左右我国二氧化碳排放达到峰值的实现都具有重要意义。

2）物流业能源浪费多，物流效率有待提高

交通运输业是传统能源大量消耗的产业，现代物流业中除运输、储存、流通加工3个基本功能要素外，还涉及装卸搬运、包装、配送及信息处理等功能。物流业是集运输业、仓储业、货代业、信息业等服务产业为一体的综合性产业，其涉及产业多、领域广，在产业结构调整和经济发展模式转变方面发挥重要作用。因此，现代物流业将比传统交通运输业产生更多的能源消耗和二氧化碳气体，进而加剧生态环境的恶化。同时，物流企业也存在众多迫切要解决的问题，如空驶率高、重复运输、交错运输、无效运输等不合理运输现象较为普遍，这些不合理运输现象均造成了大量的碳排放。随着经济社会的高速发展，物流业在各级政府的指导下快速发展，必然消耗大量的能源，造成巨大的环境污染，这又从根本上对物流产业及经济的可持续发展产生了消极影响。

行业内普遍以全社会物流总费用占GDP的比例来评价整个经济体的物流效率，社会物流总费用占GDP的比例越低，代表该经济体物流效率越高，物流产业越发达，发达国家的这个指标只有不到10%。2010~2017年我国物流总费用与GDP的比例从17.8%下降至14.6%，物流效率总体虽然有所提升，但是仍然存在较大改进空间。同时，能源强度（即单位GDP的能源消耗）用于衡量一个国家或地区能源综合利用的效率，单位GDP的能源消耗越少，说明该经济体物流业能源综合利用效率越高，对煤炭、石油和天然气等能源的依赖程度越低。《中华人民共和国国民经济和社会发展第十三个五年规划纲要》提出，在“十三五”（2016~2020 年）期间，单位 GDP 能耗下降 15%。

4. 京津冀大气污染问题急需治理

1）京津冀协同发展成重大国家战略

2014 年初，习近平总书记和国务院总理李克强分别指出，加强环渤海及京津冀地区的经济协作，实现京津冀协同发展是一个重大国家战略。京津冀协同发展，核心是京津冀三地作为一个整体协同发展，要以疏解非首都核心功能、解决北京市“大城市病”为基本出发点，调整优化城市布局和空间结构，构建现代化交通网络系统，扩大环境容量生态空间，推进产业升级转移，推动公共服务共建共享，加快市场一体化进程，打造现代化新型首都圈，努力形成京津冀目标同向、措施一体、优势互补、互利共赢的协同发展新格局。同年，《“十三五”时期京津冀国民经济和社会发展规划》印发实施，这是全国第一个跨省市的区域“十三五”规划。该规划提出，到 2020 年，京津冀地区的整体实力将进一步提升，经济保持中高速增长，结构调整取得重要进展；协同发展取得阶段性成效，首都“大城市病”问题得到缓解，区域一体化交通网络基本形成；生态环境质量明显改善，生产方式和生活方式绿色，低碳水平上升；人民生活水平和质量普遍提高，城乡居民收入较快增长，基本公共服务均等化水平稳步提高。因此，京津冀作为继“长三角”与“珠三角”之后的中国经济第三增长极，物流业碳排放的主要地区之一，对科学制定物流业碳减排政策，发展低碳经济具有重要的意义。

2）京津冀空气质量的提升刻不容缓

近年来，京津冀地区频繁出现大气环境污染问题，这既影响人们的正常生活和身心健康，也关系到国家经济的发展与建设。《2021 中国环境状况公报》显示，2021 年京津冀及周边地区，平均优良天数平均比例为 67.2%，远远低于全国 339 个地级及以上城市 87.5%的比例。京津冀及周边地区以臭氧、$PM_{2.5}$为首要污染物的超标天数分别占总超标天数的 41.8%、38.9%，虽然以 $PM_{2.5}$为首要污染物的超标天数比例小于全国水平，但以臭氧为首要污染物的超标天数比重却高于全国水平，且京津冀及周边地区臭氧、$PM_{2.5}$浓度分别为 171 微克/米^3、43 微克/米^3，而全国 339 个城市臭氧、$PM_{2.5}$浓度分别为 137 微克/米^3、30 微克/米^3。

3）京津冀发展低碳经济意义重大

“十三五”时期，京津冀要完成转型升级的重要任务，传统粗放型增长老路显然已经行不通了，作为能源消费较多的地区，资源环境约束问题十分明显，必须加快转变经济发展方式，调节产业结构，由高碳向低碳转型，构建低碳产业体系，走低碳发展之路，这是摆脱当前经济困境的正确选择。发展低碳经济更多的是转变发展方式，以及减轻单位GDP的资源和环境代价，通过向自然资源投资来恢复和扩大资源存量，运用生态学原理设计工艺与产业流程来提高资源效率，使发展的成果更好地为人民共享。当前京津冀经济社会进入跨越式发展新阶段，正处于全面提升工业化、信息化、城镇化、农业现代化水平的关键时期。在这个特殊阶段，京津冀坚持什么样的发展理念，遵循什么样的发展模式，确立什么样的发展目标，选择什么样的发展道路，对京津冀未来发展至关重要。发展低碳经济是京津冀地区调整产业结构的重要途径，是可持续发展的内在要求，是优化能源结构的可行措施，是实现跨越式发展的可能路径，是开展地区合作的重要途径。这事关京津冀的可持续协调发展，事关京津冀经济发展的质量和效益，有利于京津冀加快经济发展方式，推动产业转型升级，培育新的经济增长点，提升经济的国内外竞争力；有利于改善生态环境，建设资源节约型、环境友好型社会，增强京津冀的环境优势和综合竞争力；有利于提高人民群众的生活品质，努力形成京津冀目标同向、措施一体、优势互补、互利共赢的发展新格局。

二、本书意义

1. 理论意义

随着经济社会的发展，二氧化碳排放问题成为当今社会面临的现实问题之一。一方面，温室气体大量排放引发的全球变暖现象越来越严峻，严重影响我们的生产和生活活动；另一方面，环境可持续问题令人担忧。根据可持续发展需要，实施节能减排、大力发展低碳经济已经成为京津冀地区甚至我国经济社会发展的必然选择。自低碳经济发展以来，低碳理念同样延伸到物流业。低碳物流产生于低碳经济的背景之下，是一种将环境保护和资源消耗综合考虑的全新的物流模式，它以全新的思维模式研究整个物流系统的碳减排，实现与自然生态的和谐发展。低碳物流是结合物流科学、管理科学、环境科学等学科深层次交叉而形成的前沿分支学科，与绿色物流理论不谋而合。低碳物流强调企业经济效益、社会效益和环境保护的三者统一，实现低能耗、低污染、低排放的友好型物流方式，是现代物流发展的未来趋势。目前，京津冀物流业的低碳发展还处于初步阶段。本书立足于京津冀地区物流业的碳排放问题，以低碳物流运作理论、低碳经济理论、可持续发展理论、绿色物流理论为基础，系统研究京津冀物流业的碳排放现状、影响因素及低碳化发展对策，进一步丰富并完善低碳物流运作理论、绿色物流理论，有助于深化对物流业碳排放的认识，同时可为京津冀地区相关部门制定物流业节能减排政策提供理论指导，也可为京津冀物流企业的低碳发展提供决策依据。

2. 现实意义

本书测算京津冀物流业碳排放情况，分析京津冀物流业碳排放现状及影响因素，从理论上揭示影响京津冀物流业低碳发展的关键因素，为京津冀物流业低碳发展提供指导，同时系统性地提出实现京津冀物流业低碳发展的对策建议，有助于解决京津冀物流业发展与环境保护之间的冲突，对促进京津冀地区经济可持续发展、生态环境保护及京津冀物流业的能源结构调整、能源效率提高具有重要的、可操作的现实意义。

1）有助于扩大京津冀环境容量生态空间

《“十三五”时期京津冀国民经济和社会发展规划》制定了九个方面的重点发展任务，其中一项是绿色发展。“建设生态修复环境改善示范区，重点是构建区域生态屏障，推动京津保地区过渡带成片林地建设，加强水源涵养林和防风固沙林建设，加快建设环首都公园，加强海洋生态保护，强化大气污染防治，加强水土资源节约集约利用。”由于物流业能源消耗量大，对环境有较大的污染，减少京津冀物流业的资源消耗和碳排放，实现低碳物流无疑是京津冀发展的内在需要。通过走低碳发展的道路，以协调经济发展与环境保护两者的关系，有助于京津冀实现绿色发展。物流业各环节当中，无不消耗着大量的能源，京津冀物流业蓬勃发展的同时也在不断地消耗能源资源，随之而来的是巨大的碳排放量，不论是间接的还是直接的碳排放，都对京津冀实现绿色发展有阻碍的作用，因此，京津冀物流业碳减排势在必行。

2）提升京津冀物流企业的竞争力

京津冀物流企业实现低碳发展可以提升企业形象，增强企业的竞争力。企业竞争力的核心包括企业文化、企业形象等方面。实行低碳物流，将人类社会的可持续发展纳入企业的发展目标，注重企业的社会效益和社会责任，从而树立良好的企业形象。随着低碳经济的发展，客户对低碳物流服务的需求会越来越多，对低碳理念的认知也会加深，对物流产品和服务的低碳化要求也会越来越多，越来越苛刻。物流企业要提升竞争力，低碳发展是必然趋势。京津冀物流业碳排放及低碳发展对策研究，对京津冀物流业实现低碳化发展、提升竞争力具有重要的指导意义。

3）助推京津冀经济，实现京津冀经济绿色崛起

京津冀物流业在促进经济稳定发展的同时，也存在着严重的资源过度消耗，给环境带来重要影响。京津冀是全国煤炭生产和消费较多的区域之一，煤炭在京津冀能源生产和消费结构当中占据绝对主导地位，而煤炭使用所带来的碳排放要比其他能源多得多，同时，京津冀新能源的使用也不够成熟，造成京津冀当前碳

排放量居高不下的困境。由于京津冀物流业粗放型的发展模式，为实现经济增长而付出的物流成本和由此带来的环境成本太高，故京津冀物流业碳排放及低碳发展对策研究能够为实现京津冀绿色物流提供决策指导，实现京津冀经济绿色发展。

4）推动京津冀一体化协调可持续发展

近几年，国家大力推进京津冀一体化、建设环首都城市圈，而幅员辽阔的河北省地区生产总值并不占优势，并且还一直因为雾霾问题而饱受各方诟病。因此，降低河北省碳排量、治理雾霾问题，与追求地区生产总值的增长同样重要。以物流这个新兴的行业作为问题的切入点可能是值得考虑的。相比于其他生产制造行业消耗的大量原料能源，物流业消耗能源相对较少，而且作为第三产业，其单位消耗的碳所带来的回报值是一些生产型企业所不及的。物流业不单是某个地区特定的产业，以物流业作为河北省碳减排的先行者，带动供应链上下游企业的碳减排，将带来京津冀联系的进一步加深，进而推动京津冀一体化协调可持续发展。

三、本书内容

本书基于京津冀物流业的能源消费实际数据，测算京津冀物流业的碳排放，分析京津冀物流业的碳排放现状与特征；探究京津冀物流业碳排放与影响因素的关联关系；预测京津冀物流业碳排放的未来发展趋势。以此为基础，提出京津冀协同发展背景下推进京津冀物流业低碳发展的对策建议，主要内容如下。

1. 物流业碳排放相关理论研究

探讨物流、物流业、碳排放、低碳物流等的内涵；阐述物流业的碳排放理论基础，包括低碳物流运作理论、低碳经济理论、可持续发展理论、绿色物流理论；归纳物流业的能源消费测算方法、物流业碳排放测算方法、物流业碳排放预测方法等；梳理国内外物流业碳排放的研究进展。

2. 京津冀物流业碳排放现状研究

从物流业生产总值、运输线路总里程、货运量、货物周转量、物流业从业人员等方面分析京津冀物流业发展现状；在测算京津冀物流业能源消费量及能源消费强度基础上，分析京津冀物流业能源消费现状；测算京津冀物流业碳排放量、碳排放强度、人均碳排放量，分析京津冀物流业碳排放现状与特征。

3. 京津冀物流业碳排放影响因素研究

运用灰色关联分析法研究京津冀物流业碳排放的影响因素，探究京津冀物流业碳排放与影响因素的关系，确定各因素对京津冀物流业碳排放的影响程度；基于 Tapio 脱钩指数模型分析京津冀物流业碳排放与经济增长的脱钩关系。

4. 京津冀物流业碳排放预测研究

构建最小二乘支持向量机–变加速系数粒子群优化算法（least squares support vector machines-particle swarm optimization with time-varying acceleration coefficients，LSSVM-PSOTVAC）模型，以变加速系数粒子群优化算法（particle swarm optimization with time-varying acceleration coefficients，PSOTVAC）调整最小二乘支持向量机（least squares support vector machines，LSSVM）最优参数。利用 LSSVM-PSOTVAC 模型预测京津冀物流业碳排放量、碳排放强度及人均碳排放量。

5. 京津冀物流业低碳发展对策研究

结合京津冀物流业碳排放影响因素研究和京津冀物流业碳排放预测研究的研究结果，分析京津冀物流业碳排放产生原因及低碳发展制约因素，在此基础上提出促进京津冀物流业低碳发展的对策建议。

6. 全面总结本书的研究成果，对后续研究前景进行展望

将京津冀物流业能源消费量、碳排放量、碳排放影响因素、碳排放发展趋势、低碳化发展对策等相关研究成果进行总结，并从扩大样本数量、扩充影响因素两个方面对未来研究进行展望。

四、本书方法

本书采用的研究方法有文献研究法、定性分析与定量分析相结合、理论分析与实证研究相结合的研究方法。

1. 文献研究法

收集并分析本书研究领域主要涉及的国内外相关领域的研究成果，包括碳排放、碳排放核算、物流业碳排放和碳排放的政策，作为理论与实证分析的基础。

2. 定性分析与定量分析相结合

从定性角度分析京津冀物流业发展现状、能源消费现状、物流业碳排放现状；从定量角度分析京津冀物流业碳排放与影响因素的内在关联性、京津冀物流业碳排放与经济增长的脱钩关系、京津冀物流业碳排放的未来发展趋势，使研究

结果更科学、更合理。

3. 理论分析与实证研究相结合

先从理论上分析京津冀物流业碳排放的影响因素，然后实证研究京津冀物流业碳排放与影响因素的关系。理论与实证相印证，提高研究成果的实用性和应用价值。

五、本书创新

本书采用定性分析与定量分析相结合、理论分析与实证研究相结合的方法，运用多学科理论与方法对京津冀物流业碳排放、影响因素及低碳发展对策进行探讨，研究内容涵盖了理论分析、实证研究、对策建议提出等各个阶段，通过这些内容的有机融合，形成一个系统、完整的京津冀物流业碳排放研究体系。本书的创新工作在于以下几个方面。

1. 京津冀物流业的碳排放现状与特征分析

在分析京津冀物流业的发展现状、能源消费现状基础上，测算京津冀物流业的碳排放指标：碳排放量、碳排放强度、人均碳排放量。基于测算结果分析京津冀物流业的碳排放现状及变动特征。

2. 京津冀物流业碳排放与影响因素的关联性研究

将京津冀物流业碳排放影响因素分为直接影响因素和间接影响因素两类，运用灰色关联分析法从定量角度研究直接影响因素、间接影响因素对京津冀物流业碳排放的影响程度，从而确定京津冀物流业碳排放的主要直接影响因素、间接影响因素。

3. 基于 PSOTVAC 的 LSSVM 预测模型构建

针对传统交叉验证法选择 LSSVM 参数的局限性，构建基于 PSOTVAC 的 LSSVM 预测模型，通过 PSOTVAC 调整 LSSVM 的最优参数。

4. 京津冀物流业低碳发展对策提出

首先，提出京津冀物流业全过程碳排放对策，即从物流业碳排放的源头、过程、末端进行控制，实现京津冀物流业的低碳发展；其次，从协同发展视角提出京津冀物流业低碳发展对策建议，包括明确京津冀三地物流业发展定位、出台京津冀物流业低碳协同发展政策、调整京津冀地区运输结构、补齐京津冀物流企业技术短板、构建京津冀物流业信息服务平台、培养京津冀地区物流人才等。

六、本书资助与分工

本书得到石家庄铁道大学基本科研业务费研究项目（编号 SCT202001）的资助，也获得河北省高校人文社会科学重点研究基地——石家庄铁道大学工程建设管理研究中心的资助。本书由耿立艳教授、姚小菊高级会计师、翟晨莅研究生共同撰写完成，其中，耿立艳完成 15 万字，姚小菊完成 15 万字，翟晨莅完成 5 万字，最后由耿立艳对全书进行审阅、修改和定稿。

由于研究时间及作者精力、知识能力、研究水平等的限制，本书研究成果仅是一个开端，尚有许多问题亟待进一步深入研究。书中难免存在一些不足之处，敬请广大专家、学者、同行、读者批评指正！

作　者

2022 年 3 月

目　　录

第1章 导 论

1.1 物流业碳排放

1.1.1 物流

物流是社会经济发展到一定阶段的产物，其发展经历了漫长的历史过程。物流的概念可以追溯到20世纪初的美国，其形成原因存在两种不同的观点：一种观点认为，物流是由于经济原因产生的。美国研究者Shaw（1912）从市场营销的角度定义物流，认为“物流是与创造需求不同的一个问题”，明确将企业的活动分为创造需求的活动和物流活动。另一种观点认为，物流是因为军事原因产生的。1905年，美国军官Baker从军事后勤的角度提出了物流的概念，将“与军备的移动与供应有关的战争艺术的分支”称作物流（邵扬，2009）。第二次世界大战中的军事后勤活动使得物流和系统分析方法得到有效应用，同时，积累了大量军事后勤保障理论与实践经验，形成和丰富了物流领域的理论与方法。这些理论与方法在第二次世界大战后被广泛应用到军事以外的其他领域。

以上两种不同观点的物流概念分别在它们各自的专业领域得到了一定的应用与发展。随着时间的推移与经济社会的不断发展，物流不断地被赋予新的含义。由于引入时间和认识角度的不同，不同国家对物流概念的具体表示不尽相同。1986年，美国物流管理协会将物流的定义表述为“物流是商品、服务和相关信息从原产地到消费地的有效流动和存储，同时进行规划、实施和控制，以满足客户需求的过程”（Warsing et al.，2001）；2000年，该协会对物流进行了重新定义，即“物流是供应链程序的一部分，它是为满足客户需求对货物、服务和相关信息从原产地到消费地的高效、正向及反向流动和存储进行的规划、实施和控制的过程”（Little，1991）；2001年，该协会把定义进一步修订为“物流是供应链过程的一部分，它是对商品、服务及相关信息在起源地到消费地之间有效率和效益地正向和反向移动，其目的是满足客户要求”（何明珂，2002）；2007年，美国供应链管理专业协会（原美国物流管理协会）从管理的角度对物流进行了解释，即“物流管理是供应链管理的一部分，以满足客户需求为目的，对货物、服务和相关信息在原产地和消费地之间的正向和反向流动与存储进行规划、实施和控制”（张亮，2015）。

20世纪60年代末，物流理论思想开始向日本、加拿大、欧洲等地传播。刚引入物流的概念时，日本将物流直译为“物的流通”，是实物流通的简称。随着日本物流水平的发展和对物流领域研究的不断深化，日本对物流概念的理解和认识更加深入。日本日通综合研究所（1986）给出的物流定义如下：“把货物从供应者向需求者之间的物理位移，在这样转移的经济活动中创造了时间价值和场所价值。从物流的领域来看，包括包装、装卸、存储、库存管理、流通加工、配送和其他活动。”1994年，欧洲物流协会将物流描述为“在一个系统内对人员或商品的运输、安排及与此相关的支持活动的计划、执行和控制，以达到特定的目的”（徐勇谋，2003），这个定义在欧洲大陆比较具有代表性，目前已经成为欧洲标准化委员会的标准定义。

我国于20世纪70年代末引入物流的概念，并把物流作为一门学科进行研究。不同的研究者对物流的概念进行了不同的诠释，比较有代表性的如下：李京文等（1987）将物流定义为“物质资料在生产过程各个生产阶段之间的流动和从生产场所到消费场所之间的全部运动过程”。王之泰（1995）认为，物流是按用户要求，将物的实体从供给地向需要地转移的过程，这个过程涉及运输、储存、保管、搬运、装卸、货物处置和拣选、包装、流通加工、信息处理等许多相关活动。吴清一（1996）将物流描述为“实物从供给方向需求方的转移，这种转移既要通过运输或搬运来解决空间位置的变化，也要通过仓储保管调节双方在时间节奏方面的差别”。崔介何（2015）指出，物流是物质资料从供应者到需要者的物理性（实物性）流动，是创造时间和空间价值的经济活动。董千里（1999）提出，物流是原材料供应者到生产者，经过生产过程直到最终产品到达使用者、消费者之间的供应链管理，是包括订货、包装、装卸、运输、储存、库存控制、配送、流通加工、物流信息等许多环节及相关作业的集成。2006年《中华人民共和国国家标准：物流术语》对物流的概念进行了基本的界定，即物品从供应地向接收地的实体流动过程。根据实际需要，将运输、储存、装卸、搬运、包装、流通加工、配送、回收、信息处理等基本功能实施有机结合（全国物流标准化技术委员会，2007）。王瑛琦（2017）提出，物流是为了实现人类需要而进行的经济社会中物品和要素的流动，是集运输、仓储等多项作业为一体的活动。物流活动运用互联网和信息技术等手段，通过对不同活动的管理，达到最高的效益水平，实现物品的最优配置。

由以上对物流定义的可看出，物流是一个不断发展的概念，随着人们对物流认识的不断深入，其内涵也随着时间的推移和研究的进行而不断丰富与发展（耿立艳和张占福，2017）。国内外对物流的定义主要包含四个要素：①物流的主体是货物、服务及相关信息。物流主要是对物品的运输，在其过程中包含人类的计划、控制和服务。②物流是综合性的经济活动。物流活动包含物品从某一时空状态到另一状态的改变过程中的一切活动，是许多环节的整合。③物流包含人的要素。物流活动的实施主体是人，物流活动是人的有目的、有组织的活动。④物流是供应链的一部分，在理解物流的概念时应加入管理的思维（王瑛琦，2017）。总之，物流泛指物质资料实体的物理性移动，包括场所位置的转移和时间的占用。物质资料的这种物理性移动存在于社会再生产的全过程，包括物质资料在生产领域里生产过程中各阶段之间的流动，以及从生产所在地经由供应所在地向消费所在地，或从生产所在地直接向消费所在地的流动，以实现物流的空间效用和时间效用（郝渊晓，2003）。

1.1.2 物流业

1. 物流业定义

当前，学术界对于物流业的概念界定一直没有明确的解释，我国最新的国民经济行业分类并未划分出物流业，《中国统计年鉴》也未把物流业作为一个产业进行核算。国内学者对物流业的界定提出了不同观点。汪鸣和冯浩（2002）指出，物流业是多个环节、多个产业、多种服务方式的融合，是各种资源、信息的整合。对于物流业是不是一个独立产业应该冷静分析、辩证地看问题。一方面，如果简单地把物流业看成一个独立的产业，像其他产业那样正常推进，就会面临一系列的问题，如政策的针对性问题、技术的应用范围问题、投入产出的衡量标准问题和发展水平的体现问题等；另一方面，物流业又几乎涉及经济领域的所有方面，同时又对经济运行环境有着严格的要求，如果简单地把物流业不看成一个独立的产业，就会因为缺少产业发展所需要的宏观层面的推动，而使物流发展变缓，进而影响经济的发展。李莉（2003）认为，物流业是指直接或间接提供物流服务，具有共同经济特征的经济活动，连接生产、流通、消费并提供专业化物流服务的企业集合。物流业是一种综合性产业，既包括物流服务，又包括物流设备生产。所有提供物流服务的生产经营活动及为物流企业活动提供的服务（如为物流活动提供的计算机软件设计、硬件管理、邮电通信、网络信息、金融保险服务）等都应纳入物流产业的统计范畴。另外，物流设备生产包括机械、电气行业中的物流装备生产行业和纸制品、金属制品等包装物生产行业，也应纳入物流产业的统计范畴。因此，物流业的理解可分为狭义和广义两种，狭义的物流业仅仅包含物流服务活动，而广义的物流业还包括物流设备的生产和制造活动（万云虹等，2005）。孙峰华等（2008）提出，物流业具备竞争特性，它是以物流企业为核心的产业集群，这些企业是专门从事运输、仓储、物流信息等物流服务的第三方物流企业。物流业属于第三产业，它是各个行业的复合，包含交通运输物流、仓储业物流、贸易业物流、流通加工与包装业物流、邮政业物流（国家统计局，2007）。田青等（2010）认为，物流业指的是专门从事将商品或服务由起始地到消费地发生空间移动，对其进行高效率、低成本、高效益流动及储存为经营（活动）内容的以营利为目的的事业组织的集群。物流业包括交通运输业、邮电通信业、国内国外贸易业、物资供销业及仓储业等。王金男（2014）指出，尽管物流业还没有列入新国家标准的《国民经济行业分类》（GB/T 4754—2011）中，但不可否认物流业的客观存在。根据行业分类标准，物流业应由交通运输业、仓储业等构成，具体涵盖铁路运输业、道路运输业、水上运输业、航空运输业、管道运输业、装卸搬运和运输代理业、仓储业等。2014 年 9 月，国务院发布的《物流业发展中长期规划（2014—2020 年）》指出，物流业是复合型服务业，融合运输、仓储、货代、信息等产业，作为基础性、战略性产业，支撑着国民经济发展。毛文富（2017）认为，物流业是由专门提供物流服务的企业构成的集合。在产业融合的基础上，将运输、仓储、装卸、加工、整理、配送、信息等方面有机结合，形成完整的供应链，为用户提供多功能、一体化的综合性服务的新型的跨行业、跨部门、跨区域、渗透性强的复合型产业，具体包括铁路运输业、道路运输业、水上运输业、装卸搬运及其他运输服务业、仓储业、批发业、零售业。陈治国等（2020）提出，物流业是一个新兴的生产性服务业、基础性产业，具有辐射力强、开放度高、关联面广等特点。物流活动包括运输、储存、装卸搬运、包装、流通加工、配送、客户服务和信息管理等多种业务活动，物流业的高度嵌入可有效改善地区的供应链环境，促使地区生产产品的结构比例得到不断优化，并使地区信息、资金和商品流动系统化，从而实现地区整体资源配置系统的持续改善和高效运行，促进区域投资吸引力水平提高和业务流程创新发展，最终提升地区福利水平。

综合国内大部分学者及国家政策文件的界定，物流业属于第三产业中的服务业，是交通运输、邮政、仓储、包装、流通加工配送、信息技术等企业活动的集合。它是一种新型的复合型产业，通过一系列物流活动实现产品的增值（王瑛琦，2017）。在界定物流业具体内容时，要注意把握物流业的四个基本特性（万云虹等，2005）：①物流工程网络是指货物从一港口运送到另一港口，然后通过铁路、公路或其他运输方式把货物运送到目的地的流程。它侧重于商品实体流动过程中所使用到的物流基础设备和设施，与现有的交通运输业分不开界限。简单地说，物流工程网络是商品的实体流动轨迹网络。②物流服务网络是指与运输、仓储保管、装卸搬运、流通加工等行业密切相关的物流服务体系。它侧重于物流活动具体环节的操作，是商品在流通过程中服务组织形态的体现。③物流信息网络是指与物流活动相关的信息网络，它侧重于利用物流信息技术降低物流活动中发生的费用，减少物流各环节的多余工作，以提高物流工作效率和物流服务网络的服务效率。④物流全过程的管理集成是指用管理科学与工程的理念，策划、实施并监控物流全过程。王成林（2013）研究发现，受多种客观因素影响，我国物流业形成了自身独特的特点，主要表现如下：①产业规模不断扩大。随着我国经济快速发展，形成了强大的物流需求，社会物流需求是物流产业发展的前提和基础、产业提升的重要因素，也是物流产业具有吸引力的关键因素。②发展定位进一步明确。形成了以物流产业为基础，通过物流产业促进、带动其他相关产业迅速发展的新趋势。③提升空间巨大。我国物流业在国际上并没有处于领先地位，对于物流成本降低的需求日益迫切，现在正处于产业转型的最佳时期，具有巨大的发展潜力与提升空间。

2. 我国物流业发展历程

我国物流业发展经历了四个阶段，分别为创建、探索阶段（1949~1977年），改革、开放阶段（1978~2000年），发展、国际化阶段（2001~2011年）和协调、创新阶段（2012年至今）（刘慧林，2019）。

1）创建、探索阶段（1949~1977年）

中华人民共和国成立初期，国民经济刚刚恢复，物流业也开始创建。中国实行计划经济体制，所有资源及生产活动根据政府事先制订的计划，安排分配资源和组织重大经济活动，指引和调节经济运行方向。中国物流最初形态为物流活动根据各地区计划，按时按量组织运行。这一时期的运输工具主要为火车、货车和货船，物流资源极度匮乏，货物商品主要通过汽车、船和火车运输，进行简单分拣后运送至仓库储存，然后根据各地计划进行配送。1953年，我国开始实行发展国民经济的第一个五年计划，交通运输建设有了较大发展，铁路和公路通车里程大为增加，新建、修复铁路干线、复线、支线共约一万千米，物流业得到相应的发展，全国物流处于萌芽状态。

2）改革、开放阶段（1978~2000年）

1978年底，中共中央召开十一届三中全会，大会决定进行经济体制改革和对外开放，并进行一系列政策的实施，交通运输业加快步伐，物流业得到快速发展。1978年11月，由国家物资总局、国家计划委员会、财政部等部门组成的人员出发日本进行物流考察，并写出考察报告，将“物流”这一概念引入国内，从此开始国内相关物流理论的研究。大量机械工具的使用加快了装卸分拣效率，如叉车、传送带、堆垛机等；多层仓库和立体仓库在这一时期也极大地提高了仓储能力；条形码技术、射频识别技术（radio frequency identification，RFID）、全球定位系统（global positioning system，GPS）技术、地理信息系统（geographic information system，GIS）技术、仓储管理系统（warehouse management system，WMS）、运输管理系统（transportation management system，TMS）等物流信息技术的发展极大促进了物流多领域的发展。1978~2000年物流业得到各方高度重视，国内物流发展处于改革、开放阶段。

3）发展、国际化阶段（2001~2011年）

进入21世纪，中国物流业迎来重大发展机遇。2001年4月，中国物流与采购联合会正式成立，这是中国第一个综合性物流社团组织，其主要任务是推动中国物流业的发展，促进采购事业的改革和发展。2001年11月，中国正式加入世界贸易组织（World Trade Organization，WTO），其中最早开放的领域中包括物流业。2003年3月，第十届全国人民代表大会第一次会议决定成立商务部，商务部是主管国内外贸易和国际经济合作的国务院组成部门。2006年，中国国民经济和社会发展第十一个五年规划纲要提出“大力发展现代物流业”，这是第一次对物流业提出发展目标。随着科技水平的发展提高，催生了各种新的物流作业形式和大大提高作业效率的基础设施，特别是电子商务的发展，扩大了物流民营企业的规模。同时，大批高校设立物流管理专业，物流工作者从国外引进整合和集成思想，物流业被越来越多的人关注。

4）协调、创新阶段（2012年至今）

2012年党的十八大以来，我国进行全面深化改革，物流业也进入新时期。2013年9月，中国（上海）自由贸易试验区正式成立，这项重大改革以制度创新为着力点，重在提升软实力，各项工作影响深远、难度大。与此同时，理念创新也引领物流业的发展，全球化、信息化、网络化、智能化的物流正在形成发展，物流业的各个环节正在逐渐被智慧物流、无车承运人等创新理念渗透。2013年9月和10月，国家主席习近平先后提出建设“新丝绸之路经济带”和“21世纪海上丝绸之路”（简称“一带一路”）的重大合作倡议，强调设施联通和贸易畅通，物流业与制造业、金融业协同发展的新优势形成，更好地推动和促进了区域物流协调发展。在这一时期，物流业是由量向质变化的发展，处于技术转型阶段。

1.1.3 碳排放

碳排放是关于温室气体排放的一个总称或简称。温室气体中最主要的气体是二氧化碳，因此用“碳”一词作为代表，虽然并不准确，但作为让人们最快了解的方法就是简单地将“碳排放”理解为“二氧化碳排放”。人类的任何活动都有可能造成碳排放，如普通百姓简单地烧火做饭都能造成碳排放，任何物体被火烧后的废气都会产生碳排放。多数科学家和政府承认，温室气体已经并将继续为地球和人类带来灾难，所以“（控制）碳排放”“碳中和”这样的术语就成为容易被大多数人所理解、接受，并采取行动的文化基础。

碳排放产生的原因在于燃料本身就是有机碳氢化合物，所以如果不能与空气中的氧气发生燃烧化学反应变成对人体和环境基本无害的水和二氧化碳（但二氧化碳正在被认为是对全球大气环境有危害的温室气体），就有可能成为有害物质而排放出。例如，当燃料和空气的比例过小（混合气过稀）而导致发动机失火时就是如此，这是碳氢化合物排放的主要机理之一；燃料如果太多会导致混合气过浓而不能完全燃烧，其中，含碳较多的成分要么变成含碳较少的碳氢化合物或醛类物质（气体），要么变成含碳较多、结构更为复杂的颗粒物，或者变成固体的碳烟颗粒物，或者变成燃烧中间产物一氧化碳，所以氧气不足造成的不完全燃烧产物是碳氢化合物排放的又一个机理，也是碳烟及颗粒物排放和一氧化碳排放的唯一机理。氧气严重不足会导致碳烟生产，所以碳烟主要在非均质燃烧的柴油机中生成，汽油机因为燃料与空气均质混合后才燃烧，并且混合气一般不会太浓，所以一般没有碳烟，颗粒物排放也很少（但如果有机油进入混合气中，如活塞环坏了导致串机油或燃烧混合油的二冲程汽油机，也会产生碳烟和颗粒物；另外，如果汽油机供油系统故障导致供油失控，则也会产生碳烟）。氮氧化物是由空气中的氧气和氮气反应生成的，包括一氧化氮、二氧化氮等，其中以一氧化氮为主，但是空气中的氧气和氮气在大气状态下并不会发生化学反应，只是因为燃烧形成的 1 200~2 400 ℃的高温环境为氧气和氮气反应生成一氧化氮、二氧化氮创造了条件，才造成了氮氧化物的排放，这就是氮氧化物排放的形成机理①。

碳排放产生的影响并不仅仅针对一个地区或国家，而是全世界、全球都面临的问题。根据 IPCC 的统计，二氧化碳作为合成各种工艺过程的必需品，每年全球的化学工业二氧化碳使用量约为 1.15 亿吨，化石燃料是人类活动的主要燃烧品，而它的燃烧每年都将引起二氧化碳变化约为 237 亿吨。据国际能源局（International Energy Administration，IEA）报告，2030 年，全球的温室气体排放量将比现在增加 57%，这就直接导致地球表面温度上升 3 ℃，如果以煤为主要能源的国家继续使用煤炭资源，则会使温度上升 6 ℃。由温度上升引起的阿尔卑斯山地区的冰川积雪消融、冰层覆盖下降已经发生，北极地区海上冰层范围减少，西伯利亚和加拿大永久冻土也开始解冻。据一份人道组织报告估计（王泓漓和马丽，2012），每年有 500 万人死于由气候变化及碳过度排放引起的空气污染、饥

① 资料来源：碳排放原因[J]. 能源与节能，2014，（1）：118.

荒和疾病。如果当前的化石燃料消费模式不发生改变，到2030年，死亡人数将会上升到 600 万人，其中超过 90%发生在发展中国家。该报告评估了气候变化在2010~2030年对人类和经济产生的影响。

为解决当前气候变化问题，在气候变化国际制度下，国内外学者提出了许多关于碳排放水平的衡量指标，具体有从国际公平原则角度提出国家碳排放量，有从人际公平原则角度提出人均碳排放量，还有从效率角度提出碳排放强度等，具体如下：①碳排放量。碳排放量指标具体分为区域碳排放量指标、国家碳排放量指标和地方碳排放量指标。由于国家之间经济发展水平存在巨大差异，碳排放情况也存在巨大差异，发达国家几乎完成了工业化发展，碳排放量逐渐趋于稳定，但是其历史累计排放量很多；发展中国家大多处在工业发展初期，近年来工业化和城市化进程带来碳排放量急剧增加，但是其历史累计排放量很少。②人均碳排放量。以现有的生产和消费方式来说，人均碳排放的多少充分体现了居民生活水平的高低，实证分析表明，发达国家的人均碳排放量普遍高于发展中国家。③碳排放强度。一般地，发达国家碳排放强度较低，而发展中国家碳排放强度普遍偏高，这是由于发展中国家存在较多的高耗能产业和较落后的生产工艺等因素，一直以来中国和印度的碳排放强度明显高于其他国家（樊星，2013）。

1.1.4 低碳物流

低碳物流也就是绿色物流，低碳物流的兴起，归功于低碳革命和哥本哈根世界气候大会对绿色环保的官方倡导。随着气候问题的日益严重，全球化的“低碳革命”正在兴起，人类也将因此进入低碳新纪元，即以“低能耗、低污染、低排放”为基础的全新时代。物流业作为高端服务业的发展，也必须走低碳化道路，着力发展绿色物流服务、低碳物流和智能信息化。

1. 低碳物流的内涵

低碳物流由低碳经济延伸而来，目前国内外关于低碳物流的内涵尚无统一的、明确的界定。在研究的过程中，大多数学者都是基于自身对该词的理解或者直接引用这一词语。总体来说，国内外学者对于低碳物流的界定主要是基于低碳经济和绿色物流来进行阐释的。

国外学者主要是围绕绿色物流界定低碳物流的。Wu 和 Dunn（1995）认为，绿色物流就是对环境负责的物流系统。美国逆向物流执行委员会（The Reverse Logistics Executive Council，RLEC）提出，绿色物流就是对生态环境产生最小影响的物流过程。与传统物流相比，绿色物流更关注保护生态环境。Rodrigue 等（2008）指出，绿色物流是考虑物流活动的生态影响，环境保护最大化应作为最终目标的物流运作理念。Bjorn 和 Petersen 合著的 *Green Logistics* 中定义绿色物流就是对前向物流和逆向物流的生态管理。Sbihi 和 Eglese（2007）指出，绿色物流是在考虑环境和社会因素的前提下，以可持续的方式生产和配送物资。

国内学者在界定低碳物流内涵的过程中，主要是从物流的各个环节和整个物流系统两个方面进行剖析的。杨涛（2010）将“现代物流”和“低碳经济”两个概念进行融合，认为低碳物流是在管理物流活动过程中产生二氧化碳等温室气体的同时，寻找解决降低温室气体排放的方法，根据实施低碳物流主体的不同，从社会、住户和企业三个层次对低碳物流进行划分，并对其进行进一步的研究。王国文（2010）是从物流和供应链管理的角度出发，借鉴美国供应链管理专业协会出版的《供应链管理流程标准》来界定低碳物流和绿色供应链的相关概念，其主要观点如下：①供应链包括五个基本流程，即计划、采购、制造、交付和回收；②低碳物流是将环境保护和碳减排等理念与物流和供应链相融合，从整个系统出发，形成从采购、制造到交付等一整套的低碳绿色系统。陶晶（2010）认为，低碳主要由低碳经济、碳生产率和碳关税三个核心术语组成，低碳物流的概念应当是从其中衍生出来的子概念。低碳物流是低碳经济和绿色物流理论衍生出的融合可持续发展和碳减排理念的概念，低碳思想贯彻在整个物流体系中，采用先进的管理和技术，实现资源的高效利用和对环境的最小影响。全国物流标准化技术委员会（2007）对绿色物流的定义为“在物流过程中抑制物流对环境造成危害的同时，实现对物流环境的净化，使物流资源得到最充分利用”。岳馨（2010）从环境角度对低碳物流的概念进行了解释，认为低碳物流是指在物流过程中抑制物流对环境造成的伤害，并且实现对物流环境的净化，使物流资源得到最充分利用。Huang（2010）认为，低碳物流的宗旨是以最少能源的消耗实现最大经济效益的产出，达到经济效益和社会效益协调发展，人与自然和谐发展的目标。王艳和李作聚（2010）指出，低碳物流的本质是在整个低碳经济系统的运行中，利用先进的技术来优化管理，提升物流管理水平，从而实现经济的良性、循环发展。低碳物流运行于整个物流系统中间，它要求物流系统的各个部分都要实行低碳运作；低碳物流是通过应用先进技术实现的；低碳物流的最终目的是促进经济的持续、循环、良性发展。徐旭（2011）认为，低碳物流是在物流过程中以低能耗、低污染、低排放为目标，利用能效技术、可再生能源技术和温室气体减排技术减少物流活动中的碳排放，降低物流活动对环境的污染，提高物流资源的利用效率。低碳物流主要是指物流作业环节和物流管理全过程的低碳化。从物流作业环节低碳化来看，包括运输低碳化、仓储低碳化、流通加工低碳化、装卸搬运低碳化、包装低碳化及废弃物回收等；从物流管理过程低碳化来看，低碳物流主要是从供应链全局考虑，以节能减排为目标出发，对包括正向物流与逆向物流在内的整个物流系统进行低碳优化。低碳物流的最终目标是实现低碳经济，保证社会经济的可持续性发展。杜立峰等（2012）从宏观和微观两个层面提出了低碳物流的概念。在宏观层面上，低碳物流是低碳经济的重要组成部分，是为满足社会经济可持续发展需求和实现经济活动的“低能耗、低排放和低污染”目标，对运输、仓储、装卸、搬运、流通加工、配送、信息处理等活动中的运作优化、物流资源和要素配置、技术应用进行有效管理和创新的一种发展新模式和新机制；在微观层面上，低碳物流是供应链流程的一部分，是为满足客户需求和实现供应链的可持续发展目标，在碳排放约束下对商品、服务及相关信息从原产地到消费地的高效率、高效益的正向和反向流动及存储进行的计划、实施与控制过程。低碳物流的三个特点如下：①低碳物流的考量应该从整体出发，从整个系统出发，对某环节的偏重无法实现最优化。②低碳物流的发展需要来自设备等硬技术、软件和流程业务的软技术的支持。③低碳物流的目的是促进经济的良性循环发展，实现以经济为主导，环境效益和社会效益共同发展的目标。姜彤彤和吴修国（2011）指出，低碳物流是以低碳技术为指导，在综合运用节能减排技术和优化产业结构的基础上达成的一种经济与环境协调发展的双赢模式。李太武（2011）、宋宸等（2012）认为，低碳物流是立于低碳经济上，以“低能耗、低污染、低排放”为理念的，坚持物流业和生态环境共生的物流发展模式。

对于低碳物流的研究，国内学者偏向概念和理论基础的研究，国外学者则偏向绿色物流的研究。随着物流业的快速发展和人们对环境保护和气候变化越来越重视，低碳已经逐步进入物流中的各个方面。物流各个环节衔接也日益紧密，因此，低碳理念也应该从整体出发。结合本章的综述，本书对低碳物流的定义采用陶晶的定义，即低碳物流是低碳经济和绿色物流理论衍生出的融合可持续发展和碳减排理念的概念，低碳思想贯彻在整个物流体系中，采用先进的管理和技术，实现资源的高效利用和对环境的最小影响。

2. 低碳物流的特征

1）多重目标性

低碳物流是以先进的低碳管理理念为指导，以运用低碳物流技术为手段，从而达到降低碳排放量，提高资源利用率，降低物流活动对环境造成的污染。低碳物流的多重目标性如下：既要追求企业的经济效益，又要关注企业与生态环境的协调发展；既要提高物流活动的效率和效益，又要追求低污染、低排放、低能耗，实现对环境的保护和对资源的节约。也就是说，低碳物流的目标要综合考虑企业、社会和生态环境三方的利益，实现总体利益最大化（高凤华，2013）。

2）整体性

低碳物流系统具有整体性，其实现过程包括从低碳物流技术到低碳服务的完整运作流程和运作基础。与传统物流系统相比，低碳物流在各个具体的物流操作环节中运用了低碳的理念，并且强化了物流系统的基础服务平台，同时，注重各物流环节之间的低碳化联系，使得各个物流环节中应用到的物流技术逐渐向低碳化转变，在传统物流系统的基础上构成一个有机的、整体性低碳物流系统。

3）流动双向性

低碳物流系统是一个有机整体，它在综合考虑局部利益的基础上注重系统的整体性利益，其系统运作也具有整体性。低碳物流的系统运作包括上下两种流向。第一种是面向下游的产品生产、流通、消费的物流流向；另一种是面向上游的对物流活动产生的废弃物进行回收、循环利用产生的逆向物流流向。

4）效益背反性

效益背反性是指经济利益主体之间存在的一种互相排斥的状态，二者的利益不能兼得、互相矛盾，一方的利益获得需要以另一方的利益牺牲为代价（王艳和李作聚，2010）。在企业低碳物流系统中，通过应用低碳物流技术可以减少碳排放，从而减轻对环境的影响，但是低碳物流技术的应用需要耗费一定的成本，从而导致企业物流成本的增加，这也是导致企业从事物流活动中应用低碳物流技术的积极性不高的一个重要影响因素。

3. 低碳物流与绿色物流、生态物流的区别和联系

《中华人民共和国国家标准：物流术语》对绿色物流的定义是，在物流过程中抑制物流对环境造成危害的同时，实现对物流环境的净化，使物流资源得到充分利用（全国物流标准化技术委员会，2007）。谢泗薪和王文峰（2010）提出，绿色物流是在物流过程中通过运用先进的环境资源管理理念和绿色物流技术，实现资源消耗降低、环境污染减少，最终形成一种促使经济发展与自然环境相协调的物流系统。龚雪和荆林波（2017）认为，绿色物流最初是“绿色制造、绿色设计”在物流业的应用，要求在物流业生产及运转过程中尽可能减少物流活动对生态环境的影响，充分利用物流业的相关资源。王筠和赵丹青（2018）认为，绿色物流是指在物流活动过程中减少环境污染，合理利用物流资源及净化物流环境的一种物流形式。全春光等（2019）认为，绿色物流是指以降低资源消耗和环境污染程度为目的，融入新型科学技术及物流技术为一体的流通加工、装卸、包装、储存及运输等物流方式，主要作用是将绿色需求主体和绿色供给主体连接起来，将时间和空间阻碍打破，从而实现绿色商品和相关服务的迅速、有效实施。

李艳波（2008）指出，生态物流是以生态经济为基础，倡导在生态学原理引导下，运用先进的物流技术和生态工程技术，实现物流资源和生态环境的可持续性，同时实现物流业发展的经济效益、社会效益和生态效益的物流系统。谢天慧

（2014）认为，生态物流是指融入了环境可持续发展理念的一种物流活动，通过对包装、运输、装卸、储存、流动和加工等物流环节的改革，能够更好地实现降低环境污染、减少资源消耗的效果。曹兵斌（2017）提出，生态物流是指物流在发展过程中，运用现代技术，减少对资源的利用消耗、减少对环境的影响，同时实现经济和环境双赢的目标。张平（2017）认为，生态物流是在生态学原理的指导下，更注重传统物流与循环经济的结合，强调先进物流技术的使用，从而使物流业发展过程中的经济效益、社会效益、生态效益协调发挥。

低碳物流、绿色物流与生态物流的内涵和外延关系比较如下：①从产生时间看，绿色物流产生于20世纪90年代，生态物流和低碳物流都产生于21世纪初；②从产生背景看，绿色物流产生于人口高速增长、环境污染严重、资源严重短缺的时期，生态物流产生于生态文明建设、发展科学发展观的时期，低碳物流产生于能源消耗严重、全球气候变暖的时期；③从侧重点看，绿色物流侧重于环境污染最小化，生态物流侧重于节约资源、循环利用，低碳物流侧重于降低碳排放强度；④三者有共同之处，均考虑了资源、环境、生态与物流业活动间的相互影响，注重经济利益、生态环境利益的协调统一（丁优佳，2020）。

1.2 物流业碳排放相关理论

1.2.1 低碳物流运作理论

低碳物流运作理论的主要内容可概括为以下几方面：①提升规划与监控职能，从管理体系寻求低碳物流的切入点。物流可以从管理层面进行理解，从管理层面看，物流是为物品及其相关信息流动提供系统设计、协调运作和监控管理等的综合服务过程。物流高级化基于更广泛的视角，为我们更有效地运用资源提供了理论与方法，它将运作对象、设施、设备和环境看成一个系统，进行规划设计、协调运作和监控管理。②扩大资源优化空间，从多维资源优化寻求物流集成效率。货运物流化（freight-logistics）是用物流高级化发展的理念组织货物运输过程，它使得货运过程可以在更广泛的范围内选择主体、货源、工具、方式、线路等资源并进行优化，以提高货运效率。树立货运物流化理念，需要对货运物流方案的统筹规划、节能减排策略进行设计和研究，运用货运物流化、物流集成化的战略思路，对自营或外包、车辆、货源、线路、装载效率、运输效率和回程货源等进行选择、重组，使其比单一主体、单一模式、单一线路等有更宽泛的优化空间，以提高物流运作效率。实现这一优势的关键是物流集成管理。③提供个性化物流服务，提升物流质量、效率与价值，降低碳排放。传统的货物运输模式是基于低价格、一般性的无差异的服务，当今这种简单模式已经难以跟上时代的步伐。在物流集成运作过程中，方案规划设计和过程监控管理属于高端服务，处于两端的上升盈利区间，而物流的运输作业过程处于中间段的盈利低点，即体现"微笑曲线"的特点。物流高级化体现了物流从初级向高级阶段发展的过程，是从多元要素中进行选择与整合，具体趋势是物流的专业化、信息化、网络化与集成化（董千里等，2010）。

李超群（2014）认为，低碳物流运作模式与传统货物运输模式存在区别。由于物流高级化的理论基础建立在物流项目运行的组织进程中，低碳项目实施的理论分析在物流策略的选择过程中，按照物流高级化理论提高了整体服务工效，具体表现如下：①打破了所有布局中两点之间的束缚，使得物流模块中有效路径得到扩大，同时更便于找到优化方法；②打破了货物运输服务方案整体规划策略中的单一性问题，使更为广泛的货源及服务共同发挥找寻共性的价值，使得项目集成化、整合化更有意义；③打破了过时的货物运输工具的束缚，在更全面运输设备中使用交通工具，重要交通枢纽中联合运行，移库配送以达到目的；④打破了货物运送期间单调的束缚，把货物运送和非单一端点在宏观意义上联合起来，以便落实到位服务的一体化；⑤落实供应方、需求客户、第三方产业服务群的多样化，使其协调运转，在协调运转过程中要做到运输信息化、网络化；⑥货物运输项目中融进更加先进的项目集成化、信息化理念，使得货物运输策略中融入产业链的商业价值变得更加明确，更便于追求目标系统的完整性。因此，货物运送物流化既增加了项目运行的工效，又降低了环境污染，使得对低碳环节的普及变得更加有效和科学。

1.2.2 低碳经济理论

低碳经济是以低能耗、低污染、低排放为基础的经济模式，其实质是能源高效利用、清洁能源开发、追求绿色 GDP，核心是能源原技术和减排技术创新、产业结构和制度创新及人类生存发展观念的根本性转变。低碳经济属于经济学分支，是运用经济学有关原理和规律解决经济发展与二氧化碳之间不协调的学科，解决好经济发展与环境相协调问题。从本质上看，低碳经济属于生态经济学（方大春和张敏新，2011）。低碳经济理论的研究内容主要是从经济学角度运用"看不见的手"和"看得见的手"，解决全球经济发展与二氧化碳高排放量之间矛盾。低碳经济和气候变化问题本身涉及多个学科，对低碳经济的整体把握需要跨学科的综合视野（Aldy and Stavins，2007）。研究方法主要来自三个方面：一是继承传统经济学中一些基本方法，如边际分析、弹性分析、结构分析、总量分析、结构分析、均衡分析等实证分析方法，也包括对不同类型国家碳排放量的规范分析方法。二是借鉴其他相关学科一些分析方法，如环境经济学中波及性分析、成本有效性分析与效益-成本分析等，以及碳足迹（借鉴生态经济学中生态足迹）、碳贸易（借鉴国际贸易）、碳权和碳金融（借鉴金融工程）、碳循环（借鉴循环经济）等。三是制度学分析方法，全球气温的上升主要是由某些国家过度排放温室气体造成的，但其影响却跨越了国境波及其他国家，这一问题正是经济学中外部性效应的延伸；另外气候本身属于典型的全球公共物品，如何提供这类物品，同时阻止“搭便车”行为就成为亟待解决的问题，而制度经济学关于公共物品的相关研究为我们解决这类复杂问题找到了灵感（王军，2008）。

张永等（2017）认为，低碳经济理论主要包括以下内容：①碳排放影响因子的研究，主要分析碳排放的基本影响因素、碳排放的区域差别、碳排放的产业差异、碳排放的国家差别、碳排放动态演进特征等。②碳排放与经济增长演进关系的研究，主要分析经济增长与碳排放的关系，经济增长与碳排放的演化轨迹，经济发展对碳排放的影响，以及这种现象在国家间的差异等。③碳排放与进出口贸易交易关系的研究，主要分析碳排放与进出口贸易的定量关系，碳排放贸易效应和对策等。④碳排放与能源演进等方面的关系的研究，主要分析能源碳排放估算、可持续能源发展情景、交通运输部门中长期能源发展、能源消费与碳排放的协调机制措施等。⑤碳排放交易的研究，主要分析碳排放交易的效应、碳排放贸易与环境的协调、碳排放交易市场机制、碳排放贸易的国际市场规则等。⑥碳排放实施机制的研究，主要分析清洁发展机制的内涵与外贸的关系，以及发展前景和发展障碍等。⑦碳排放的利益关系的研究，主要从利益关系角度利用博弈论等手段对碳排放进行分析等。金乐琴和刘瑞（2009）指出，低碳经济是发达国家为应对全球气候变化而提出的新的经济发展模式，中国作为发展中的温室气体排放大国，在向低碳经济转型的过程中面临着特定的制约因素，同时也具备一定的潜在优势。把潜在优势转化为现实优势，我国应该选择如下合适的策略：①坚持国家利益，正确评估中国温室气体减排的义务和责任。②从国家发展战略的高度重视低碳经济的发展，变被动为主动，实现发展与减排的良性循环。③坚持“两条腿走路”，积极构建促进低碳发展的政策机制，大力支持低碳技术的创新与应用。④构建“低碳经济试点区”，探寻发展低碳经济的途径。周宏春和王海芹（2011）提出了促进我国低碳经济转型的意见，包括充分考虑低碳经济的战略需求；培育低碳产业体系，促进产业结构高端化和绿色化；开发并推广可再生能源，逐步提高低碳能源的消费比重；重视低碳技术的研究开发和技术储备；制定相关政策，形成低碳发展的长效机制；广泛宣传教育，提高领导和公众的认知水平。

1.2.3 可持续发展理论

可持续发展理论的“外部响应”应当是处理好“人与自然”之间的关系，可以认为这是可持续能力的“硬支撑”（牛文元，2012a）。人们的生产和生活离不开自然界所提供的基础环境，包括空间环境、气候环境、水环境、生物环境等；离不开各类物质与能量的资源保证；离不开环境容量和生态服务的供给；离不开自然演化进程所带来的挑战和压力，甚至也必须承认人本身也是自然进化的产物。如果没有人与自然的和谐，没有人与自然的协同进化，没有一个环境友好型的社会，就不可能有人的生存和发展，当然就更谈不上可持续发展。可持续发展战略的“内部响应”应当是处理好“人与人”之间的关系，可以认为这是可持续能力的“软支撑”。可持续发展作为人类文明进程的一个新阶段，一个核心内容是社会的有序程度、组织水平、理性认知和生产效益的推进能力。一个和谐社会的建立，从人自身各类关系的处理，如利益集团之间关系、民族和国家之间的关系、不同阶层不同收入人群之间的关系、当代人与后代人的关系、本地区和其他地区乃至全球之间的关系等。人们必须在和衷共济、和平发展的氛围中，求得整个社会的可持续进步。一个不和谐、不稳定的社会，也就失去了可持续发展的存在根本。

总体而言，牛文元（2012b）认为下面的三段概括有助于认知可持续发展的内涵：第一，只有当人类向自然的索取能够被人类向自然的回馈相平衡的时候；第二，只有当人类对于当代的努力能够对后代的贡献相平衡的时候；第三，只有当人类为本区域发展的思考能够同时考虑到其他区域乃至全球利益的时候。基于上述三点，可持续发展的基本内涵才具备了坚实的基础。由此，可持续发展的内涵可归纳成以下四个主要的方面。

（1）可持续发展揭示了“发展、协调、持续”的系统本质，这是国家或地区发展战略的整体构想，既从经济增长、社会进步和环境安全的功利性目标出发，也从哲学观念更新和人类文明进步的理性化目标出发，几乎是全方位地涵盖了“自然、经济、社会”复杂巨系统的运行规则和“人口、资源、环境、发展”四位一体的辩证关系，并将此类规则与关系在不同时段或不同区域的差异表达，包含在整个时代演化的共性趋势之中。在可持续发展指导下的国家的战略，必然具有十分坚实的理论基础和丰富的哲学内涵。面对实现其战略目标（或战略目标组）所规定的内容，各个国家和地区，都要根据自己的国情和具体条件，去制定实施战略目标的方案和规划，从而组成一个完善的战略体系，在理论上和实证上去寻求国家战略实施过程中的“满意解”。从可持续发展的本质出发，其体系具有三个最为明显的特征，其一，它必须能衡量一个国家或区域的“发展度”。“发展度”强调了生产力提高和社会进步的动力特征，即判别一个国家或区域是否在真正地发展，是否在健康地发展，是否是理性地发展，是否是保证生活质量和生存空间的前提下不断地发展。其二，是衡量一个国家或区域的“协调度”，“协调度”强调了内在的效率和质量的概念，即强调合理地优化调控财富的来源、财富的积聚、财富的分配及财富在满足全人类需求中的行为规范，即能否维持环境与发展之间的平衡，能否维持效率与公正之间的平衡，能否维持市场发育与政府调控之间的平衡，能否维持当代与后代之间在利益分配上的平衡。其三，是衡量一个国家或区域的“持续度”，即判断一个国家或区域在发展进程中的长期合理性。“持续度”更加注重从“时间维”上去把握发展度和协调度。建立可持续发展的理论体系所表明的三大特征，即数量维（发展）、质量维（协调）、时间维（持续），从根本上表征了对于发展的完满追求。

（2）可持续发展反映了“动力、质量、公平”的有机统一，可持续发展集中解决了“发展”的三个基本组成元素：第一元素是寻求“发展动力”，通过解放思想、改革开放、制度创新去调适生产关系，通过教育优先和科技创新去促进生产力，由此二者共同完成我国新时期对于发展动力的要求；第二元素是寻求“发展质量”，通过制定低碳经济战略，达到节能减排，实现资源节约与环境友好；第三元素是寻求“发展公平”，即如何将发展成果惠及全体社会成员，坚持统筹城乡发展，坚持将改善民生问题作为出发点和落脚点。对于可持续发展中三大基本元素的有效度量，包括以下三个有机统一的宏观识别：其一，发展的“动力”表征。一个国家或地区的“发展能力”、“发展潜力”和“发展速度”及其可持续性，构成了推进国家或地区“发展”的动力表征，其中包括国家或地区的自然资本、生产资本、人力资本和社会资本的总和及构成，科学发展是对上述四种资本的合理协调、优化配置、结构升级，以及最终表达为对于创新能力和竞争能力的积极培育等。其二，发展的“质量”表征。一个国家或地区的“人与自然和谐程度”、“资源节约”和“环境友好”及其对于理性标准的接近程度，构成了衡量国家或地区“发展”的质量表征。其中包括国家或地区的物质调控水平、能量效用水平、生态服务水平和环境支持水平等的综合度量。其三，发展的“公平”表征。一个国家或地区的“分配制度”、“共同富裕程度”和“人文发展指数高低”及其对于贫富差异和城乡差异的克服程度，构成了国家或地区判断“发展”的公平表征。其中包括人均财富占有的人际公平、资源共享的代际公平和平等参与的区际公平的总和。只有将上述三大元素识别同时包容在可持续发展的整体解释之中，存在的“发展水平”“发展潜力”“能力建设”等就具有了统一可比的基础，对于科学发展的追求才具备了可观控的和可测的共同标准。

（3）可持续发展创建了“和谐、稳定、安全”的人文环境。一个和谐、稳定、安全的人文环境是经济发展和社会进步的前提，也是对于执政合理性的最高认同。根据世界发展进程的规律，一个国家或地区的人均 GDP 处于 5 000 美元以下的发展阶段，一般对应着人口、资源、环境、经济发展、社会公平等各种矛盾和瓶颈最为严重的阶段，基本上处于“经济容易失调、社会容易失序、心理容易失衡、社会伦理需要重建、效率与公平应当不断调整”的关键时期。

（4）可持续发展体现了“速度、数量、质量”的绿色运行从绿色发展的理念出发，国民财富积累不仅在于GDP的数量多少和增速高低，更在于是用何种方式、何种途径、何种成本生成的GDP。

可持续发展希望一个国家或地区不断创造与积累出理性高效、均衡持续、少用资源、少用能源、少牺牲生态环境，在综合降低自然成本、社会成本、制度成本、管理成本的前提下，最终获取的“品质好的GDP”。为此，首先，要求破除粗放式生产和非理性生产的弊端；其次，要求破除以资源投入的过度消耗和环境容量的过度透支为代价去攫取财富；再次，要求破除以削弱可持续发展能力为代价的畸形增长；最后，要求破除以社会系统劣质化与民生心理异化为代价所追求片面的国民财富的增速和总量。在既考虑自然成本也考虑社会成本的双重关系中，统一思考资源环境成本的超额损耗、社会管理成本的超额损耗、可持续能力建设投入欠账的三重制约下，可持续发展将体现由“经济要素、社会要素、环境要素、生活要素、管理要素”共同组成的绿色运行。其中，经济要素表明社会财富生成过程中的综合效率及物质能量的代谢水平；社会要素表明社会财富生成过程中对人类进步贡献的能力大小及社会和谐对于财富生成的反馈效应，是否强调公平对于效率的支持能力和社会有序对发展质量的基础作用；环境要素表明在社会财富生成过程中生态环境的代价及其成本外部化的程度；生活要素表明在社会财富生成过程中民生供给水平及国民心理愉悦水平的幸福感和安全感；管理要素表明在社会财富生成过程中决策水平与管理水平的学习能力、调控能力、预测能力、设计能力及把握宏观经济走向的精准性、流畅性、前瞻性。

1.2.4 绿色物流理论

绿色物流是指在物流过程中减少物流对环境造成危害的同时，实现对物流环境的净化，使物流资源得到最充分的利用。为了实现可持续发展战略，环境共生型的物流要形成一种能促进经济发展和人类健康发展的物流系统，即向绿色的物流、循环型物流转变。绿色物流实际上是一个内涵丰富、外延广泛的概念，凡是以降低物流过程中生态环境影响为目的的一切手段、方法和过程都属于绿色物流的范畴。

尽管对绿色物流的定义有不同的表述，但其本质和内涵是基本相似的，概括来说，绿色物流理论包括以下几个方面：①绿色物流是对生态环境友好的物流，其根本目的就是减少资源消耗、降低废物排放，最终目标就是实现物流的可持续发展。按照绿色物流的最终目标，企业无论是在战略管理还是战术管理中，都必须从促进经济可持续发展这个基本原则出发，在创造商品的时间效益和空间效益以满足消费者需求的同时，注重按生态环境的要求，保持自然生态平衡和保护自然资源，为子孙后代留下生存和发展的空间。实际上，绿色物流是可持续发展原则与现代物流理念相结合的一种现代物流观念。②绿色物流的活动范围涵盖产品的全生命周期。绿色物流既包括原材料的获取、产品生产、包装、运输、分销，直至送达最终用户手中的前向物流过程中的绿色化，也包括对退货品和废物回收逆向物流过程的生态管理与规划。生命周期不同阶段的物流活动不同，其绿色化方法也不相同。从生命周期的不同阶段来看，绿色物流活动分别表现为绿色供应物流、绿色生产物流、绿色分销物流、废弃物物流和逆向物流；从物流活动的作业环节来看，一般包括绿色运输、绿色包装、绿色流通加工、绿色仓储等。③绿色物流的行为主体包括公众、政府及供应链上的全体成员。首先，供应链上的企业是物流执行的主体；其次，政府和物流行政主管在推广与实施绿色物流战略中有不可替代的作用；最后，公众是环境污染的最终受害者，其环保意识对绿色物流的实施起到监督作用，也是不可缺少的行为主体（崔介何，2015）。

王筠和赵丹青（2018）认为，绿色物流理论主要包括以下几个方面：①绿色仓储。合理的仓库布局可以有效降低运输成本，加强仓储控制，提高商品流通率，提高商品合格率。②绿色运输。绿色运输包含两个方面：第一，采用新能源车，减少噪音污染及空气污染；第二，合理规划运输方式及运输路径，减少空载及迂回运输，提高运输效率，节约能源，减少废弃物排放。③绿色包装。绿色包装是指包装材料、包装方式及包装过程的绿色化，即主要通过使用绿色环保材料、改进包装方式及提高装载能力来实现包装环节的绿色化。④绿色流通加工。流通加工是商品从生产到消费的过程中，为了满足消费者需求，增加产品附加值而对产品进行加工，具有很强的生产属性。流通加工环节的绿色化将比其他对于环境保护的意义更加重大。绿色流通加工包含两个方面：第一，由分散加工转变为专业性集中加工，通过规模运作达到提高效率、降低污染的目的；第二，发展绿色流通加工技术，减少能源损耗和废弃物排放。⑤绿色装卸。绿色装卸是指在商品的装卸过程中，所有商品完好无损，不造成资源浪费及环境污染，避免无效装卸，提高装卸灵活性，合理采用现代机械设备，保证装卸过程平稳、有序。⑥绿色信息处理。物流不仅是商品的位置转移，还包含信息搜集、整合、储存及利用。绿色物流同样包含对相关信息及时有效地搜集处理，并及时应用于物流管理。物流信息的搜集、整合及储存过程也需做到绿色环保，从而保证物流活动绿色环保。⑦绿色逆向物流。物流活动产生的大量废弃物极大地威胁人类居住环境。建立绿色逆向物流体系能够延长废弃物使用寿命及再利用率。常规物流活动旨在满足客户需求、扩大市场占有率及实现利润最大化，而绿色物流除了追求经济效益外，更注重资源节约及环境保护这两个长远目标。注重资源节约及环境保护与追求经济效益并不冲突，两者相辅相成，注重资源节约及环境保护可以获得更长远的经济效益。

绿色物流具备一般物流所具有的特征，它同时还具有学科交叉性、多目标性、多层次性、时域性和地域性等特征。

（1）学科交叉性。绿色物流是物流管理与环境科学、生态经济学的交叉学科。绿色物流的研究方法结合了环境科学和生态经济学的理论与方法，在进行物流系统的决策和控制管理方面，学科的交叉性使得绿色物流的研究方法非常复杂，研究内容十分广泛。

（2）多目标性。绿色物流的多目标性体现在企业的物流活动要顺应可持续发展的战略目标要求。绿色物流注重对生态环境的保护和对资源的节约，注重经济与生态的协调发展，即追求企业经济效益、消费者利益、社会效益与生态环境效益四个目标的统一。物流的多目标之间通常是相互矛盾、相互制约的，一个目标的增长将以另一个或几个目标的下降为代价，如何取得多目标之间的平衡，这正是绿色物流要解决的问题。

（3）多层次性。绿色物流的多层次性体现在三个方面：首先，从对绿色物流的控制管理主体看，可分为社会决策层、企业管理层和作业管理层三个层次的绿色物流活动，也可以说是绿色物流的宏观层、中观层和微观层；其次，从系统的观点看，绿色物流系统是由多个单元（或子系统）构成的，如绿色运输子系统、绿色仓储子系统、绿色包装子系统等；最后，绿色物流系统还是另一个更大系统的子系统，这个更大系统就是绿色物流系统赖以生存发展的外部环境。

（4）时域性和地域性。时域性是指绿色物流管理活动贯穿于产品的全生命周期，包括原材料供应、生产内部物流、产品的分销、包装、运输，直至报废、回收的整个过程。地域性体现在两个方面：第一，由于经济的全球化和信息化，物流活动早已突破了地域限制，形成跨地区、跨国界的发展趋势，相应地，对物流活动绿色化的管理也具有跨地区、跨国界的特性；第二，绿色物流管理策略的实施需要供应链上所有企业的参与和响应，这些企业很可能分布在不同的城市，甚至不同的国家和地区。

王桔（2012）提出，绿色物流理论的研究方法集中在定性研究、定量研究和实证研究三个方面。定性研究大多数集中在从供应链的角度对物流造成的环境污染进行研究，一般是从宏观的角度出发，针对构建绿色物流以减少环境排放提出设想。定量研究集中在对绿色物流理论的模型研究方面，研究者主要从微观层次上探寻绿色物流各环节对环境造成的污染，倡导通过控制物流要素的污染等手段来实现绿色物流理念。国内关于绿色物流的实证研究主要有，王能民和杨彤（2001）在其研究中从绿色制造与一般制造模式对供应链管理的要求的区别出发，分析了绿色制造供应链的设计问题，指出设计绿色供应链应遵循的基本原则，并提出了基于绿色制造的供应链设计模型。

王玲（2007）认为，要让企业自觉自愿地发展绿色物流，需要行政手段、法律手段、经济手段、技术手段和教育手段的协同作用。具体如下：①政府可以通过借鉴发达国家的实践经验来制定相应的政策法规，从交通、库存保管、装卸搬运、包装、流通加工和企业绿色管理等具体环节入手；②借助政府和社会舆论的共同作用，积极推动绿色物流行业协会的建立，并充分发挥行业协会的协调、指导和监督作用；③对供应商的环境绩效进行考察；④进行绿色包装和绿色运输管理；⑤从绿色环保的角度实施仓储合理化，包括合理选择仓储方式、正确选择仓库地址、合理建设库区；⑥企业自觉更新观念、加强技术创新和人才培养。黄州旋（2010）还指出，针对绿色物流管理可以从以下几个方面来实施：①政府对发生源、交通量、交通流的绿色物流管理；②企业的绿色运输管理、绿色包装管理、绿色流通加工、废弃物物流的管理。

1.3 物流业能源消费测算方法

作为一个复合型产业和生产性服务业，物流业具有跨行业、跨部门、跨区域和渗透性强等特点，目前我国尚未建立成熟、统一的物流业指标体系和统计核算方法。从统计资料来看，《中国能源统计年鉴》将交通运输业、仓储业和邮政业合在一起统计能源消费量，未指明具体物流类型的能源消费状况。其中，交通运输业是指国民经济中专门从事运送货物和旅客的社会生产部门，包括铁路、公路、水运、航空等运输部门；仓储业是指从事货物仓储、货物运输中转仓储，以仓储为主的物流配送活动；邮政业是指国家邮政及其他邮递服务。从实际使用来看，原煤、燃料油主要用于轮渡等水路运输，汽油、柴油主要用于公路运输，煤油主要用于航空运输，电力主要用于轨道交通、电力机车、新能源车辆等。物流业包括乘客的流动和货物的运输等一系列活动，其绝大部分产值来自交通运输业、仓储业和邮政业。交通运输业、仓储业和邮电业一直是我国传统物流产业的主要组成部分，而交通运输业中部分客运交通不属于物流范畴，可以用来代替运输、仓储之外的装卸、搬运、包装、流通加工及信息处理等其他物流环节。因此，交通运输业、仓储业和邮电业的相关统计数据可以大致反映一段时期内我国物流产业发展的水平，本书所使用的物流业数据均以交通运输业、仓储业和邮政业数据作为替代进行研究与分析。

1.3.1　物流业能源消费量测算方法

能源消费量是一定时期内全国物质生产部门、非物质生产部门消费的各种能源的总和，是观察能源消费水平、构成和增长速度的总量指标。通过《中国能源统计年鉴》的统计数据分析发现，物流业的能源消费主要包括原煤、洗精煤、型煤、焦炭、焦炉煤气、其他煤气、汽油、煤油、柴油、燃料油、液化石油气、原油、其他石油制品、天然气、热力、电力和其他能源 17 种类型。其中，原煤、焦炭、汽油、煤油、柴油、燃料油、液化石油气、天然气、热力和电力 10 种能源占据了全国物流业能源消费 99%以上的份额。由于篇幅有限，本书主要列出了煤合计、油品合计、天然气、热力和电力 5 种能源的数据。

为了能更好地计算、比较京津冀三地的能源消费情况，本书利用能源折算系数将各种能源消费统一换算成标准煤进行分析（表 1.1）。

表 1.1　各种能源折算标准煤参考系数

能源种类	能源折算系数
原煤	0.714 3 kgce/kg
洗精煤	0.900 0 kgce/kg
焦炭	0.971 4 kgce/kg
汽油	1.471 4 kgce/kg
煤油	1.471 4 kgce/kg
柴油	1.457 1 kgce/kg
天然气	1.330 0 kgce/m^3
液化石油气	1.714 3 kgce/kg
原油	1.428 6 kgce/kg
燃料油	1.428 6 kgce/kg
焦炉煤气	0.614 3 kgce/m^3
电力	0.122 9 kgce/（kW · h）
热力	0.034 1 kgce/MJ

数据来源：综合能耗计算通则（GB/T 2589—2008）

按照表 1.1 中的能源折算系数，各种能源消费都可以统一换算成标准煤，将这些换算后的标准煤数据加总，即可得到各地物流业的能源消费量，计算公式为

$$E=\sum_{i}^{n}c_i\times e_i \tag{1.1}$$

式中，E 为物流业能源消费量；n 为能源种类数；c_i 为第 i 种能源的能源折算系数；e_i 为第 i 种能源的消费量。

1.3.2 物流业能源强度测算方法

能源强度是指能源消费与产出的比重，最常用的单位为“吨标准煤/万元”。体现了经济增长对能源的依赖程度，以及国家或地区对能源综合利用的效率。能源强度最常用的计算方法有两种：一种是单位GDP所需消费的能源；另一种是单位产值所需消费的能源。

依次推理，京津冀物流业能源强度表现的是京津冀地区物流业对能源的依赖程度，以及能源综合利用的效率，以物流业能源消费量除以物流业生产总值来估算物流业能源强度，计算公式为

$$\mathrm{EI} = E / Y \tag{1.2}$$

式中，EI 为物流业能源强度；E 为物流业能源消费量；Y 为一个国家或地区物流业生产总值。

1.4 物流业碳排放测算方法

物流业属于一个新兴产业，物流活动范围广、流程复杂，物流企业应从定量角度把握企业碳排放情况。但是，一直以来，物流企业缺乏可操作的碳排放计算方法，成为目前物流企业实施碳减排的主要障碍。秦新生（2014）认为，目前碳排放测算可以分为直接能耗测算法和完全能耗测算法。直接能耗测算法是指根据产品或服务在生产过程中直接消费的能源测算其碳排放量；完全能耗测算法则考虑了产品或服务在包括其他关联行业在内的整个生产链过程中所消费的能源。

1.4.1 物流业碳排放量测算方法

碳排放量是指在一定时期内一个国家或地区的所有碳排放量之和，是评价一个国家或地区整体碳排放状况的指标，可以反映出以国家或地区为单位的经济体一定时期内对全球碳排放所贡献的比例或份额。进行物流业碳排放研究的第一步就是选取适当方法进行物流业碳排放量测算，当前学术界对于物流业碳排放的测算主要采取以下几种方法。

1. 物流业直接消耗碳排放测算方法

碳排放系数法是 IPCC 提出的一种碳排放测算方法，也是目前主流的碳排放测算方法。碳排放系数法将生产某种产品消费的能源量与其碳排放系数相乘即可

得其碳排放量，且 IPCC 假定，某种能源排放系数是不变的。由此，物流业直接能耗法的碳排放测算公式如下：

$$Q = e_i \times c_i \left(\mathrm{NVC}_i \times \mathrm{CEF}_i \times \mathrm{COF}_i \times 44/12 \right) \tag{1.3}$$

式中，Q 为物流业二氧化碳排放总量；i 为第 i 种能源，$i=1,2,\cdots,n$；e_i 为物流业第 i 种能源的消费量；c_i 为第 i 种能源的能源折算系数；NVC_i 为第 i 种能源的平均低位发热量；CEF_i 为第 i 种能源的单位热值含碳量；COF_i 为第 i 种能源的碳氧化率。

依据式（1.3）估算当物流业二氧化碳排放量时，需要利用各类能源的消费量，并需要对各类能源的能源折算系数、能源平均低位发热量、单位热值含碳量、碳氧化率等参数值进行设定，相关参数设定如表 1.2 所示。

表 1.2　物流业二氧化碳排放估算中的参数设定

能源种类	能源折算系数（1）	能源平均低位发热量（2）	单位热值含碳量/（t/TJ）（3）	碳氧化率（4）
原煤	0.714 3 kgce/kg	20 908 kJ/kg	26.37	94%
洗精煤	0.900 0 kgce/kg	26 344 kJ/kg	25.41	98%
焦炭	0.971 4 kgce/kg	28 435 kJ/kg	29.42	93%
汽油	1.471 4 kgce/kg	43 070 kJ/kg	18.9	98%
煤油	1.471 4 kgce/kg	43 070 kJ/kg	19.6	98%
柴油	1.457 1 kgce/kg	42 652 kJ/kg	20.2	98%
天然气	1.330 0 kgce/m³	38 931 kJ/m³	15.32	99%
液化石油气	1.714 3 kgce/kg	50 179 kJ/kg	17.2	98%
原油	1.428 6 kgce/kg	41 816 kJ/kg	20.08	98%
燃料油	1.428 6 kgce/kg	41 816 kJ/kg	21.1	98%
焦炉煤气	0.614 3 kgce/m³	17 981 kJ/m³	13.58	99%
电力（当量值）	0.122 9 kgce/（kW · h）	3 596 kJ/（kW · h）		
热力（当量值）	0.034 1 kgce/MJ			

注：（1）、（2）列来源于《综合能耗计算通则》（GB/T 2589—2008）；（3）、（4）列来源于《省级温室气体清单编制指南》（发改办气候〔2011〕1041 号）

2. 物流业完全消耗碳排放测算方法

完全能耗系数是指对产品生产过程中间接碳排放的测算，投入产出法是一个很好的计算框架，适用于宏观层面计算。具体来说，以投入产出表为基础，利用直接消耗系数矩阵，得到物流业直接碳排放系数，再利用式（1.4）得出物流业完全消耗系数及矩阵。设 j 部门对 i 部门的完全消耗系数为 δ_{ij}，组成的完全消耗系数矩阵 B 的计算公式为

$$B = (I - A) - I \tag{1.4}$$

式中，A 为直接消耗矩阵；I 为直接消耗矩阵 A 的同阶单位矩阵；B 为完全消耗矩阵。

3. 实测法

实测法使用特制的测量仪器结合科学的测量方法对检测气体的流量、流速、浓度采取检测与计算，基于排放源的现场实测基础数据，进行汇总从而得到相关碳排放量。实测法的计算公式如下：

$$G = H \times F \tag{1.5}$$

式中，G 为实测气体单位时间排放量；H 为实测气体算术平均浓度；F 为介质的流量。

实测法中间环节少、精度高、结果准确，但实地测量数据获取相对困难，检测成本非常高，投入较大，对操作者的技术水准要求也高，实践性也较差。现实中多是将现场采集的样品送到有关监测部门，利用专门的检测设备和技术进行定量分析，因此，该方法还受到样品采集与处理流程中涉及的样品代表性、测定精度等因素的干扰。目前实测法在中国的应用还不多。

4. 物料衡算法

根据物质质量守恒的原理，物料衡算法可用于定量分析所投入使用的物流在生产过程中的量的变化情况，其主要的计算原则是投入系统的物料总量等于产出产品总量与物料流失总量之和。物料衡算法是一种较为系统、全面的估算生产过程中研究对象排放量的方法，它有效地将排放源的排放量、生产工艺、资源的综合利用及环境治理的各个方面结合在一起，计算结果相对科学。目前大部分碳排放量的估算工作和基础数据都是在物料衡算法的基础上获得的。物料衡算法计算公式如下：

$$\sum G_{\text{投入}} = \sum G_{\text{产品}} + \sum G_{\text{流失}} \tag{1.6}$$

式中，$\sum G_{\text{投入}}$ 为投入系统物料总和；$\sum G_{\text{产品}}$ 为产出产品总量；$\sum G_{\text{流失}}$ 为物料流失总量。

采用物料衡算法对污染物的产生量和排放量进行核算的一个前提条件是对需要进行污染物核算的企业对象有充分的了解。在此基础上，综合分析企业生产过程中对原材料、辅料、能源及水的消耗量，如此才能较为真实地测算出企业在生产过程中的污染物排放量。运用物料衡算法进行测算的优点在于测算所需数据不多，也易于收集，而且这种方法的计算工作量也不大。因此，在对研究对象的基础资料有翔实了解或者对生产工艺比较熟悉的情况下，可以选择采用物料衡算法来估算污染物的排放量，但是这种方法并未对各部门、各设备分别进行精确计算，因而这种方法无法获得十分精确的计算结果。

1.4.2 物流业碳排放强度测算方法

碳排放强度是指每单位 GDP 的增长所带来的二氧化碳排放量，单位为吨/万元。碳排放强度主要是用来衡量某一国或地区经济同碳排放量之间的关系，如果一个国家或地区在经济增长的同时，每单位 GDP 所带来的二氧化碳排放量在下降，那么说明该国或地区就实现了一个低碳的发展模式。由此，物流业碳排放强度是指每单位物流业生产总值的碳排放量，它表征的是物流业发展对于碳排放的依赖程度，可以用物流业碳排放量除以物流业生产总值来估算物流业碳排放强度，计算公式如下：

$$\mathrm{QI} = Q / Y \tag{1.7}$$

式中，QI 为物流业碳排放强度；Q 为物流业碳排放总量；Y 为一个国家或地区物流业生产总值。

1.4.3 物流业人均碳排放量测算方法

人均碳排放量是指一个国家或地区在单位时间内（通常是一年），根据总人口平均的二氧化碳排放量，它能够反映个体对碳排放量的需求，在一定程度上反映了个体的生活水平。依此推理，物流业人均碳排放量指每单位人口的物流业碳排放量，它表征的是个体对物流业碳排放量的需求。因此，物流业人均碳排放量可以通过单位时间内一个国家或地区物流业二氧化碳排放总量除以该国家或地区的总人口数，计算公式如下：

$$\mathrm{QP} = Q / P \tag{1.8}$$

式中，QP 为物流业人均碳排放量；Q 为物流业碳排放总量；P 为一个国家或地区的人口总数。

1.5 物流业碳排放预测方法

目前，用于物流业碳排放预测的方法主要有情景分析预测法、回归预测法、时间序列预测法、灰色预测法、神经网络法和组合预测法等。

情景分析预测法侧重于不确定性的预测分析，为不同的情景设定不同的参数，然后针对不同参数下的情景进行模拟、分析、运算；回归预测法是将物流业碳排放数据进行线性拟合运算，从而得出定量的数据分结果的方法；时间序列预测法是一种根据动态数据揭示系统动态结构和规律的统计方法；灰色预测法将数据进行非线性的拟合运算，从而得到单一确定性的拟合数据运算；神经网络法在处理非线性问题方面具有其他方法无法比拟的优势，它可以通过不断学习从大量复杂数据中发现规律，无须建立具体的函数模型；组合预测法可以避免各种方法的局限性，发挥各种方法的优点，使预测更具有精确性。

1.5.1 情景分析预测法

系统内部和外部环境中变化因素较多，有时想要探测到模糊的趋势也比较困难，因此要做出长期的准确预测几乎是不可能的，即对现在而言，未来具有较强的不确定性，时间跨度越长，未来的不确定性也就越大。

未来虽然充满不确定性，但有部分内容是可以预测的。情景分析预测法主要针对不确定的事物，并试图找出无知的事物的特点和规律使其转化成确定的事物。不确定性包括本质上的和可预测的两方面不确定因素。本质上的无法预测，属于无知的事物，但不确定性并非总是不能预测。一部分不确定性因素受我们自身知识、技能和科技水平的局限，一部分不确定性源自缺乏信息和对影响系统的了解，如果能获取相关信息，对已发生事件进行充分观察，采用科学、系统的方法，通过加大对影响系统因素的了解，即可显著降低不确定性，进而预测未来的某些发展趋势。同时，一些规律、相关性和因果关系也能使我们加大预测的把握。情景分析预测法可以增加我们对影响系统中规律性、可预测东西和本质上不确定事物的理解，并在此基础上更好地应对未来。

情景是对未来情形及能使事态由初始状态向未来状态发展的一系列事实的描述。情景分析是通过构造对应的情景来实现对某问题的分析。总而言之，情景分析是在对经济、产业或技术的重大演变提出各种关键假设的基础上，通过对未来详细地、严密地推理和描述来构想未来各种可能方案的分析方法。情景分析的理论体系目前仍然处于不断发展与完备阶段。从结构上讲，一个情景应该包括结束状态、策略、驱动力和逻辑四个要素，每个要素都可以多个方式发展，并且这些要素之间的相互关联导致了三种不同类型的竞争情景：即时情景（也叫基准情景）；不受限制的“如果—那么”情景分析；受限制的“如果—那么”情景分析（付加锋和刘小敏，2010）。

1. 情景分析预测法常用模型

1）IPAT 方程

IPAT[①]方程最早由 Enrlich 和 Holden 于 1971 年提出，其初始意义在于反映人

① IPAT：I=human impact，P=population，A=affluence，T=technology。

口增长对环境压力的影响。该方程将环境影响和人口规模、经济发展的指标及对环境毁坏的技术水平联系起来，建立四者之间的恒等式：

$$I = P \times A \times T \tag{1.9}$$

式中，I 为环境负荷，具体指污染排放量；P 为人口数量；A 为人均 GDP；T 为单位 GDP 的环境负荷。通过该方程可以对未来碳排放峰值进行相关预测，探求影响排放变化的驱动因素。

2）STIRPAT 模型

为了弥补IPAT方程不能分析人口对环境的非线性变化影响，York等（2003）在 IPAT 方程的基础之上建立了 STIRPAT（stochastic impacts by regression on population，affluence，and technology，人口、富裕和技术回归的随机影响）模型，即等式两边取对数即可将 IPAT 模型改写成加法模式：

$$\ln I_i = a + b\ln P_i + c\ln A_i + d\ln T_i + e_i \tag{1.10}$$

式中，P 为人口数量；A 为人均 GDP；T 为单位 GDP 的环境负荷；因变量 I 为污染排放量。

3）Kaya 恒等式

Kaya 恒等式由日本 Yoichi Kaya 教授于 1988 年在IPCC的一次研讨会上提出，是对二氧化碳进行因素分解，表达式如下：

$$Q = \frac{Q}{E} \times \frac{E}{\text{GDP}} \times \frac{\text{GDP}}{P} \times P \tag{1.11}$$

式中，Q 为碳排放量；E 为一次能源消费总量；GDP 为国内生产总值；P 为人口数量。

4）LEAP 模型

LEAP（long range energy alternatives planning，长期能源替代规划）模型是一个基于情景分析的能源—环境模型工具，由斯德哥尔摩环境研究所开发，适用于能源预测、温室其他减排分析和综合资源规划，结构性较强，可以与计量经济学模型及情景分析预测法相结合，计算不同情景下的终端碳排放，并且可以通过单因素分析来确定每种因素对碳排放的影响。

2. 情景分析预测法步骤

情景分析预测法没有一个固定的使用过程，对于不同的使用者或者不同的研究对象，情景分析预测法的具体应用步骤也会不同。目前大多数国际公司和组织最常用的是斯坦福研究院所拟定的 6 项步骤（岳珍和赖茂生，2006），它们依次如下：明确决策焦点；识别关键因素；分析外在驱动力量；选择不确定的轴向；构建情景逻辑；分析情景的内容。

1）明确决策焦点

明确所要决策的内容项目，以凝聚情景发展的焦点。决策焦点是指为达成企业使命在经营领域所必须做的决策。焦点应当具备两个特点：重要性和不确定性。管理者的注意力必须集中在有限的几个重要的问题上，而且情景分析预测法是一门预测未来动荡环境的重要技术，焦点问题必定难以预测，带有一定的不确定性，它们会产生不同的结果。如果问题十分重要但结果是能够确定的，则不能作为焦点。

2）识别关键因素

确认所有影响决策成功的关键因素，即直接影响决策的外在环境因素，如市场需求、企业生产能力和政府管制力量等。

3）分析外在驱动力量

确认重要的外在驱动力量，包括政治、经济、社会、技术各层面，以决定关键决策因素的未来状态。某种驱动因素如人口、文化价值不能改变，但至少应将它们识别出来。

4）选择不确定的轴向

将驱动力量以冲击水平程度与不确定程度按高、中、低加以归类。在属于高冲击水平、高不确定的驱动力量群组中，选出两到三个相关构面，称之为不确定轴面，以作为情景内容的主体构架，进而发展出情景逻辑。

5）构建情景逻辑

选定两到三个情景，这些情景包括所有的焦点。针对各个情景进行各细节的描绘，并对情景本身赋予血肉，把故事梗概完善为剧本。情景的数量不宜过多，实践证明，管理者所能应对的情景最大数目是三个。

6）分析情景的内容

可以通过角色试演的方法来检验情景的一致性，这些角色包括本企业、竞争对手、政府等。通过这一步骤，管理者可以根据自己的观点进行辩论并达成一致意见，更重要的是管理者可以看到未来环境里各角色可能做出的反应，最后认定各情景在管理决策上的含义。

3. 情景分析预测法的特点

刘俏（2013）认为，情景分析具有以下本质特点：未来发展的路径和结果均具有多样性。在情景分析中，不仅根据客观的推测分析未来的趋势，同时考虑人的主观能动性，考虑决策者的主观行为对未来趋势的影响，尤其注重关键因素和协调一致性关系的分析，这种协调一致性表达了不同情景及不同影响因素和变化趋势内在的逻辑关系，也增强了情景分析的可信性；情景分析是一种集定性与定量分析于一体的预测方法；情景分析是一种预测未来的思维方法，具有心理学、未来学和统计学等学科的特征。张峰等（2012）指出，情景分析预测法的特点如下：①认为未来的发展有多种可能的趋势，所以预测结果也是多样的；②注重了解内部环境，注重对系统发展起重要作用的关键因素和协调一致性关系的分析；③需要主观想象力，强调决策者的主观愿望在未来分析中的作用；④定量分析与定性分析相结合，在定量分析中融入了大量的定性分析。

4. 情景分析预测法的作用

田光明（2008）认为，情景分析预测法具有如下几个作用。

（1）分析环境和形成决策。任何企业若想生存进而壮大，必须要尽可能做到“知己、知彼、知环境”。情景分析预测法就是企业从自身角度出发，通过综合分析整个行业环境和社会环境，评估和分析自身及竞争对手的核心竞争力，进而制定相应决策。由于每一组对环境的描述最终都会产生一个相应的决策，故情景分析主要应用于分析环境和形成决策两个方面。

（2）提高组织的战略适应能力。由于情景分析预测法重点考虑的是将来的变化，故能够帮助企业很好地处理未来的不确定性因素，尤其是在战略预警方面，能够很好地提高企业或组织的战略适应能力。同时，企业持续的情景分析还可以为企业情报部门提供大量的环境市场参数，而这些参数又可以对企业提供多方面的帮助，如可以帮助企业发现自身的机会、威胁、优势和劣势等。

（3）提高团队的总体能力，实现资源的优化配置。从企业内部出发，企业的核心是人，而人的思想是关键。由于情景分析预测法不仅仅属于高层管理人员的战略工具，而且是需要企业各层级人员都参与其中，如此可激发每个人的责任感和成就感，从而提高团队的总体能力。企业通过情景分析预测法预测出未来可能出现的情景，决策人员以此为基础进行决策，确定未来的发展方向，而决策的实施需要资源的支持，因此，在进行情景分析及决策时，企业的资源也就相应地实现了重新配置。

情景分析在实际应用时有其局限性，一是情景分析本身就具有一些局限性，如分析过程太过复杂、近期效果不显著、未能受到政策制定者支持等；二是研究人员在情景分析过程中经常犯一些错误，如构建性错误、可达到性错误、组织性错误。第一点局限性是研究人员所不能预测的，第二点局限性可以通过提升研究人员的能力和知识来避免，采用比较科学、系统的方法进行预测。研究人员通过对事件发展趋势和其可预测的、规律性的因素的更多了解，可以大幅度降低不确定性，从而预测未来的某些发展（赵倩，2012）。

1.5.2　回归预测法

回归预测法是指在观察和分析影响事物发展主要因素的基础上，探寻影响因素与事物之间的关系，利用数学研究方法分析由于影响因素变化带来的事物变化发展规律，建立两者之间的因果关系，从而确定其未来变化趋势的定量预测方法。回归预测法的基本思路为分析研究预测对象与有关因素的相互联系，用适当的回归预测模型表达出来，然后再根据数学模型预测其未来状况。根据影响因素的关系不同，回归预测法可分为线性回归预测法和非线性回归预测法，其中，线性回归预测法是经常使用的回归预测法，又可分为一元线性回归预测法和多元线性回归预测法。

1. 一元线性回归预测法

在研究预测的模型中，最简单和常用的是系统的两个特征参数变化与分布关系呈现接近线性的关系，对于这样的模型，一般采用一元线性回归预测法，即最小二乘法（刘晓叙，2009）。一元线性回归预测法是指影响因素（自变量）与预测对象（因变量）之间存在着线性相关关系，两个变量可建立函数关系式，根据自变量的变化情况预测因变量的变化趋势。

最小二乘法是提供“观测组合”的主要工具之一，它依据对某事件的大量观测而获得“最佳”结果或“最可能”表现形式。已知两变量为线性关系，则一元线性回归预测模型表达式如下：

$$y = a + bx \tag{1.12}$$

式中，y 为因变量；x 为自变量；a 为截距；b 为斜率，a、b 均为待定的回归模型参数。

给定 (x, y) 的 n 对观测值 (x_i, y_i)，$i = 1, 2, \cdots, n$，则可应用最小二乘法，通过式（1.13）确定两回归模型参数，进而建立一元线性回归预测方程，然后根据自变量 x 的变化情况预测因变量 y 的变化趋势。

$$\begin{cases} a = \overline{y} - b\overline{x} \\ b = \dfrac{n\sum\limits_{i=1}^{n} x_i y_i - \sum\limits_{i=1}^{n} x_i \sum\limits_{i=1}^{n} y_i}{n\sum\limits_{i=1}^{n} x_i^2 - \left(\sum\limits_{i=1}^{n} x_i\right)^2} \end{cases} \tag{1.13}$$

式中，$\overline{x} = \dfrac{1}{n}\sum\limits_{i=1}^{n} x_i$，$\overline{y} = \dfrac{1}{n}\sum\limits_{i=1}^{n} y_i$。

对因变量和自变量进行 $n(n > 2)$ 次观测而获得 n 对数据。若将这 n 对数据代入方程求解 a、b 值时无确定解，最小二乘法提供了一个求解方法，其基本思想就是寻找 “最接近”这 n 个观测点的直线。最小二乘法是一个处理观测值的纯粹代数方法。要将其应用于统计推断问题就需要考虑观测值的误差，确定误差分布的函数形式（贾小勇等，2006）。

2. 多元线性回归预测法

多元线性回归预测法是用于研究某一因变量与两个或两个以上自变量之间的相互关系的理论和方法。多元线性回归预测法是利用历史资料建立多元线性回归模型进行预测的方法。从理论上讲，多元线性回归预测法已是一种成熟的定量化分析方法（赵明，2003）。

假定因变量 y 与多个自变量 $x_1, x_2, \cdots, x_n$ 之间具有线性关系，是自变量的多元线性函数，称为多元线性回归预测模型，表达式如下：

$$y = a + b_1 x_1 + b_2 x_2 + \cdots + b_n x_n \tag{1.14}$$

式中，y 为因变量；$x_i\left(i=1,2,\cdots,n\right)$ 为 n 个自变量；a 为截距；$b_i\left(i=1,2,\cdots,n\right)$ 为斜率，a、$b_i\left(i=1,2,\cdots,n\right)$ 均为待定的回归模型参数（王博，2012）。

给定 $\left(y, x_1, x_2, \cdots, x_n\right)$ 的一组观测值 $\left(y_j, x_{1j}, x_{2j}, \cdots, x_{nj}\right)$，$j=1,2,\cdots,m$，代入式（1.14）得

$$\begin{cases} y_1 = a + b_1 x_{11} + b_2 x_{21} + \cdots + b_n x_{n1} \\ y_2 = a + b_1 x_{12} + b_2 x_{22} + \cdots + b_n x_{n2} \\ \qquad \vdots \\ y_m = a + b_1 x_{1n} + b_2 x_{2n} + \cdots + b_n x_{nm} \end{cases} \tag{1.15}$$

令

$$Y = \begin{bmatrix} y_1 \\ y_2 \\ \vdots \\ y_m \end{bmatrix}, \quad X = \begin{bmatrix} 1 & x_{11} & x_{21} & \cdots & x_{n1} \\ 1 & x_{12} & x_{22} & \cdots & x_{n2} \\ \vdots & \vdots & \vdots & & \vdots \\ 1 & x_{1m} & x_{2m} & \cdots & x_{nm} \end{bmatrix}, \quad B = \begin{bmatrix} a \\ b_1 \\ \vdots \\ b_n \end{bmatrix} \tag{1.16}$$

应用最小二乘法得到待定回归模型参数的矩阵为

$$B = \left(X^T X\right)^{-1}\left(X^T Y\right) \tag{1.17}$$

建立多元线性回归预测方程后，就可以根据自变量x的变化情况预测因变量 y 的变化趋势。

多元线性回归预测法的基本任务如下：①根据因变量与多个自变量的实际观测值建立因变量对多个自变量的多元线性回归方程；②检验、分析各个自变量对因变量的综合线性影响的显著性；③检验、分析各个自变量对因变量的单纯线性影响的显著性，选择对因变量有显著线性影响的自变量，建立最优多元线性回归方程；④评定各个自变量对因变量影响的相对重要性及测定最优多元线性回归方程的偏离度等（王振友和陈莉娥，2008）。

3. 线性回归预测法的作用

线性回归预测法有如下几个优点。

（1）在回归分析中，如果有两个或两个以上的自变量，就称为多元回归。事实上，一种现象常常是与多个因素相联系的，由多个自变量的最优组合共同来预测或估计因变量，比只用一个自变量进行预测或估计更有效，更符合实际。因此，多元线性回归比一元线性回归的实用意义更大。

（2）运用回归模型，只要采用的模型和数据相同，通过标准的统计方法可以计算出唯一的结果，但在图和表的形式中，数据之间关系的解释往往因人而异，不同分析者画出的拟合曲线很可能也是不一样的。

（3）回归分析可以准确地计量各个因素之间的相关程度与回归拟合程度的高低，提高预测方程式的效果。当使用回归分析法时，由于实际上一个变量仅受单个因素的影响的情况极少，要注意模式的适合范围，所以一元线性回归预测法适用确实存在一个对因变量影响作用明显高于其他因素的变量时使用。多元线性回归预测法比较适用于实际问题受多因素综合影响时。

线性回归预测法有时也有其局限性，在回归分析中，选用何种因子和该因子采用何种表达式只是一种推测，这影响了某些因子的多样性和不可测性，使得回归分析在某些情况下受到限制。同时，多元线性回归预测法的基本原理和基本计算过程与一元线性回归预测法相同，但由于自变量个数多，计算相当麻烦，一般在实际应用时都要借助统计软件。

1.5.3 时间序列预测法

时间序列预测法的主要目的是基于历史观测的时间序列数据，分析序列的时序模式（包括趋势、周期性、波动性等），建立合适的序列模型，然后使用该模型为对应的时间序列生成未知的未来数据，即进行预测（Raicharoen et al.，2003）。采用时间序列预测法获得未来时刻的预测值，对于辅助决策、优化资源分配、提前采取止损措施等具有重要的意义。时间序列预测法在电力、气象、交通、商业等领域有着广泛应用（Bose and Mali，2019）。

时间序列预测法其实是一种回归预测方法，属于定量预测，其基本原理如下：一方面承认事物发展的延续性，运用过去的时间序列数据进行统计分析，推测出事物的发展趋势；另一方面充分考虑到由于偶然因素影响而产生的随机性，为了消除随机波动产生的影响，利用历史数据进行统计分析，并对数据进行适当处理，进行趋势预测（吴丹，2014）。

1. 时间序列预测法常用模型

1）自回归模型

自回归（auto-regressive，AR）模型是根据已知N个数据来推导第N点前面或后面数据的一种线性预测模型，本质上与插值类似，但是其有别于插值，同时AR模型是多点递推，比由两点（或少数几点）去推导多点的插值效果好。AR模型的表达如下：

$$x_t = \varphi_1 x_{t-1} + \varphi_2 x_{t-2} + \cdots + \varphi_n x_{t-n} + \varepsilon_t \tag{1.18}$$

式中，x_t为n阶AR模型，记为AR（n）；n为AR阶数；φ_n为模型待定系数；ε_t为白噪声，为时刻t的随机误差值，其均值为0。引入后移因子K，上述方程可写为

$$\phi(K)x_t = \left(1 - \varphi_1 K - \varphi_2 K^2 - \cdots - \varphi_n K^n\right)x_t = \varepsilon_t \tag{1.19}$$

式中，$Kx_t = x_{t-1}$，$K^n x_t = x_{t-n}$。式（1.18）、式（1.19）中的x_t可采用自身的过去值进行回归，因此称为AR模型，t时刻的预测值为

$$\hat{x}_t = \left(\varphi_1 K + \varphi_2 K^2 + \cdots + \varphi_n K^n\right)x_t = \sum_{i=1}^{n} \varphi_i x_{t-i} \tag{1.20}$$

AR模型只需要本身的时间序列即可，输入形式简单，但是所受限制较大，不能普遍适用于各种序列，而且变量必须达到自相关的要求，且自相关系数大于0.5才行，否则预测的效果难以得到保证（刁梦雯，2020）。

2）滑动平均模型

在滑动平均（moving average，MA）模型中，如果某时间序列在某时刻的值x_t可采用一组白噪声ε_t进行描述，模型表达式如下：

$$x_t = \varepsilon_t - \theta_1 \varepsilon_{t-1} - \theta_2 \varepsilon_{t-2} - \cdots - \theta_n \varepsilon_{t-n} \tag{1.21}$$

式中，时间序列x_t称为n阶MA模型，记为MA（n）；ε_t为白噪声；θ_i为模型参数；引入后移因子K，上述方程可描述为

$$x_t = \left(1 - \theta_1 K - \theta_2 K^2 - \cdots - \theta_n K^n\right)\varepsilon_t = \Theta(K)\varepsilon_t \tag{1.22}$$

式中，$K\varepsilon_t = \varepsilon_{t-1}, K^2\varepsilon_t = \varepsilon_{t-2}, \cdots, K^n\varepsilon_t = \varepsilon_{t-n}$。

对于突发波动的情况可以使用MA模型进行有效的解决，但MA模型也面临诸多问题，如需要记录大量的历史数据，不能稳定地表现出时间序列的发展趋向，预测值会停滞于之前的水平，导致未来值过高或者过低的波动。为提高平滑波动效果，常常需要加大MA法的期数，这样将导致预测值对数据变动不敏感。

3）自回归滑动平均模型

自回归滑动平均（auto-regressive moving average，ARMA）模型属于时间序列分析中的一种混合模型，由AR模型和MA模型构成，其中AR部分将历史值作为回归变量，而MA部分是对过去和现在的误差进行线性组合。ARMA模型具

有均值与方差在任意时刻都不随时间改变的平稳性，适合平稳序列建模，同时具有短时自相关性和线性的特点。

当时间序列 x_t 既具有 AR 特性，又包括 MA 特性时

$$x_t = \varphi_1 x_{t-1} + \varphi_2 x_{t-2} + \cdots + \varphi_p x_{t-p} + \varepsilon_t - \theta_1 \varepsilon_{t-1} - \theta_2 \varepsilon_{t-2} - \cdots - \theta_q \varepsilon_{t-q} \quad (1.23)$$

称为 ARMA 模型，记为 ARMA（p,q）。引入后移因子 K

$$\Phi(K) x_t = \Theta(K) \varepsilon_t \quad (1.24)$$

式中，$\Phi(K) = 1 - \varphi_1 K - \varphi_2 K^2 - \cdots - \varphi_p K^p$；$\Theta(K) = 1 - \theta_1 K - \theta_2 K^2 - \cdots - \theta_q K^q$。

ARMA 模型是模型参量法高分辨率谱分析方法之一，它比 AR 模型与 MA 模型有较精确的谱估计及较优良的谱分辨率性能，常用于具有季节变动特征的大市场规模预测，用来研究消费行为方式的变迁，预测的 x 值是过去时间序列的线性组合及过去和现在数据的误差值。

4）指数平滑模型

指数平滑模型是一种较为常见的、易理解的模型，它是根据历史记录包含的信息，使用平滑的方法，确定序列整体的发展趋势，对未来序列进行适当的预测。在实际生产生活中，主要有三种发展趋势：平稳趋势、线性趋势和非线性趋势，均可用指数平滑模型进行序列预测。

记时间序列为 $x_1, x_2, x_3, \cdots, x_n$，其中 n 为序列的长度，一次指数平滑的公式如式（1.25）所示：

$$S_t^{(1)} = \alpha x_t + (1-\alpha) S_{t-1}^{(1)} \quad (1.25)$$

式中，$S_t^{(1)}$ 为第 t 期一次指数平滑值；$S_{t-1}^{(1)}$ 为第 t−1 期一次指数平滑值；x_t 为第 t 期的实际值；α 为指数平滑系数，取值范围 0~1。一次指数平滑预测法是以第 t 期的指数平滑值作为第 t+1 期的预测值，即

$$x_{t+1} = S_t^{(1)} \quad (1.26)$$

将式（1.25）依次展开，可以得到

$$\begin{aligned} S_t^{(1)} &= \alpha x_t + (1-\alpha) S_{t-1}^{(1)} = \alpha x_t + (1-\alpha)\left[\alpha x_{t-1} + (1-\alpha) S_{t-2}^{(1)}\right] \\ &= \alpha x_t + \alpha(1-\alpha) x_{t-1} + (1-\alpha)^2 S_{t-2}^{(1)} \\ &= \alpha x_t + \alpha(1-\alpha) x_{t-1} + \alpha(1-\alpha)^2 x_{t-2} \\ &\quad + \cdots + \alpha(1-\alpha)^{t-1} x_1 + (1-\alpha)^t S_0^{(1)} \end{aligned} \quad (1.27)$$

由式（1.27）可知，只要确定了平滑系数 α 和初始值 $S_0^{(1)}$，就可以应用一次平滑预测法进行预测。平滑系数 α 的选择直接影响预测的效果，一般根据实际数据序列的特点和预测者的经验来确定其值，确定方法有理论计算法、经验判断法和试算法。对于初始值 $S_0^{(1)}$，当原始数据较多时，可以直接把最早的数据作为初

始值，即 $S_0^{(1)}=x_1$；当原始数据较少时，可以取最早的几个实际值的平均值作为初始值。

二次指数平滑预测法是对一次指数平滑后所得到的时间序列再进行一次指数平滑处理，二次指数平滑预测法的计算公式如下：

$$S_t^{(2)}=\alpha S_t^{(1)}+(1-\alpha)S_{t-1}^{(2)} \tag{1.28}$$

式中，$S_t^{(2)}$ 为第 t 期二次指数平滑值；$S_{t-1}^{(2)}$ 为第 t−1 期二次指数平滑值。

二次指数平滑预测法根据指数平滑值找出时间序列所具有的线性趋势，建立线性方程来进行预测，线性预测方程为

$$x_{t+T}=a_t+b_tT \tag{1.29}$$

式中，x_{t+T} 为第 $t+T$ 期的预测值；T 为从目前周期 t 到需要预测的周期个数；a_t 为线性方程所表示直线的截距；b_t 为线性方程所表示直线的斜率。其中，a_t 和 b_t 的计算公式为

$$\begin{cases}a_t=2S_t^{(1)}-S_t^{(2)}\\ b_t=\dfrac{\alpha}{1-\alpha}\left(S_t^{(1)}-S_t^{(2)}\right)\end{cases} \tag{1.30}$$

三次指数平滑预测法是对二次指数平滑后所得到的时间序列再进行一次指数平滑处理，三次指数平滑预测法的计算公式如下：

$$S_t^{(3)}=\alpha S_t^{(2)}+(1-\alpha)S_{t-1}^{(3)} \tag{1.31}$$

式中，$S_t^{(3)}$ 为第 t 期三次指数平滑值；$S_{t-1}^{(3)}$ 为第 t−1 期三次指数平滑值。

三次指数平滑预测法与二次指数平滑预测法类似，是通过建立预测方程来进行预测的，其线性预测方程为

$$x_{t+T}=a_t+b_tT+c_tT^2 \tag{1.32}$$

式中，a_t、b_t 和 c_t 的计算公式为

$$\begin{cases}a_t=3S_t^{(1)}-3S_t^{(2)}+S_t^{(3)}\\ b_t=\dfrac{\alpha}{2(1-\alpha)^2}\left[(6-5\alpha)S_t^{(1)}-2(5-4\alpha)S_t^{(2)}+(4-3\alpha)S_t^{(3)}\right]\\ c_t=\dfrac{\alpha^2}{2(1-\alpha)^2}\left(S_t^{(1)}-2S_t^{(2)}+S_t^{(3)}\right)\end{cases} \tag{1.33}$$

指数平滑是通过多次的加权平均，将随机因素造成的影响进行平滑，从而找出预测的时间序列的变化情况和趋势。

2. 时间序列预测法步骤

第一步，收集历史资料，加以整理，编成时间序列，并根据时间序列绘成统计图，时间序列分析通常是把各种可能发生作用的因素进行分类，传统的分类方法，是按各种因素的特点或影响效果分为四大类：①长期趋势；②季节变动；③循环变动；④不规则变动。

第二步，分析时间序列。时间序列中每一时期的数值都是由许许多多不同的因素同时发生作用后的综合结果。

第三步，求时间序列的长期趋势（T）、季节变动（S）和不规则变动（I）的值，并选定近似的数学模式来代表它们。对于数学模式中的许多未知参数，使用合适的技术方法求出其值。

第四步，利用时间序列资料求出长期趋势（T）、季节变动（S）和不规则变动（I）的数学模型后，就可以利用模型预测未来的长期趋势值 T 和季节变动值 S，并在可能的情况下预测不规则变动值 I。然后用以下模式计算出未来的时间序列的预测值 Y：①加法模式 $T+S+I=Y$；②乘法模式 $T\times S\times I=Y$。

如果不规则变动的预测值难以求得，就只求解长期趋势和季节变动的预测值，以两者相乘之积或相加之和为时间序列的预测值。如果经济现象本身没有季节变动或不需预测分季分月的资料，则长期趋势的预测值就是时间序列的预测值，即 $T=Y$。要注意该预测值仅反映现象未来的发展趋势，即使很准确的趋势线在按时间顺序的观察方面所起的作用，本质上也只是一个平均数的作用，实际值将围绕着它上下波动（Bloomfield，2000）。

3. 时间序列预测法基本特征

1）时间序列预测法是根据过去的变化趋势预测未来的发展，它的前提是假定事物的过去延续到未来

时间序列分析，正是根据客观事物发展的连续规律性，运用过去的历史数据，通过统计分析，进一步推测未来的发展趋势。事物的过去会延续到未来这个假设前提包含两层含义：一是不会发生突然的跳跃变化，是以相对小的步伐前进；二是过去和当前的现象可能表明现在和将来活动的发展变化趋向。这就决定了在一般情况下，时间序列预测法对于短、近期预测比较显著，但如延伸到更远的将来，就会出现很大的局限性，导致预测值偏离实际较大而使决策失误。

2）时间序列数据变动存在着规律性与不规律性

时间序列中的每个观察值大小是影响变化的各种不同因素在同一时刻发生作用的综合结果。从这些影响因素发生作用的大小和方向变化的时间特性来看，这些因素造成的时间序列数据的变动分为四种类型：①趋势性，即某个变量随着时间进展或自变量变化，呈现一种比较缓慢而长期的持续上升、下降、停留的同性

质变动趋向，但变动幅度可能不相等。②周期性，即某个因素由于外部影响随着自然季节的交替出现高峰与低谷的规律。③随机性，即个别为随机变动，整体呈现统计规律。④综合性，即实际变化情况是几种变动的叠加或组合。预测时设法过滤除去不规则变动，突出反映趋势性和周期性变动（Bloomfield，2000）。

1.5.4 灰色预测法

灰色预测法是由中国学者邓聚龙教授提出的一种系统分析方法，用来解决部分信息已知、部分信息未知的少数据、贫信息不确定性系统问题。该理论将任何随机过程看作一定时间、空间变化的灰色过程，将随机量看作灰色量，认为无规律的原始列存在潜在的规律性，通过生成变换能够将无规律的原始序列变成有规律的新序列。灰色预测法是一种基于灰色模型做出定量预测的方法。灰色预测法通过对原始数据序列的处理及灰色模型的构建，发现和掌握系统发展的规律性，并对系统的未来发展状态做出科学的定量预测。灰色预测法建立的灰色模型是一个指数函数，若预测目标是按照某一指数规律变化的，则其可以获得较高精度的预测结果（邓聚龙，2002；刘思峰等，1999；傅立，1992）。

在众多灰色模型中，GM（1,1）模型是最简单、最普遍使用的灰色模型，它是在对原始数据累加生成基础上，利用微分拟合法建立的单变量一阶常系数微分方程。GM（1,1）模型构建过程如下。

设 $X^{(0)}=\left\{X_1^{(0)},X_2^{(0)},\cdots,X_n^{(0)}\right\}$ 为原始非负时间序列，对其进行一次累加生成运算，得到新序列 $X^{(1)}=\left\{X_1^{(1)},X_2^{(1)},\cdots,X_n^{(1)}\right\}$，其中，

$$X_k^{(1)}=\sum_{i=1}^{k}X_i^{(0)},\ k=1,2,\cdots,n \tag{1.34}$$

由此，得到GM（1,1）模型的微分方程为

$$\frac{\mathrm{d}X^{(1)}}{\mathrm{d}k}+aX^{(1)}=u \tag{1.35}$$

式中，a，u 为待定参数，a 称作发展系数，u 称作灰色作用量。

设 a 为参数向量，$a=(a,u)^{\mathrm{T}}$，通过最小二乘法求解方程 $Ba=Y$，解得参数估计值为

$$\hat{a}=\begin{bmatrix}a\\u\end{bmatrix}^{\mathrm{T}}\left(B^{\mathrm{T}}B\right)^{-1}B^{\mathrm{T}}Y \tag{1.36}$$

式中，

$$B=\begin{bmatrix}-0.5\left[X_1^{(1)}+X_2^{(1)}\right] & 1\\ -0.5\left[X_2^{(1)}+X_3^{(1)}\right] & 1\\ \vdots & \vdots\\ -0.5\left[X_{n-1}^{(1)}+X_n^{(1)}\right] & 1\end{bmatrix},\quad Y=\begin{bmatrix}X_2^{(0)}\\ X_3^{(0)}\\ \vdots\\ X_n^{(0)}\end{bmatrix} \tag{1.37}$$

将参数估计值 $\hat{a}$ 代入 GM（1,1）模型的微分方程（1.35）求解，即可得到 GM（1,1）模型的时间响应函数：

$$\hat{X}_{k+1}^{(1)}=\left(X_1^{(0)}-\frac{\hat{u}}{\hat{a}}\right)\mathrm{e}^{-\hat{a}k}+\frac{\hat{u}}{\hat{a}},\ k=0,1,\cdots,n \tag{1.38}$$

由式（1.38）对 $X^{(1)}$ 进行预测，并对 $X^{(1)}$ 进行一次累减生成运算，得到原始数据序列的预测值，即

$$\hat{X}_{k+1}^{(0)}=\left(1-\mathrm{e}^{\hat{a}}\right)\left(X_1^{(0)}-\frac{\hat{u}}{\hat{a}}\right)\mathrm{e}^{-\hat{a}k},\quad k=0,1,\cdots,n \tag{1.39}$$

应用灰色模型预测法得到预测值后，还需利用历史数据对模型和所得预测结果进行精度检验，主要的检验参数为方差比和小残差概率。

残差为

$$\varepsilon_k^{(0)}=X_k^{(0)}-\hat{X}_k^{(0)} \tag{1.40}$$

均方差和均方误差分别为

$$S_1=\sqrt{\frac{1}{n}\sum_{k=1}^{n}\left[X_k^{(0)}-\bar{X}\right]^2} \tag{1.41}$$

$$S_2=\sqrt{\frac{1}{n}\sum_{k=1}^{n}\left[\varepsilon_k^{(0)}-\bar{\varepsilon}\right]^2} \tag{1.42}$$

式中，$\bar{X}=\frac{1}{n}\sum_{k=1}^{n}X_k^{(0)}$；$\bar{\varepsilon}=\frac{1}{n}\sum_{k=1}^{n}\varepsilon_k^{(0)}$。

方差比和小残差概率分别为

$$C=S_2/S_1 \tag{1.43}$$

$$P=\left\{\left|\varepsilon_k^{(0)}-\bar{\varepsilon}\right|\leqslant 0.674S_1\right\} \tag{1.44}$$

根据求得的方差比 C 和小残差概率 P 确定 GM（1,1）灰色预测模型的精度等级，如表 1.3 所示。

表 1.3　精度等级划分标准表

精度等级	好	合格	勉强	不合格
C	<0.35	<0.5	<0.65	≥0.65
P	>0.95	>0.8	>0.7	>0.6

GM（1,1）模型具有所需信息较少，计算简便、精度较高等特点，适合区域物流数据序列的短期预测，但 GM（1,1）模型对于波动性较大的非平稳数据序列的预测精度较低，而且 GM（1,1）模型为单变量模型，无法表达出区域物流与其影响因素之间的复杂关系。

1.5.5 神经网络法

神经网络是模仿人类大脑的学习过程而构造的智能化数据处理及映射模型，由大量的神经元构成。神经元是对研究对象的抽象与简化，进而转化成计算机语言。神经网络根据神经元相互作用的特征，以一定的学习方法对已有知识进行存储与识别，并能够实现学习输出的效果。神经网络的智能化及无须建立具体函数模型等特点，给很多具有复杂不确定性和时变性的实际问题提供了新的思路与方法。作为一种并行计算模型，神经网络具有传统预测方法不具备的很多优点（阎平凡和张长水，2005；钟颖和汪秉文，2002），如具有出色的自学习能力、自适应能力、非线性映射能力，对预测对象的先验信息要求不多，一般不必事先知道有关预测对象的结构、参数、动态特性等方面的知识，只需给出输入、输出数据，通过网络本身的学习功能就可以达到输入与输出的完全符合。在物流需求预测中，应用比较广泛的神经网络有两种：误差反向传播（error back propagation，BP）神经网络和径向基函数（radial basis function，RBF）神经网络。

神经网络的训练算法一直是其发展的一个瓶颈，网络层数的增加对参数学习算法提出了更严峻的挑战。传统的神经网络算法实际上对于仅含几层的网络训练效果就已经很不理想，更不可能完成对深层网络的学习任务。基于此，纽约大学的 LeCun、蒙特利尔大学的 Bengio 和斯坦福大学的 Ng 等分别在深度学习领域展开了研究。深度学习模型的发展基础是传统神经网络模型，深度学习模型包含多个隐层的人工神经网络（artificial neural network，ANN）。深度学习通过多层次的特征映射从声音、图片、文字等输入数据中提取有助于理解数据本身所代表的含义的有效特征表示（Bengio，2009）。相较于浅层神经网络，深度学习网络的优势在于能够更好地表示高边函数等复杂高维函数（郭丽丽和丁世飞，2015），同时也能够将提取到的有效特征重复应用在其他不同的任务中。目前典型的深度学习网络结构主要有深度置信网络（deep belief network，DBN）、堆栈自编码网络（stacked auto-encoders，SAE）、卷积神经网络（convolutional neural network，CNN）。

1. 传统神经网络

1）BP 神经网络

BP 神经网络是一种单向传播的多层前向型神经网络。BP 神经网络采用误差反向传播算法，也称作 BP 算法，利用实际输出与期望输出之间的差来对网络的各层连接权由后向前逐层进行修正（田景文和高美娟，2006）。BP 神经网络由输入层、若干隐含层和输出层构成，每层由若干个结点组成，每一个结点代表一个神经元，上一层结点与下一层结点之间通过权值进行连接，同层内的结点之间没有联系。图 1.1 给出了 BP 神经网络结构示意图。

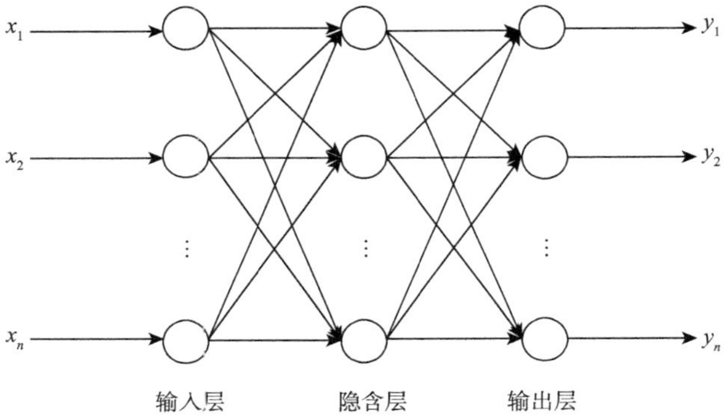

图1.1 BP神经网络结构示意图

BP 神经网络的隐含层神经元通常采用 S 型激活函数。S 型激活函数能实现 BP 神经网络输入与输出的非线性关系，具体形式如下：

$$M\left(\mathrm{net}_j\right)=\frac{1}{1+\mathrm{e}^{-\mathrm{net}_j}} \tag{1.45}$$

式中，net_j 为第 j 个隐含层神经元的输入，$j=1,2,\cdots,m$。输入层或输出层的神经元通常采用线性激活函数，线性激活函数可以使 BP 神经网络的输入与输出成正比关系，具体形式如下：

$$M\left(\mathrm{net}_j\right)=c\times\mathrm{net}_j \tag{1.46}$$

式中，c 为常值系数。

BP 神经网络的传播过程由正向传播和反向传播组成，在正向传播过程中，当大量样本输入神经网络后，输入信号通过输入层向前传播，经过隐含层，并由隐含层的函数作用后，将隐含层的输出信号传向输出层，并得到最终输出结果。在整个前向传播过程中，每一层的神经元仅能接收来自上一层神经元的输入，而每一层的神经元的输出只会影响下一层的神经元的输出。如果最终的输出结果与期望结果之间存在比较大的误差，则转入反向传播过程，将误差值沿着原来的连接通道从输出层经过隐含层，最终回到输入层。BP 神经网络通过修改各层神经元的连接权值，使得实际结果与期望结果之间的误差值最小，即 BP 算法。

BP 神经网络在多个领域的预测中得到了应用，但其本身也存在一些缺陷和不足（田雨波，2009；马锐，2010）。第一，BP 神经网络需要比较长的训练时间。由于 BP 神经网络的学习速率是固定的，其收敛速度较慢，需要较长的训练时间。对于一些复杂的问题，BP 神经网络需要的训练时间可能会非常长。第二，BP 神经网络不一定能实现全局最优解。BP 神经网络可以使权值收敛到某个值，但并不能保证其为误差平面的全局最小值，这是因为当采用梯度下降原则时，BP 神经网络的训练通过最初的输入值依照误差函数逐渐靠近误差的最小值，不同的最初输入值可能会产生不同的最小值，就可能存在局部最小值。第三，BP 神经网络的结构难以确定。BP 神经网络隐含层的层数和结点数的选择尚无理论指导，一般是根据经验或者通过反复实验确定。因此，BP 神经网络往往存在很大的冗余性，在一定程度上增加了网络学习的负担。第四，BP 神经网络的学习和记忆具有不稳定性。当新的记忆网络开始时，会改变原有已经训练好的连接权值，所以，即使利用原有的训练网络和新的记忆网络同时训练，也不能避免神经网络遗忘原有的结构，存在一定的不稳定性。

2）RBF 神经网络

RBF 神经网络是由 Moody 和 Darken（1989）提出的一种神经网络结构，是具有单隐含层的三层前馈型网络，网络的学习等价于在多维空间中寻找训练数据的最佳拟合平面。每个隐含层神经元的函数都构成了拟合平面的一个基函数。图 1.2 给出了 RBF 神经网络结构示意图。

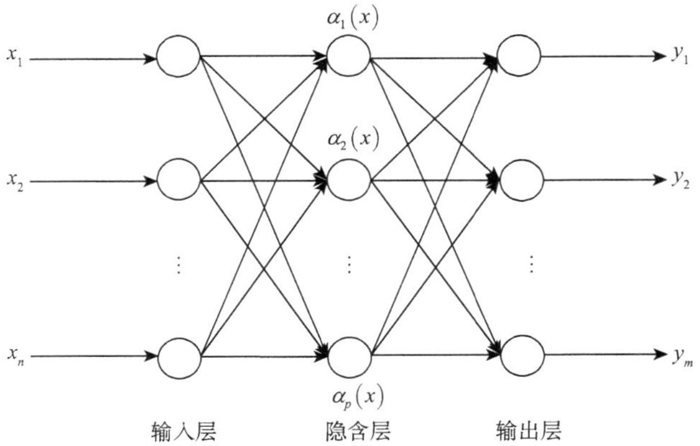

图1.2　RBF神经网络结构示意图

RBF 神经网络的输入层神经元传递输入信号到隐含层，隐含层神经元由基函数描述，而输出层神经元通常由简单的线性函数刻画。隐含层神经元的作用函数对输入信号将在局部产生响应，即当输入信号靠近核函数的中央范围时，隐含层神经元将产生较大的输出。因此，RBF 神经网络属于局部逼近网络，具有学习速度快的优点。RBF 神经网络的隐含层基函数一般采用 RBF，具体形式如下：

$$\alpha_i(x)=\exp\left[-\frac{\|X-c_i\|^2}{2\sigma_i^2}\right] \tag{1.47}$$

式中，$\alpha_i(x)$ 为第 i 个隐含层神经元的输出，$i=1,2,\cdots,p$；$X=(x_1,x_2,\cdots,x_n)^{\mathrm{T}}$ 为输入样本；c_i 为第 i 个隐含层神经元的 RBF 中心；σ_i 为第 i 个隐含层神经元的基宽；n，p，m 分别为输入层、隐含层、输出层的神经元个数。确定隐含层的基函数后，RBF 神经网络输入层与输出层之间的关系可表示为

$$y_j=\sum_{i=1}^{p}w_{ij}\exp\left(-\frac{\|X-c_i\|^2}{2\sigma_i^2}\right) \tag{1.48}$$

式中，y_j 为输出层第 j 个神经元的输出值；w_{ij} 为隐含层第 i 个神经元与输出层第 j 个神经元间的权值。

RBF 神经网络是一个局部逼近网络，学习收敛速度较快，且只有少数权值在训练过程中影响输出层的输出，因而其输出层的最终结果并不依赖于初始权值，不存在学习的局部最优问题。相比于 BP 神经网络，RBF 神经网络具有结构简单、所需设置参数少的特点，且由于网络的参数调整是线性的，需要的训练时间相对较短，学习过程中收敛速度较快（俞立军和贲可荣，2002；赫金，2004），适合系统的实时辨识与控制。在实际应用中，RBF 神经网络仍然存在一些问题，如网络基函数的中心值确定问题、网络的在线校正问题、网络综合性能提高等问题。

2. 深度学习网络

1）DBN

DBN 是由 Hinton 在 2006 年提出的，它是一种生成模型，通过训练神经元之间的权重，可以让整个神经网络按照最大概率来生成训练数据，其结构示意图如图 1.3 所示（Arel et al.，2010）。DBN 是由多层 RBM 堆叠而成的，神经元可以分为显性神经元和隐性神经元，显性神经元用于接收输入，隐性神经元用以提取特征，最顶上的两层连接是无向的，用以组成联想记忆单元。

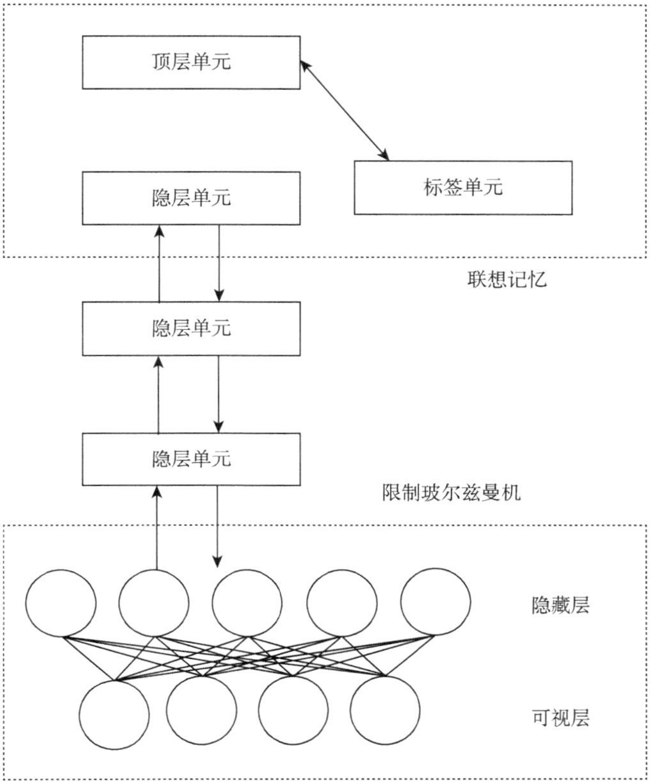

图1.3　DBN结构示意图

DBN 的参数学习过程分为无监督贪婪逐层训练和 Contrastive Wake-Sleep 调优两个阶段。在第一个阶段，先充分训练第一个 RBM，接着固定第一个 RBM 的权重和偏置，将其隐层神经元的状态作为第二个 RBM 的输入向量，再对第二个 RBM 进行训练，如此依次进行。如果顶层的 RBM 除了有显性神经元还包括代表分类标签的神经元，则需要将其一起进行训练。第二个阶段是参数的调优过程，分为 Wake（认知过程）和 Sleep（生成过程）两个子阶段。在 Wake 阶段，外界的输入特征在向上权重的作用下产生出各层的输出，再基于梯度下降法来修改各层的下行权重；在 Sleep 阶段，通过顶层表示和向下权重生成底层的状态，同时修改向上的权重。DBN 在特征提取过程中，先将输入信号拉成向量再投入网络中，忽略了数据中存在的空间结构，在处理图像和视频这样的二维或高维信号时会存在一定问题。同时，当输入信号的维数过高且网络的深度过深时，网络中需要训练的参数会很多，这给存储和计算提出了很高的要求（焦李成等，2016）。

2）SAE

自编码器是一种无监督的特征学习网络，它利用 BP 算法，让目标输出值等于输入值，其结构如图 1.4 所示。对于一个输入 $x \in R^n$ ，将其通过一个特征映射得到对应的隐藏层表示 $h \in R^n$ ，隐藏层表示接着被投影到输出层 $y \in R^n$ ，并且希望输出与原始输入尽可能相等。自编码器试图学习一个恒等函数，当隐藏层的数目小于输入层的数目时可以实现对信号的压缩表示，获得对输入数据有意义的特征表示。通常隐层权值矩阵和输出层权值矩阵互为转置，这样大大减少了网络的参数个数。

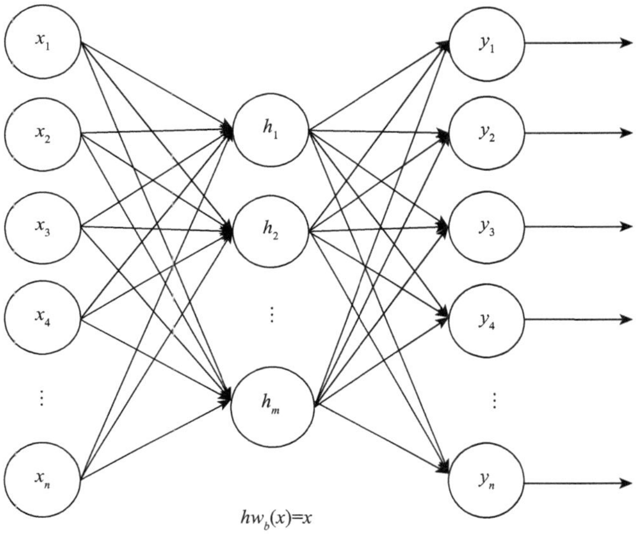

图1.4　自编码器示意图

将若干个自编码器堆叠在一起可以形成堆栈自编码器，这种深层网络能学习到输入信号的层次化表示，更有利于提取数据中蕴含的抽象特征（Vincent et al., 2010）。一个简单的堆栈自编码器的结构如图 1.5 所示。首先，将原始数据 x 输入堆栈自编码器中，通过第一层的编码得到原始数据的一阶特征表示 h_1 ；其次，将此一阶特征作为下一个自编码器的输入，对其进行进一步的编码得到二阶特征 h_2 ，如此重复进行直到编码完毕。编码后的各阶特征便构成了对原始数据的层次化描述，可以用于后续的分类和识别任务。在训练阶段，首先从第一层开始，按照单个自编码器的训练方式逐层训练网络参数，其次将最后一层的输出和期望输出的误差进行逐层反向传播，微调网络各层的参数。

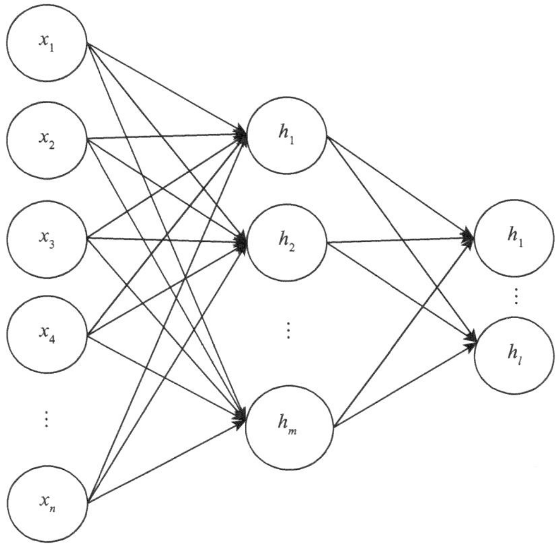

图1.5　堆栈自编码器示意图

3）CNN

CNN 采用了局部感受野、权值共享及时间或空间亚采样的结构思想，使得网络中自由参数的个数大大减少，降低了网络参数选择的复杂度，其在识别具有移位、伸缩或扭曲不变的二维模式时有很好的性能，最为典型的例子便是用于美国大多数银行支票上手写数字识别的LeNet 5（LeCun et al.，1995a，1995b）。CNN 的基本原理如图 1.6 所示。CNN 是一种多层网络结构，每一层是由包含多个独立神经元的若干二维平面组成的，这些二维平面通常被称作卷积核。以图 1.6 为例，输入图像首先和 3 个可调节的卷积核进行卷积运算，在 C_1 层得到对应的 3 幅特征映射图，其次对每一幅特征映射图进行池化后经过 Sigmoid 函数产生 S_2 层的 3 幅特征映射图。这些特征映射图继续通过滤波操作后得到 C_3 层，再按照和 S_2 层一样的处理方法得到 S_4 的结果。在最后一层将所有像素光栅化拉成一个列，并输入传统的神经网络之中得到最终的输出结果。CNN 一个很重要的特点就是通过局部感受野、权值共享及时间或空间亚采样 3 种思想减少了网络中自由参数的个数，获得了某种程度的位移、尺度、形变不变性。CNN 的训练算法仍然采用传统的 BP 思想，通常具有较快的收敛速度。Mnih 等（2014）针对图像分类任务提出了基于视觉注意的递归神经网络，进一步降低了CNN在处理图像时的计算开销。通过视觉注意机制有选择地从图像中提取有利于分类的特征，可以更准确地对待识别物体进行描述，同时避免了冗余的全局处理。

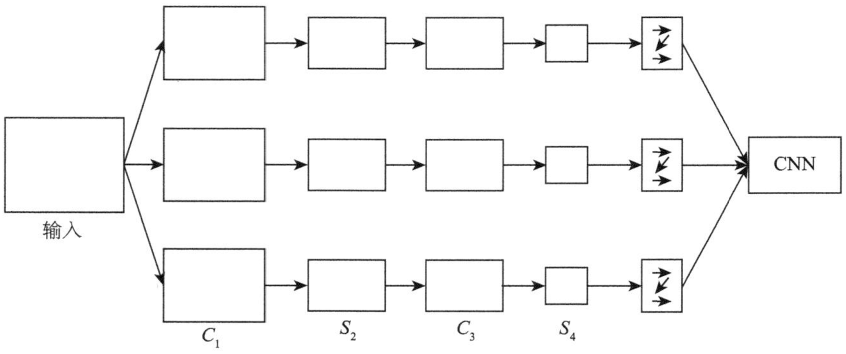

图1.6 CNN结构示意

1.5.6 组合预测法

组合预测是预测领域的重要研究分支，自 1969 年 Bates 和 Granger 首次提出组合预测理论体系后，该方法随即得到国内外学者广泛关注。单项预测模型通常仅包含预测对象的部分信息，通过一定规则组合各单项模型，可通过包含更全面的预测信息来提高预测精度（Holden and Peel，1986）。特别地，时间序列分析中真实数据生成过程通常具有区制转换或参数漂移等特性，组合预测方法的引入，可减少由参数或模型错误识别带来的预测误差（Andrawis et al.，2011）；甚至在单项预测结果存在有偏性的情况下，通过组合能产生具有无偏性的预测结果（Granger and Ramanathan，1984）。因此，将不同预测模型进行有效组合，可视为对无限逼近真实数据生成过程的有效补充（Terui and van Dijk，2002）。

1. 误差平方和最小的组合预测模型

组合预测法的基本步骤是通过构建二次规划模型实现的（曹飞，2014）。具体计算过程如下：y_t 为实际观测值（$t=1,2,3,\cdots,n$，n 表示样本规模）；有 m 种预测方法；f_{it} 为第 i 种预测方法的预测值（$i=1,2,3,\cdots,m$）；w_i 为第 i 种方法在组合预测模型中的权重，则其预测误差为

$$y_t-\sum w_i f_{it}$$

组合预测的误差平方和为

$$Z=\sum\left(y_t-\sum w_i f_{it}\right)^2$$

则组合预测误差平方和最小的模型可以表示为如下二次规划问题：

$$\begin{cases} \min Z = \sum \left(y_t - \sum w_i f_{it} \right)^2 \\ \text{s.t. } \sum w_i = 1 \\ w_i > 0,\ i = 1, 2, \cdots, m \end{cases} \tag{1.49}$$

2. 误差绝对值和最小的组合预测模型

误差平方和最小（通常称为最小二乘法）是最常用的最优拟合准则之一，它的理论相当完善，十分广泛地应用于建立各种预测模型，通常可获得满意的效果，但它也存在一些局限性，如果数据中夹杂异常数据，那么得到的预测模型“失真”较大。考虑到最小二乘法的不足，学者们引入了“稳健性”概念。“误差绝对值和最小”准则（或称为最小一乘法）能克服上述弱点，其稳健性比最小二乘法要好，具有不可替代的优越性。以误差绝对值和最小为最优准则建立组合预测模型如下（杨桂元和唐小我，1998）。

y_t 为实际观测值（ $t = 1, 2, 3, \cdots, n$ ， n 表示样本规模）；有 m 种预测方法； f_{it} 为第 i 种预测方法的预测值（ $i = 1, 2, 3, \cdots, m$ ）； w_i 为第 i 种方法在组合预测模型中的权重，则其预测误差为 $y_t - \sum w_i f_{it}$ ，组合预测误差绝对值和为

$$S = \sum \left| y_t - \sum w_i f_{it} \right|$$

则组合预测误差绝对值和最小的模型可以表示为如下二次规划问题：

$$\begin{cases} \min S = \sum \left| y_t - \sum w_i f_{it} \right| \\ \text{s.t. } \sum w_i = 1 \\ w_i > 0,\ i = 1, 2, \cdots, m \end{cases} \tag{1.50}$$

3. 组合预测法的特点

组合预测的应用在一些领域发挥了巨大的威力。首先，通过各种模型的组合，达到取长补短的效果。每种模型都有其自身的优点和缺点，它们的适用场合也不完全相同，将具有互补性的模型组合在一起，能够使各种模型的缺点得到弥补，而兼具各模型的优点。其次，通过各种模型的组合，可以利用更多的信息。不同的模型从不同的角度对要研究的现象进行描述，一种模型只能反映出事物的一个侧面，提供有关事物的一部分信息，要反映事物的全貌必须从多角度、全方位进行考察，这样得到的信息就更能体现事物的本质和原貌。再次，组合不是简单地进行堆砌，而是将具有内在联系的一些方法、事物通过一定的方式和步骤挑选出来，并以一定的方式将它们加以组合，这种组合所起到的效果大于组合中各元素的效果之和。最后，通过组合可以得到一些良好的性质。组合中各元素本不具有某些性质，但通过组合就能得到一些良好的性质。因此，在大多数情况下，

通过组合预测可以达到改善预测结果的目的（张毅敏，2014）。

1.6 物流业碳排放研究进展

1.6.1 国外物流业碳排放研究进展

国外对物流业碳排放的研究始于 20 世纪 90 年代，之后，针对物流领域的碳排放研究很少，相关研究集中于交通运输业的碳排放可概括为以下两个方面。

1. 交通运输碳排放测算研究

Mensink 等（2000）依据“自上而下”法，建立道路类型、车辆类型、燃料类型、交通量、车辆年龄、行程长度分布和实际环境的函数对安特卫普地区一氧化碳、氮氧化物的小时排放量进行了测算。Saija 和 Romano（2002）基于“自下而上”法，测算了意大利区域道路运输碳排放，这项研究强调了改进“自上而下”法的重要性，并确定了修正指数，以便在地方一级更好地描述道路运输排放。Ramachandra 和 Shwetmala（2009）将以上两种方法融合，对印度地区交通运输业的碳排放量进行了测算。Piecyk 和 McKinnon（2010）构建了三种情景来评估英国 2020 年公路货运的二氧化碳排放水平，将改进碳排放模型框架用于公路货运碳排放量计算。Postorino 和 Mantecchini（2014）建立了一种运输碳足迹方法来确定单位碳足迹与某些确定的排放宏观源相关性，同时评估与运输有关行动的有效性，旨在减少碳排放量。Velázquez-Martínez 等（2014）提出了一种动态多变量估算模型，这种模型是基于运输和环境网络及其他不同的综合方法来详细估算交通运输碳排放量的。分析结果表明，模型在准确估计实际排放和遵守碳约束（如碳上限）风险方面存在局限性。Greene 等（2020）基于国际分销部门原油的碳足迹，引入了石油和石油产品对罐式燃料排放因子，测算原油海上运输的二氧化碳排放量。Jamnongchob（2017）采用“自下而上”法，估算泰国 Suan Phueng 山旅游交通方面能源消耗所产生的二氧化碳排放量，并在此基础上提出关于泰国 Suan Phueng 山的交通旅游中的缓解措施。Agarana 等（2017）对撒哈拉沙漠以南的非洲地区交通运输业的二氧化碳排放量数据进行收集，随后进行分析。研究表明，如果交通碳排放现状不加以遏制，可能会导致严重的健康挑战，如呼吸系统疾病，并对这些城市的经济发展产生负面的影响。Mariano 等（2017）利用数据包络分析法（data envelopment analysis，DEA）基于松弛测度（slacks-based measure，SBM）构建了一个低碳物流绩效指数（low carbon logistics productivity index，

LCLPI），旨在确定低碳物流方面表现好的国家的排名。从DEA结果来看，在低碳物流绩效指数方面表现较好的国家是日本、德国、多哥、贝宁和美国，发展程度更高的国家是卢森堡、爱尔兰、黎巴嫩和洪都拉斯。

2. 交通运输碳排放影响因素研究

Lakshmanan 和 Han（1997）研究了美国交通运输碳排放，认为出行偏好、人口及GDP增长推动了交通运输碳排放量的增长，美国运输能源使用和二氧化碳排放量的增加，是由于货运的发展而非客运的发展。Mazzarino（2000）分析了意大利交通部门的碳排放影响因素，指出 GDP 是影响碳排放量增长的主要因素。Timilsina 和 Shrestha（2008）运用指数分解分析方法研究了拉丁美洲和加勒比海国家的运输业二氧化碳排放问题，指出能源结构、运输方式、碳排放系数和能源强度等因素会对交通运输业的碳排放产生影响。之后，Timilsina 和 Shrestha（2009）又通过指数分解分析方法分析了12个亚洲国家交通运输业的二氧化碳排放变化驱动因素，认为能源结构、能源强度、运输方式、人均GDP和人口等因素会对交通运输业的碳排放产生影响。Papagiannaki 和 Diakoulaki（2009）通过因素分解法分析了 1990~2005 年希腊和丹麦客车产生的二氧化碳排放问题，分解出的因素包括运输车辆所有权、混合燃料、年度里程、汽车配置、发动机功率。Leal 和 D'Agosto（2011）以巴西港口的乙醇运输为对象，从经济角度和社会角度两个方面进行调研，发现管道运输对减少环境污染效果是最优的，而公路运输是最差的。Andreoni 和 Galmarini（2012）分析了欧洲水运和空运的碳排放影响因素，得出 GDP 是主要影响因素的结论。Treitl 等（2014）专注于运输过程的分析，展示了在垂直协作的供应链中（如通过供应商管理的库存）路由决策的经济和环境影响。在详细地分析了运输过程的重要性后，提出了在垂直协作的供应链中通过同时降低成本和碳排放量来实现帕累托的最优。Hoen 等（2014）对运输模式的选择进行研究，使用基于真实数据的碳排放测量方法，并将其纳入库存模型。研究发现，切换不同的运输模式可以获得较大的减排，但实际的决策取决于监管和非货币考虑，如提前时间的变化。Govindan 等（2014）研究了制造业在其供应链系统管理中的绿色管理理念，用来关注环境问题。研究发现，在制造业铝塑供应链管理中，原材料等采购的有效性是阻碍绿色供应链管理的重点，并运用了层次分析法来探讨绿色供应链中的其他障碍。Choudhary 等（2015）认为物流网络的设计应该能够降低整个供应链的成本和碳足迹，在此背景下，提出了一个考虑碳足迹的正向——反向一体化物流的定量优化模型。分析结果表明，在大型问题上该方法优于传统的遗传算法（genetic algorithm，GA）。Rudi 等（2016）的研究为多式联运规划提供决策支持，包括运输服务设计中的路线和承运人选择及减排潜力的评估。他们构建了一个考虑碳排放的多商品网络流模型，这个模型的特征及其应用表明，多准则决策支持在多式联运规划中对低排放运输链的设计是有用的。Lin 和 Benjamin（2017）的研究结果清楚地表明，GDP、能源强度、碳强度比城市化对碳排放的影响更大，同时存在城市化的地方可能会影响碳排放及其他因素。Pham 等（2017）认为物流中心的选址问题在物流和供应链管理的设计和实践中起着至关重要的作用。他们应用混合模糊方法和基于理想解相似性的偏好排序技术得出结果，表明货运需求、与市场的距离、生产区域、客户和运输成本是决定物流中心选址的最重要因素。Pita 等（2020）运用对数平均迪氏指数法（logarithmic mean Divisia index，LMDI）分析了 2007~2017 年泰国公路客运的影响因素，结果表明，人口、国家生活水平和购买力对能源消费的增长产生了影响。Yachai 等（2020）评估了泰国雅索顿省雅索顿市场的木瓜供应链的碳足迹。运用网络分析方法建立了一个绿色供应链与物流模型。结果表明，配送中心有助于缩短配送距离，从而减少温室气体的排放。

1.6.2 国内物流业碳排放研究进展

国内关于物流业的碳排放研究起步相对较晚，通过借鉴国外先进经验，也取得了一系列研究成果，主要涉及国家和省域两个层面进行物流业的碳排放研究，包括物流业的碳排放测算、碳排放影响因素及碳排放对策方面。

1. *国家层面的物流业碳排放研究*

1）物流业碳排放测算研究

碳排放量测算的方法有多种，主要包括实测法、物料衡量法、模型分析法和碳排放系数法等。程叶青等（2013）基于 IPCC 提供的方法，估算了 30 个省份 1997~2010 年碳排放量，研究结果表明，1997~2010 年中国能源消费碳排放总量持续增加。刘明达等（2014）从理论上讨论了 IPCC 和中国关于碳排放项目清单，对比分析了排放因子法、质量平衡法和实测法 3 种主要碳排放核算方法的优缺点及适用对象。张文龙（2016）介绍了实测法和碳排放系数法的含义及适用范围。顾婷婷（2016）介绍了计算碳排放的实测法、物料衡量法、模型分析法和碳排放系数法。在现有碳排放量测算研究中最常使用的是碳排放系数法。欧阳强斌（2011）运用碳排放量测算等式对中国物流业 1994~2007 年碳排放量进行测算，结果表明，中国物流业碳排放量由急剧下降趋势变为平衡，同时中国物流业碳排放量降低有很大的发展空间。沈文婷（2013）测算了我国 1980~2008 年物流企业碳排放量，研究结果表明，我国物流企业碳排放量呈逐年递增趋势，物流业碳减排形势严峻。张晶和蔡建峰（2014）以中国 30 个省份的物流业能源消费数据为基础，运用IPCC的碳排放核算方法对2003~2011 年各省份物流业的碳排放总量进行了估算，同时引入碳排放Theil指数及区域分离系数，对中国物流业碳排放的地区差异进行了测度和分解。王丽萍和刘明浩（2018）对1997~2014年中国物流业的直接能源消耗碳排放和基于投入产出表的隐含碳排放进行了测算，并指出要想实现物流业低碳化发展，不但要从加快清洁能源的推广使用、提高物流业的行业技术效率等方面采取措施，而且也要加快提高中国国民经济各部门的低碳化水平。张立国（2016）采用碳排放系数法利用2003~2014年我国30个省份物流业面板数据进行实证分析，结果表明，我国物流业二氧化碳排放强度基本呈逐年上升趋势；经济发展效应是物流业二氧化碳排放持续高速增长最主要的驱动因素，物流业产出的提高是抑制二氧化碳排放增长最主要的驱动因素；东部地区能源结构的变化对物流业二氧化碳排放有抑制作用，中、西部地区能源结构需要进一步优化。刘丙泉等（2016）应用对数平均迪氏指数分解法将城镇化对物流业碳排放变动的影响分解为人口城镇化、空间城镇化、收入城镇化和产业城镇化4种效应，采用碳排放系数法对我国29个省份2007~2013年物流业碳排放变动的机理进行了分析，结果表明，考察期内城镇化对我国各省市物流业碳排放变动的促进作用远超非城镇化要素，城镇化已成为推动各省市物流业碳排放的关键因素，且物流业各要素对处于不同城镇化阶段的省市影响并不一致。刘渝和李莱（2018）研究发现，中国30个省份2007~2013年的物流业碳排放和行业产值同期都呈现增长趋势，产出规模效应对物流业碳排放起到绝对性的影响，中国的物流业仍处于粗放式的增长阶段。

2）物流业碳排放影响因素研究

物流业碳排放量受多种因素的影响，目前学者们对物流业碳排放的影响因素尚无统一的观点，但基本可以概括为物流业即物流业自身的发展、经济和人口等几个方面。段向云（2011）在界定低碳物流概念与本质的基础上，根据我国物流企业的历年能源消耗量，分析我国物流企业高碳排放的原因，总结出物流企业高碳排放的主要影响因素，探讨了物流企业低碳化发展存在的主要瓶颈，在此基础上提出了物流企业低碳化发展的运营机制。刘龙政和潘照安（2012）研究了中国物流业碳排放的驱动因素，包括能源结构、能源效率和经济增长，得出结论，经济增长是促成物流产业碳排放增长的最重要因素，经济增长拉动了物流需求，而物流产业在需求增加、规模扩大的同时，带来了大量的能源消耗，导致碳排放量的增加。马越越和王维国（2013）分析了中国物流业人均碳排放的影响因素，认为经济增长是拉动碳排放增长的最主要动力，运输方式对碳排放增长也表现出明显的促进作用，能源结构和能源效率虽然表现出拉动作用，但效果微弱。秦金中（2014）基于协整和脉冲响应函数，分析了我国1990~2012年碳排放量与物流业发展水平之间的长期均衡及动态演进关系，结果显示，我国物流业发展水平每提升或下降1%将引起二氧化碳排放增加或减少0.573%。王玲（2015）从能源消耗与碳排放内生化的视角，测度了我国物流产业的技术效率、区域技术落差，以及组群边界技术追赶共同边界技术的动态进程，研究发现，我国物流产业技术效率总体偏低，东部地区代表了技术前沿，中部地区加快追赶技术前沿，但西部地区与东、中部地区的差距逐渐拉大。曹翠珍和赵国浩（2015）基于可持续发展理论和经济增长理论，论证出区域物流发展、经济增长和能源消费三者关系的理论模型，并以我国 1999~2013 年省际面板数据论证其正确性，结果表明，中国物流业的发展对经济增长有正面影响，中国能源消费强度与物流业发展水平呈相反方向变动。臧新和潘国秀（2016）探讨了外商直接投资（foreign direct investment，FDI）对我国物流业碳排放的影响，结果显示，FDI 总体上显著减少了我国物流业的二氧化碳排放量和排放强度，说明 FDI 对我国物流业碳排放的技术效应明显，并且他们提出合理引进 FDI，调整能源消费结构，发展节能减排技术的政策建议。

LMDI 是国内外学者研究二氧化碳排放影响因素经常采用的一种方法，在中国，最初是在制造业等其他行业进行运用研究，近年来成为物流业碳排放影响因素的主要研究方法。孙宁（2010）以我国制造业为例，采用 LMDI 分析了制造业碳排放的影响因素，验证了技术进步在促进碳减排中的合理性和必要性。王迪和聂锐（2012）运用 LMDI 分解模型，研究了我国 1995~2007 年制造业碳排放变动特征及其影响因素。刘清春等（2014）运用 LMDI 建立了制造业部门能源消耗碳排放模型，将我国制造业碳排放分解为产出规模、部门结构，能源强度和能源结构 4 个方面因素。马晓明等（2016）将制造业分为高、中、低 3 类能耗，利用 LMDI 分解法对 1992~2012 年中国制造业能源相关碳排放进行因素分解。除此之外，还有一些常用的研究方法，丁唯佳等（2012）基于 STIRPAT 模型和岭估计法，分析了中国制造业碳排放的 3 个影响因素：人口、财富和技术，认为人口因素和财富因素对中国制造业的碳排放有积极的影响，技术因素存在负面影响。刘爱东等（2014）通过计量回归模型分析了能源效率、产业结构系数及人均制造业增加值与碳排放量之间的关系。张立国（2015）以 Tapio 脱钩分析方法为基础，构建了物流业的脱钩分析模型，并用该模型对我国物流业 2003~2012 年的行业发展、能源消耗和二氧化碳排放情况进行了脱钩分析，研究发现，我国物流业的总脱钩指数和节能脱钩指数基本呈现出了扩张性负脱钩的特点，减排脱钩指数在近年来开始呈现优化的趋势。曾珏和周叶（2019）利用空间面板数据对物流业进行空间计量分析，研究发现，物流业周转货物量、物流业人均和物流业能源强度这 3 个变量对物流业碳排放均属于正向影响关系，其中，物流业能源强度对物流碳排放的影响最为显著。

3）物流业碳排放对策研究

学者们对物流业碳排放量的测算、影响因素和研究方法进行研究后，提出了一系列应对措施。杨之雷（2011）指出，政策的保障对有效实施节能减排起着非常重要的作用，因此，必须建立完善的政策体系和法律法规，有效地规范、监督和激励物流企业的节能减排行为。顾丽琴和梅志强（2012）提出，政府应该建立一套相关的政策法规和低碳认证体系来促进物流业的低碳运输发展，落实节能减排责任制，引导物流运输业通过财政、税收、融资的扶持来发展低碳服务。马越越和王维国（2013）认为，应大力推进物流业科技水平的提高，进一步发挥物流发展因素对碳排放的抑制作用，同时，优化物流运输体系，形成以铁路为主体、以水运和管道为支撑、以公路和航空运输为辅的低碳化的综合运输体系。董锋等（2016）指出，现阶段我国大多数企业经营者或消费者对低碳物流意识淡薄，不够重视，低碳物流理念只是一个口号，并没有切实落实执行。因此，政府应积极推广低碳物流理念，强化低碳物流意识。王丽萍和刘明浩（2018）指出，要想实现物流业低碳发展，不但要从加快清洁能源的推广使用、提高物流业的行业技术效率等方面采取措施，而且也要加快提高中国国民经济各部门的低碳化水平。

2. 省域层面的物流业碳排放研究

1）物流业碳排放测算研究

周叶和王道平（2011）首先给出了省域物流作业二氧化碳排放量测量模型，测算了不同能源的二氧化碳排放因子及排放系数，其次以物流作业直接能耗法核算我国各省域2008年物流作业的二氧化碳排放指标，包括各省域的二氧化碳排放量和单位货物周转二氧化碳排放量。史祎馨（2014）利用 IPCC 计算方式核算广东省物流业碳排放总量，从能源效用、物流作业的碳效用、脱钩效应 3 个角度分析广东省物流业低碳特征。员开奇和董捷（2014）参考 IPCC 推出的“2006 碳排放计算指南”，基于能耗、种植业、畜牧业、废弃物 4 个主要的碳源，运用碳排放系数法计算 2001~2011 年湖北省的碳排放量。余光英和员开奇（2015）从能耗、种植业、畜牧业、废弃物 4 个方面进行分析，依据 IPCC 给出的《2006 年 IPCC 国家温室气体清单指南》对湖南省历年碳排放总量进行了测算，从研究结果来看，不但计算得到了碳排放总量的具体值，而且通过研究历年来碳排放的结构和时间序列特征，分析了湖南省碳排放总量在研究时间序列中的综合状况。王丽萍和王兵兵（2015）基于 1995~2012 年河南省物流企业的统计数据，运用消耗能源折算法对河南省物流业的碳排放总量和碳排放强度进行了估算，研究表明，河南省物流企业的碳排放量正处于继续上升的阶段，碳排放强度整体稳中有降，物流碳排放与行业发展呈现出反“N”形的曲线结构，如果加强环境管制、积极发展低碳物流将促进碳排放“拐点”提前出现，可实现经济发展与环境保护的“双赢”。金凤花等（2016）研究了 1997~2012 年我国各区域物流碳排放情况，结果表明，区域物流碳排放总体表现出逐年增长的趋势，大部分区域物流的发展是以较高的碳排放增长换取微弱的经济水平提升；在全国范围内，区域物流碳排放与区域经济碳排放表现为空间一致性较高，而在经济发展水平相对较低地区空间分布较为一致。周叶等（2018）基于环境库兹涅茨曲线（environmental Kuznets curve，EKC）模型，实证研究了天津市、吉林省、安徽省和陕西省四省市的物流业碳排放特征，结果显示，天津市、安徽省的物流生态效率较高，而陕西省、吉林省的物流生态效率较低。高怡（2018）采用 IPCC 清单法对陕西省物流业碳排放进行了测算，并指出"一带一路"倡议为陕西省物流业的发展提供了新的机遇，同时物流与环境的问题成为物流业发展新的挑战。王瑜和马明霞（2019）使用 IPCC 提供的估算方法，测算了 2005~2017 年宁夏回族自治区物流业的碳排放量，研究发现，碳排放量由大到小依次为柴油、汽油、原煤。

2）物流业碳排放影响因素研究

刘龙政和刘佩（2014）通过对 1997~2011 年福建省物流业二氧化碳排放量的测算，分析物流业发展水平与碳排放、能源消耗之间的关联，研究表明，三者之间具有长期稳定的协整关系，经济增长、物流业发展和碳排放之间是一组互为影响、相互作用的系列现象，其中的关键点是能源消耗的增减。发展低碳经济可以从低碳物流着手，通过能源效率、能源结构的改进和调整，减排节能，实现低碳发展的目标。冯亚萍（2015）收集整理江西省物流业 1989~2013 年近 25 年的能源消耗数据，对江西省物流业的宏观发展和运输能力及江西省物流业的发展现状进行一个方向性的把控判断。梁雯等（2016）利用向量自回归（vector auto-regression，VAR）模型对安徽省碳排放与物流业之间的动态响应关系进行实证研究，结果表明，物流业发展是碳排放量增加的格兰杰原因；安徽省物流业发展水平的迅速提高，引起能源消耗量的快速增加，使碳排放量不可避免地增加；但物流业发展水平达到一定阶段之后，人们的环保意识逐渐加强，碳排放量会出现下降。根据以上结论，提出促进物流产业低碳化发展的建议。苑清敏等（2016）先对京津冀物流业碳排放量进行测算，然后对京津冀 1998~2012 年物流业碳排放驱动因素进行对数平均迪氏指数分解，并基于经济合作与发展组织（Organization for Economic Cooperation and Development，OECD）脱钩模型计算碳排放脱钩指数，对京津冀物流业碳排放脱钩效应进行分析，结果表明，经济产出效应和人口规模效应对京津冀物流业碳排放增加具有一定的拉动作用，且经济产出效应为主要的正向驱动因素，能源结构和能源效率效应对京津冀物流业碳排放增加具有一定的抑制作用；京津冀地区物流业碳排放存在着脱钩效应，且表现出一定的阶段性；在脱钩效应强弱转变过程中，能源效率效应起着关键作用。杨建华和高卉杰（2016）估算了 1998~2012 年北京市城市物流业的碳排放量，根据各影响因素分析北京市城市物流业碳排放的途径，结果发现，物流基础设施的建设是该阶段碳排放增长的决定性因素，经济发展水平、以石油为主的能源结构、城镇化是促进碳排放的重要因素，能源效率对碳排放的正向影响较弱，产业结构对碳排放具有负向影响。

冯婷婷（2016）从宏观发展、发展潜力及能源消费 3 个方面对新疆物流业 1995~2012 年的发展现状进行初步定位，研究表明，新疆物流业碳排放表现出总量阶段性增长、强度有所下降、与自身发展的不协调性和尚未脱钩的现状；碳因子、能源结构、能源强度是抑制物流业碳排放增长的因素，产业结构和经济规模是促进物流业碳排放增长的因素。汪欣和万明（2017）运用能源系数法估算了 2003~2014 年安徽、上海、江苏和浙江四省市物流业碳排放，并分析了能源结构、能源效率、产业结构、经济增长及人口等因素对四省市物流业碳排放的影响，认为物流能源效率低下是安徽省发展低碳物流面临的最大问题，在未来一段时间内，安徽省物流业碳排放总量会伴随经济发展保持较高速率的增长；要从产业结构调整、能源结构优化、能源效率提升 3 个方面着手，发展低碳物流。王瑛琦（2017）验证了浙江省物流业人均碳排放量和人均地区生产总值存在的环境库兹涅茨曲线关系，发现能源强度是导致浙江省物流业碳排放强度不断提高的主要原因。其中，物流业生产总值和能源强度是两大增加碳排放的因素，而信息化发展指数发展是抑制碳排放的因素。穆晓央等（2020）对西部省域物流业碳排放影响因素进行 LMDI 分解，结果表明，产出规模对碳排放有显著正向拉动作用，能源结构虽促进了碳排放的增加，但力度较弱，能源强度则在一定程度上抑制了碳排放的增加。

张立国等（2013）运用中国30个省份2003~2009年代表物流业的面板数据，对中国物流业的二氧化碳排放绩效进行了动态变化分析和区域差异对比研究。研究发现，中国物流业的碳强度呈现逐年上升的趋势，成为目前减排的主要压力行业；中国物流业的二氧化碳排放绩效呈现东部好于西部，西部优于中部的趋势；在各地区的对比中，北京市的物流业二氧化碳绩效是最好的，内蒙古是最差的。刘楠（2013）应用对数平均迪氏指数分解法对天津市物流业在 1995~2010 年的碳排放总量进行因素分解，对结果进行分析得出，经济规模效应是促进天津市碳排放增加的最重要因素，能源强度效应是有效抑制天津市碳排放增加的因素。唐建荣等（2014）基于 Tapio 脱钩模型研究了东部物流产业碳排放与经济增长的脱钩关系及其时间和空间演变趋势，结果表明，低碳隧穿之路任重道远。杨斌等（2014）根据物流业的特点并结合江苏省的实际情况，构建出江苏省碳排放效率评价体系。针对传统方法的局限，利用主成分分析法对评价指标进行降维，并结合非期望产出处理等方法，再运用DEA对江苏省物流业碳排放的效率进行评价。李洋等（2014）以 1995~2011 年天津市和全国物流业各种能源消耗数据为依据，基于环境库兹涅茨模型分别构建了天津市和全国物流业产值与碳排放量之间的回归方程，比较天津市和全国物流业的碳排放强度，提出了天津市物流业低碳化发展的建议。王丽萍（2017）在对 2000~2013 年河南省物流业碳排放测算的基础上，基于协整检验、格兰杰检验、脉冲响应和方差分解分析法实证研究了物流业碳排放与能源消耗、经济增长之间的关系。研究表明，三者之间存在协同增长关系，梁雯等（2017）基于向量自回归模型对安徽省 1995~2015 年相关数据实证研究，结果表明，物流业碳排放与城镇化、经济增长存在长期协整关系；城镇化与经济增长是物流业碳排放单向格兰杰原因，经济增长是城镇化的单向格兰杰原因，且城镇化相比经济增长对物流业碳排放影响更显著。胥爱霞（2018）基于 LMDI 分解方法，对广东省物流业碳排放的影响因素进行分析，发现物流业的经济发展对碳排放增长的推动作用最显著，能源结构对碳排放的增长有一定的推动作用，但效果不明显，而能源效率对碳排放的增长呈现明显的抑制作用。胡小飞等（2019）利用灰色关联法剖析了长江经济带不同省市碳排放的主要驱动要素，影响力总体排序如下：碳排放效率>城镇化水平>能源结构>人口规模>物流业固定资产投资>物流规模。

3）物流业碳排放对策研究

刘志强等（2013）分析了河北省发展低碳物流园区的环境，包括区位、经济、政策和基础设施等，从低碳物流园区理念、物流专业人才、物流园区示范工程及评估体系等方面提出了河北省发展低碳物流园区面临的问题，并提出了大力宣传低碳物流园区理念，多渠道培养高素质物流专业人才，开展低碳物流园区示范工程，以及尽快构建低碳物流园区评估体系的策略建议。史祎馨（2014）发现，政府部门在低碳进程中有着极为重要的作用，政府重视低碳，物流业的低碳化表现更突出；目前广东省物流业正处在从高碳排、低效益、高能耗往低碳排、高效益、新能耗转型升级的过渡期；物流业碳排放与物流经济发展之间呈现扩张性负脱钩现象，物流业必须在物流技术、作业优化、新能源使用、低碳理念方面下功夫，抓住机会升级改造，让广东省物流经济成为全社会低碳经济发展的助推器。刘勇（2014）指出，物流企业应改革现有的体制，明确企业物流管理，尤其是企业运输综合协调管理部门的职能，加强物流企业各物流环节节能的协调管理，是物流企业当前亟待解决的问题。张晶和蔡建峰（2014）认为，物流企业应对现有资源进行整合，对企业资源配置进行优化，科学合理地规划各物流节点，避免物流设施的重复建设，从而减少企业的资源浪费，最大限度地提高物流资源的利用效率，进而减少物流业高能耗、高排放、高成本的情况；企业还应重视技术创新，多应用节能减排设备，这将为推动物流领域的技术性节能减排提供助力。李碧珍等（2015）提出，福建省物流业低碳化发展仍处于起步阶段，在低碳化实践方面存在明显问题。为此，福建省要加快效率型、技术型、制度型低碳物流的建设与实施，探索一条适合福建省低碳物流发展的新模式、新常态，以实现福建省物流业的转型升级。汤中明和周玲（2016）提出，应加强物流企业资源整合和资产重组，形成一批服务网络化、所有制多元化和管理现代化的物流企业，鼓励物流企业采用节能环保的技术和装备，提高物流运作的组织化、网络化水平，降低物流业的总体能耗和污染物排放水平。

1.7 本章小结

本章阐述了物流业碳排放相关理论，内容如下：①界定了物流、物流业、碳排放、低碳物流的概念。②论述了物流业碳排放相关理论，包括低碳物流运作理论、低碳经济理论、可持续发展理论、绿色物流理论等。③总结了物流业能源消费测算方法和物流业碳排放测算方法。物流业能源消费测算方法包括物流业能源消费量测算方法和物流业能源强度测算方法；物流业碳排放测算方法主要介绍了物流业碳排放量测算方法（直接消耗碳排放测算方法、完全消耗碳排放测算方法、实测法、物料衡算法）、物流业碳排放强度测算方法和物流业人均碳排放测算方法。④归纳了物流业碳排放预测方法，包括情景分析预测法、回归预测法、时间序列预测法、灰色预测法、神经网络法和组合预测法。⑤总结了国内外物流业碳排放研究进展。国外物流业碳排放的研究集中在交通运输业的碳排放，涉及交通运输碳排放测算和交通运输碳排放影响因素两个方面；国内物流业碳排放的研究主要侧重于国家和省域两个层面，包括物流业的碳排放测算、碳排放影响因素和碳排放对策等方面。本章内容为后面章节的研究奠定了理论基础。

第2章　京津冀物流业碳排放现状研究

2.1　京津冀物流业发展现状

2.1.1　北京市物流业发展现状

北京市是中国的首都、全国政治中心，其土地资源稀缺，交通压力巨大。目前北京市的物流业已具有较为完善的物流基础设施，并形成以高速公路为基础，铁路、航空远程辐射，海运为重要补充的交通运输网络。北京市的现代物流业正朝着与北京市的城市功能定位相适应的方向快速迈进。

2017年北京市社会物流总额为71 105亿元，比2016年增长11.3%。其中，外省市流入物品物流总额为38 280亿元，比2016年增长14.9%；单位与居民物品物流总额为268亿元，比2016年增长2.2%；农业品和工业品总额减少，进出口货物增多，说明北京市作为国际交流中心对外更加开放。外省市流入物品物流总额明显增多，从其他国家或地区流入北京市的进向物流在北京市社会物流中占据主导地位，这表明北京市是一个输入型城市，大量的生活用品和生产用品都要从城市外部流入北京市，城市内部需求旺盛。由于不再作为经济中心，北京市的物流需求以保障居民生活为主，物流需求少而散，对时效性要求比较高。2017年，北京市第三产业增加值为22 567.8亿元，占全市比重的80.6%，比2016年增长9%（张阿钊，2019）。

1. 物流业生产总值

表2.1给出了北京市2008~2017年物流业生产总值及增速。从表2.1可以看出，2008~2017年北京市物流业生产总值呈现稳定增长的变化特征，从2008年的498.9亿元逐年增长到2017年的1 208.4亿元，翻了一番还要多；物流业生产总值的增速具有波动变化特征，且整体呈现正增长趋势，增长速度最快的为2010年，增速达到27.92%，增长速度最慢的为2012年，增速为0.90%。2013~2017年北京

市物流业生产总值的增速总体呈增长趋势，2017 年增速达到 13.89%。可见，北京市的物流业发展十分稳定，且后劲十足。

表 2.1　北京市 2008~2017 年物流业生产总值及增速

年份	物流业生产总值/亿元	增速
2008	498.9	—
2009	556.6	11.57%
2010	712.0	27.92%
2011	809.0	13.62%
2012	816.3	0.90%
2013	871.9	6.81%
2014	948.4	8.77%
2015	984.4	3.80%
2016	1 061.0	7.78%
2017	1 208.4	13.89%

数据来源：《北京统计年鉴 2018》

2. 货运量

表 2.2 给出了北京市 2008~2017 年总货运量及增速。从表 2.2 可以看出，2008~2017 年北京市总货运量具有先增长，再波动下降的变化特征。其中，2008~2014 年北京市总货运量从 21 885 万吨稳步增长到 29 518 万吨，增加了 7 633 万吨，2013 年总货运量出现 356 万吨的小幅下降；2015 年开始，北京市总货运量出现波动下降趋势，与 2010 年总货运量基本持平，但仍与 2014 年的 29 518 万吨总货运量有一定差距。从总货运量增速来看，2009~2017 年北京市总货运量增速有正有负，在正增长年份中，既有 2011 年 13.23%的快速增长，也有 2009 年 0.60%的慢速增长；在负增长年份中，出现了 2015 年 21.28%的大幅下降。

表 2.2　北京市 2008~2017 年总货运量及增速

年份	总货运量/万吨	增速
2008	21 885	—
2009	22 017	0.60%
2010	23 712	7.70%
2011	26 849	13.23%
2012	28 650	6.71%
2013	28 294	−1.24%

续表

年份	总货运量/万吨	增速
2014	29 518	4.33%
2015	23 236	−21.28%
2016	24 099	3.71%
2017	23 879	−0.91%

数据来源：《北京统计年鉴 2018》

表 2.3 给出了北京市 2008~2017 年四种运输方式货运量及所占比重。从表 2.3 中可以看出，2008~2017 年公路货运量在四种运输方式中居于主导地位，占总货运量的 80%以上，管道、铁路货运量次之，民航货运量最少，在总货运量中占比不足 1%。公路货运量与总货运量具有相同的变化特征，即出现先增长，后波动下降的变化趋势，从 2008 年的 18 689 万吨增长到 2014 年的 25 416 万吨，增加了 6 727 万吨，其中，2013 年出现小幅下降；2015 年以后公路货运量呈现波动变化特征，2017 年底公路货运量为 19 374 万吨。从公路货运量所占比重来看，除了 2011 年、2012 年、2013 年和 2016 年所占比重有所上升外，其余年份所占比重均呈现下降趋势，2008 年公路货运量所占比重为 85.40%，2013 年所占比重达到最大值 87.12%，2017 年所占比重下降到 81.13%，但依然在总货运量中居于主导地位。2008~2017 年北京市铁路货运量呈下降趋势，从 2008 年的 1 733 万吨减少到 2017 年的 704 万吨，减少了 1 029 万吨，所占比重也从 7.92%波动下降到 2.95%。与铁路货运量变化规律不同，北京市管道货运量 2008~2017 年呈现稳定增长的态势，2008 年管道货运量仅为 1 369 万吨，2017 年增长到 3 627 万吨，约为 2008 年的三倍。从 2010 年开始，北京市管道货运量超过铁路货运量，成为仅次于公路的运输方式。2017 年，管道货运量达到铁路货运量的五倍；管道货运量所占比重从 2008 年的 6.26%增加到 2017 年的 15.19%。民航在四种运输方式中的货运量最少，但呈现出逐年稳定增长的变动特征，从 2008 年的 93 万吨增长到 2017 年的 175 万吨，增长了近一倍，其在总货运量中的比重也呈现出上升趋势，从 2008 年的 0.42%增长到 2017 年的 0.73%，但一直维持在 1%以下。

表 2.3 北京市 2008~2017 年四种运输方式货运量及所占比重

年份	铁路		公路		民航		管道	
	货运量/万吨	比重	货运量/万吨	比重	货运量/万吨	比重	货运量/万吨	比重
2008	1 733	7.92%	18 689	85.40%	93	0.42%	1 369	6.26%
2009	1 635	7.43%	18 753	85.18%	98	0.45%	1 531	6.95%
2010	1 572	6.63%	20 184	85.12%	130	0.55%	1 827	7.70%
2011	1 380	5.14%	23 276	86.69%	132	0.49%	2 061	7.68%
2012	1 232	4.30%	24 925	87.00%	134	0.47%	2 359	8.23%

续表

年份	铁路		公路		民航		管道	
	货运量/万吨	比重	货运量/万吨	比重	货运量/万吨	比重	货运量/万吨	比重
2013	1 078	3.81%	24 651	87.12%	136	0.48%	2 429	8.58%
2014	1 132	3.83%	25 416	86.10%	149	0.50%	2 821	9.56%
2015	1 004	4.32%	19 044	81.96%	158	0.68%	3 030	13.04%
2016	725	3.01%	19 972	82.87%	163	0.68%	3 239	13.44%
2017	704	2.95%	19 374	81.13%	175	0.73%	3 627	15.19%

数据来源：《北京统计年鉴 2018》

3. 货物周转量

表 2.4 给出了北京市 2008~2017 年货物周转量及增速。从表 2.4 可以看出，2008~2017 年北京市货物周转量呈现先下降，后上升，再下降，再上升的波动变化特征，从 2008 年的 4 542 168 万吨公里增长到 2017 年的 7 000 530 万吨公里，增长了 2 458 362 万吨公里。具体来说，北京市 2008 年货物周转量为 4 542 168 万吨公里，2009 年减少为 4 412 317 万吨公里，2010 年开始连续 4 年增加，2013 年达到 6 809 063 万吨公里。2014 年、2015 年，北京市货物周转量出现一定程度下降，2015 年减少为 6 236 947 万吨公里，2016 年开始又略有回升，到 2017 年，北京市货物周转量为 7 000 530 万吨公里。从货物周转量增速来看，2009~2017 年北京市货物周转量增速有正有负，在增长的年份中，2011 年增长最快，增速达到 20.10%，2012 年增长最慢，增速仅为 3.47%；在下降的年份中，2014 年出现了 1.19%的小幅下降，2015 年出现了 7.30%的较大幅度下降。

表 2.4　北京市 2008~2017 年货物周转量及增速

年份	货物周转量/万吨公里	增速
2008	4 542 168	—
2009	4 412 317	−2.86%
2010	5 136 580	16.41%
2011	6 169 272	20.10%
2012	6 383 052	3.47%
2013	6 809 063	6.67%
2014	6 728 238	−1.19%
2015	6 236 947	−7.30%
2016	6 713 288	7.64%
2017	7 000 530	4.28%

数据来源：《北京统计年鉴 2018》

表 2.5 给出了北京市 2008~2017 年四种运输方式货物周转量及所占比重。从表 2.5 可以看出，2008~2017 年北京市铁路货物周转量在四种运输方式货物周转量中一直最大，管道货物周转量次之，并有赶超铁路货物周转量的趋势，之后为公路货物周转量，最小的为民航货物周转量。2008~2017 年北京市铁路货物周转量呈上下波动变化，从 2008 年的 2 535 240 万吨公里波动变化到 2017 年的 2 464 289 万吨公里，货物周转量所占比重除了 2011 年和 2017 年有小幅回升外，从 2008 年的 55.82%下降到 2017 年的 35.20%，减少了 20.62 个百分点。管道货物周转量逐年上升，从 2008 年的 809 297 万吨公里上升到 2017 年的 2 199 932 万吨公里，管道货物周转量在总货物周转量中所占比重除了 2011 年和 2017 年略有下降外，其余的年份均保持稳定上升态势，从 2008 年的 17.82%上升到 2017 年的 31.43%。公路货物周转量除 2015 年和 2017 年有小幅下降之外，其余年份均有所上升，2017 年的 1 592 419 万吨公里货物周转量是 2008 年 840 878 万吨公里的近两倍；所占比重先上升后下降，从 2008 年的 18.51%增加到 2015 年的 25.07%，后下降到 2017 年的 22.75%。民航货物周转量经历了 2008~2011 年的波动变化，2012 年开始增长，截至 2017 年底，民航货物周转量达到 743 891 万吨公里；所占比重呈现先上升，后下降，再上升的波动变化态势，2008 年民航货物周转量所占比重为 7.85%，2010 年上升到 9.39%，然后开始下降，2013 年所占比重仅为 7.22%，后又出现上升趋势（但 2016 年民航货物周转量比重略有下降）；2017 年上升至 10.63%。

表 2.5　北京市 2008~2017 年四种运输方式货物周转量及所占比重

年份	铁路		公路		民航		管道	
	货物周转量/万吨公里	比重	货物周转量/万吨公里	比重	货物周转量/万吨公里	比重	货物周转量/万吨公里	比重
2008	2 535 240	55.82%	840 878	18.51%	356 744	7.85%	809 297	17.82%
2009	2 293 902	51.99%	878 887	19.92%	355 257	8.05%	884 271	20.04%
2010	2 574 567	50.12%	1 015 944	19.78%	482 467	9.39%	1 063 602	20.71%
2011	3 113 203	50.46%	1 323 259	21.45%	474 856	7.70%	1 257 955	20.39%
2012	3 076 143	48.19%	1 397 736	21.90%	489 845	7.67%	1 419 328	22.24%
2013	3 231 824	47.46%	1 561 929	22.94%	491 861	7.22%	1 523 448	22.37%
2014	2 843 623	42.26%	1 651 938	24.55%	553 661	8.23%	1 679 016	24.95%
2015	2 247 538	36.04%	1 563 562	25.07%	637 018	10.21%	1 788 829	28.68%
2016	2 290 438	34.12%	1 613 192	24.03%	671 413	10.00%	2 138 246	31.85%
2017	2 464 289	35.20%	1 592 419	22.75%	743 891	10.63%	2 199 932	31.43%

数据来源：《北京统计年鉴 2018》

4. 运输线路总里程

表 2.6 给出了北京市 2008~2017 年运输线路总里程及增速。从表 2.6 可以看出，北京市运输线路总里程具有逐年稳步增长的变化特征，从 2008 年的 21 296 千米增加到 2017 年的 23 329 千米，增长了近一成。从运输线路总里程增速来看，2009~2017 年北京市运输线路总里程的增速出现先下降，后上升的特征，从 2009 年的 2.04%减少到 2015 年的 0.16%，之后又上升到 2017 年的 0.86%。增长速度最快的为 2009 年，增速为 2.04%；增长速度最慢的为 2015 年，增速为 0.16%。

表 2.6 北京市 2008~2017 年运输线路总里程及增速

年份	总里程/千米	增速
2008	21 296	—
2009	21 731	2.04%
2010	22 070	1.56%
2011	22 414	1.56%
2012	22 607	0.86%
2013	22 789	0.81%
2014	22 973	0.81%
2015	23 009	0.16%
2016	23 129	0.52%
2017	23 329	0.86%

数据来源：《北京统计年鉴 2018》

表 2.7 给出了北京市 2008~2017 年两种运输方式线路里程及所占比重。从表 2.7 可以看出，2008~2017 年北京市公路里程呈现逐年缓慢增长的变化特征，从 2008 年的 20 340 千米增长到 2017 年的 22 226 千米，增加了 1 886 千米。北京市公路里程在总里程中占据主要地位。北京市运输线路总里程绝大部分来源于公路里程，公路里程占运输线路总里程比重保持在 95%以上，居于主导地位，且 2008~2017 年这一比重几乎不变。2008~2017 年铁路里程处于缓慢增长或不变的状态，2008 年北京市铁路里程为 956 千米，到 2017 年增加到 1 103 千米，铁路里程在总里程中所占比重始终维持在 5%以下。

表 2.7 北京市 2008~2017 年两种运输方式线路里程及所占比重

年份	铁路里程/千米	比重	公路里程/千米	比重
2008	956	4.49%	20 340	95.51%
2009	956	4.40%	20 775	95.60%
2010	956	4.33%	21 114	95.67%
2011	1 067	4.76%	21 347	95.24%

续表

年份	铁路里程/千米	比重	公路里程/千米	比重
2012	1 115	4.93%	21 492	95.07%
2013	1 116	4.90%	21 673	95.10%
2014	1 124	4.89%	21 849	95.11%
2015	1 124	4.89%	21 885	95.11%
2016	1 103	4.77%	22 026	95.23%
2017	1 103	4.73%	22 226	95.27%

数据来源：《北京统计年鉴 2018》

5. 物流业从业人员

表 2.8 给出了北京市 2004~2017 年物流业从业人员人数及增速。从表 2.8 可以看出，2004~2017 年北京市物流业从业人员数量先增长，后下降，2004 年从业人员为 36.1 万人，到 2015 年上升到 66.8 万人，翻了近一番，2017 年为 63.6 万人，与 2015 年相比下降了 3.2 万人，比 2004 年增长了 27.5 万人。从北京市物流业从业人员增长速度来看，增速最快的为 2009 年的 16.98%，比 2008 年增长了 8.1 万人，最慢的为 2015 年的 0.30%，比 2014 年仅增长了两千人，物流业从业人员数量下降年份为 2016 年和 2017 年，下降速度分别为 4.04%和 0.78%，下降人数分别为 2.7 万人和 0.5 万人。

表 2.8　北京市 2004~2017 年物流业从业人员人数及增速

年份	物流业从业人员人数/万人	增速
2004	36.1	—
2005	37.1	2.77%
2006	41.5	11.86%
2007	45.9	10.60%
2008	47.7	3.92%
2009	55.8	16.98%
2010	56.5	1.25%
2011	63.3	12.04%
2012	64.4	1.74%
2013	65.5	1.71%
2014	66.6	1.68%
2015	66.8	0.30%
2016	64.1	−4.04%
2017	63.6	−0.78%

数据来源：《北京统计年鉴 2018》

2.1.2　天津市物流业发展现状

天津市是我国北方最大的港口城市，具有发展港口物流得天独厚的优势。天津港是我国北方国际航运中心和国际物流中心。2018 年，天津港货物吞吐量超过 5 亿吨，集装箱吞吐量突破 1 600 万标准箱大关，连续多年名列全球港口排名前十位（毛振华，2019）。天津港拥有中国规模最大的保税港区——东疆保税港区，主要提供集装箱码头装卸和国际物流、离岸金融等现代综合服务，吸引了中外 1 000 余家企业进驻，在航运、租赁、汽车等行业都显示出了强大的聚集效应优势。正是因为天津港对天津市经济有着很强的带动及推动作用，物流产业已经成为天津市经济体系中的支柱产业，而且具有战略性产业的特征。

1. 物流业生产总值

表 2.9 给出了天津市 2008~2017 年物流业生产总值及增速。从表 2.9 可以看出，除了 2013 年和 2016 年外，天津市物流业生产总值均呈现上升变化趋势，2008~2017 年天津市物流业生产总值从 320.63 亿元增加到 780.40 亿元，增加了一倍多，其中，2013 年和 2016 年分别出现 8.54 亿元和 3.78 亿元的下降。天津市物流业生产总值增速除了 2009 年和 2010 年外，其余年份增速均在 10%以下，2015 年增速仅为 1.16%，2013 年和 2016 年还出现了负增长，增速分别为−1.25%和−0.52%。

表 2.9　天津市 2008~2017 年物流业生产总值及增速

年份	物流业生产总值/亿元	增速
2008	320.63	—
2009	471.01	46.90%
2010	585.37	24.28%
2011	632.10	7.98%
2012	683.56	8.14%
2013	675.02	−1.25%
2014	720.72	6.77%
2015	729.09	1.16%
2016	725.31	−0.52%
2017	780.40	7.60%

数据来源：《天津统计年鉴 2018》

2. 货运量

表 2.10 给出天津市 2008~2017 年总货运量及增速。从表 2.10 可以看出，2008~2017 年天津市总货运量呈现先减少，后增加，再减少的变化特征，总货运

量从 2008 年的 89 850 万吨下降为 2009 年的 80 851 万吨，2010 年后开始回升，2015 年天津市总货运量达到 2008~2017 年峰值 106 084 万吨，之后两年又出现下降趋势，2017 年下降至 101 881 万吨。从天津市 2009~2017 年总货运量增速来看，2009 年、2016 年和 2017 年出现负增长，下降速度分别为 10.02%、0.47%和 3.51%，在正增长的年份中，增长速度最快的为 2011 年，增速为 8.66%；增长速度最慢的为 2010 年，增速为 1.04%。

表 2.10 天津市 2008~2017 年总货运量及增速

年份	总货运量/万吨	增速
2008	89 850	—
2009	80 851	−10.02%
2010	81 688	1.04%
2011	88 761	8.66%
2012	94 166	6.09%
2013	100 378	6.60%
2014	103 753	3.36%
2015	106 084	2.25%
2016	105 585	−0.47%
2017	101 881	−3.51%

数据来源：《天津统计年鉴 2018》

表 2.11 给出了天津市 2008~2017 年四种运输方式货运量及所占比重。从表 2.11 可以看出，2008~2017 年，在四种运输方式中，公路货运量最多，在总货运量中居于主导地位，水运货运量和铁路货运量次之，民航货运量最少。公路货运量从 2008 年的 27 000 万吨下降到 2009 年的 19 800 万吨，然后开始上升，2013 年公路货运量为 31 985 万吨，自 2014 年开始，公路货运量呈现波动变化，但总体还是上升趋势，2017 年公路货运量达到 34 720 万吨；公路货运量在总货运量中所占比重下降起伏不定，总体呈现上升趋势，2008 年公路货运量所占比重仅为 49.76%，2017 年公路货运量所占比重上升到 66.99%。水运货运量除 2010 年、2011 年和 2015 年有所上涨外，其余年份均呈现下降趋势，从 2008 年的 15 096 万吨下降到 2017 年的 8 344 万吨；水运货运量在总货运量中所占比重也从 2008 年的 27.82%波动下降到 2017 年的 16.10%。铁路货运量表现出先下降，后上升，再下降，再上升的特征，2008 年铁路货运量为 12 161 万吨，然后开始下降，2011 年铁路货运量仅为 7 286 万吨，之后三年铁路货运量不断增长，2014 年增长到 8 872 万吨，之后又连续两年下降，2016 年铁路货运量为 8 149 万吨，2017 年略有回升，铁路货运量为 8 734 万吨；铁路货运量所占比重波动下降趋势，从 2008 年的 22.41%下降到 2017 年的 16.85%。民航货运量在四种运输方式中最少，2017 年仅

为 26.80 万吨，民航货运量所占比重仅为 0.05%。

表 2.11　天津市 2008~2017 年四种运输方式货运量及所占比重

年份	铁路		公路		水运		民航	
	货运量/万吨	比重	货运量/万吨	比重	货运量/万吨	比重	货运量/万吨	比重
2008	12 161	22.41%	27 000	49.76%	15 096	27.82%	—	0
2009	11 284	26.40%	19 800	46.33%	11 656	27.27%	—	0
2010	7 597	18.82%	20 855	51.67%	11 911	29.51%	—	0
2011	7 286	16.78%	23 426	53.95%	12 711	29.27%	—	0
2012	7 909	17.02%	28 228	60.75%	10 332	22.23%	—	0
2013	8 446	16.79%	31 985	63.57%	9 884	19.64%	—	0
2014	8 872	17.83%	31 130	62.57%	9 749	19.60%	—	0
2015	8 377	16.10%	33 724	64.81%	9 910	19.05%	21.70	0.04%
2016	8 149	16.13%	32 841	64.99%	9 515	18.83%	23.70	0.05%
2017	8 734	16.85%	34 720	66.99%	8 344	16.10%	26.80	0.05%

数据来源：《天津统计年鉴 2018》

3. 货物周转量

表 2.12 给出了天津市 2008~2017 年货物周转量及增速。从表 2.12 可以看出，天津市货物周转量除了 2011 年有所增长外，其他年份一直在下降，从 2008 年的 14 479 亿吨公里逐步减少到 2017 年的 1 940 亿吨公里；货物周转量的增速除了 2011 年为正外，其他年份均为负值，下降速度最快的为 2014 年的 37.77%，下降速度最慢的为 2010 年的 2.41%，下降趋势稳定且明显，这种变化趋势是 2008~2017 年天津市水运货物周转量迅速萎缩导致的，与天津市货物周转量变化趋势基本相同。

表 2.12　天津市 2008~2017 年货物周转量及增速

年份	货物周转量/亿吨公里	增速
2008	14 479	—
2009	10 102	−30.23%
2010	9 859	−2.41%
2011	10 121	2.66%
2012	7 635	−24.56%
2013	5 390	−29.40%
2014	3 354	−37.77%
2015	2 320	−30.83%
2016	2 117	−8.75%
2017	1 940	−8.36%

数据来源：《天津统计年鉴 2018》

表 2.13 给出了天津市 2008~2017 年三种运输方式货物周转量及所占比重。从表 2.13 可以看出，2008~2017 年天津市水运货物周转量处于主导地位。具体来说，天津市水运货物周转量明显下降，从 2008 年的 14 029 亿吨公里下降到 2017 年的 1 298 亿吨公里，2017 年货物周转量还不及 2008 年货物周转量的 1/10，尽管 2011 年水运货物周转量略有回升，但总体下降趋势不可避免；水运货物周转量所占比重逐渐被铁路、公路货物周转量稀释，从 2008 年的 96.89%下降到 2017 年的 66.91%，但水运在三种运输方式中仍占据着重要的地位。公路货物周转量整体上呈现上升变化趋势，除了 2014 年和 2016 年稍有下降外，其他年份均明显增长，从 2008 年的 103 亿吨公里增长到 2017 年的 398 亿吨公里；公路货物周转量在总的货物周转量中所占比重也迅速增长，从 2008 年的 0.71%增长到 2017 年的 20.52%。天津市铁路货物周转量逐年下降（2017 年除外），2008 年为 343 亿吨公里，2016 年下降为 207 亿吨公里，2017 年又回升为 237 亿吨公里；铁路货物周转量所占比重除了 2011 年有所下降外均有所上升，从 2008 年的 2.37%大幅上升到 2017 年的 12.22%。

表 2.13 天津市 2008~2017 年三种运输方式货物周转量及所占比重

年份	铁路		公路		水运	
	货物周转量/亿吨公里	比重	货物周转量/亿吨公里	比重	货物周转量/亿吨公里	比重
2008	343	2.37%	103	0.71%	14 029	96.89%
2009	297	2.94%	206	2.04%	9 595	94.98%
2010	298	3.02%	231	2.34%	9 324	94.57%
2011	296	2.92%	267	2.64%	9 553	94.39%
2012	287	3.76%	329	4.31%	7 012	91.84%
2013	273	5.06%	368	6.83%	4 742	87.98%
2014	265	7.90%	349	10.41%	2 734	81.51%
2015	226	9.74%	380	16.38%	1 708	73.62%
2016	207	9.78%	372	17.57%	1 530	72.27%
2017	237	12.22%	398	20.52%	1 298	66.91%

数据来源：《天津统计年鉴 2018》

4. 运输线路总里程

表 2.14 给出天津市 2008~2017 年运输线路总里程及增速。从表 2.14 可以看出，天津市 2008~2017 年运输线路总里程大致呈现逐年增长的态势。从 2008 年的 48 695 千米增长到 2017 年的 187 741 千米，增长了 139 046 千米，只在 2014 年出现了 2 117 千米的下降。从运输线路总里程的增速来看，增速最快的是 2012 年，为 67.03%，增长了 57 532 千米；增速最慢的是 2016 年，为 0.56%，只增长了

1 011 千米，其中，2014 年出现了 1.23%的小幅下降。

表 2.14　天津市 2008~2017 年运输线路总里程及增速

年份	总里程/千米	增速
2008	48 695	—
2009	55 676	14.34%
2010	84 274	51.37%
2011	85 835	1.85%
2012	143 367	67.03%
2013	171 499	19.62%
2014	169 382	−1.23%
2015	181 316	7.05%
2016	182 327	0.56%
2017	187 741	2.97%

数据来源：《天津统计年鉴 2018》

表 2.15 给出了天津市 2008~2017 年四种运输方式线路里程及所占比重。从表 2.15 可以看出，2008~2017 年天津市民航航线里程在四种运输方式中最长，公路里程次之，输油气管道里程和内河航道里程最短。具体来说，民航航线里程从 2008 年的 35 494 千米增加到 2017 年的 170 276 千米，在 2014 年出现小幅下降；所占比重由 2008 年的 72.89%波动增长到 2017 年的 90.70%，说明民航航线里程在天津市运输线路总里程中占据着主导地位。公路里程基本逐年增长，从 2008 年的 12 059 千米增加到 2016 年的 16 764 千米，2017 年出现小幅回升，公路里程为 16 532 千米；所占比重虽起伏不定，但总体呈现下降趋势，从 2008 年的 24.76%波动下降到 2017 年的 8.81%，这可能是民航航线里程大幅增加导致的。输油气管道里程从 2008 年的 730 千米下降到 2014 年的 518 千米，2015 年回升至 521 千米，之后两年保持不变；所占比重从 2008 年的 1.50%下降到 2017 年的 0.28%。内河航道里程在 2008~2017 年没有发生变化，所占比重一直位于 1%以下。

表 2.15　天津市 2008~2017 年四种运输方式线路里程及所占比重

年份	公路		内河航道		民航航线		输油气管道	
	里程/千米	比重	里程/千米	比重	里程/千米	比重	里程/千米	比重
2008	12 059	24.76%	412	0.85%	35 494	72.89%	730	1.50%
2009	14 315	25.71%	412	0.74%	40 341	72.46%	608	1.09%
2010	14 832	17.60%	412	0.49%	68 488	81.27%	542	0.64%
2011	15 163	17.67%	412	0.48%	69 722	81.23%	538	0.63%
2012	15 391	10.74%	412	0.29%	127 032	88.61%	532	0.37%

续表

年份	公路		内河航道		民航航线		输油气管道	
	里程/千米	比重	里程/千米	比重	里程/千米	比重	里程/千米	比重
2013	15 718	9.17%	412	0.24%	154 840	90.29%	529	0.31%
2014	16 110	9.51%	412	0.24%	152 342	89.94%	518	0.31%
2015	16 550	9.13%	412	0.23%	163 833	90.36%	521	0.29%
2016	16 764	9.19%	412	0.23%	164 630	90.29%	521	0.29%
2017	16 532	8.81%	412	0.22%	170 276	90.70%	521	0.28%

数据来源：《天津统计年鉴 2018》

5. 物流业从业人员

表 2.16 给出了天津市 2004~2017 年物流业从业人员人数及增速。由表 2.16 可以看出，2004~2017 年天津市物流业从业人员先增加，后减少，再增加，从 2004 年的 32.65 万人增加到 2007 年的 44.97 万人，接下来三年人数持续减少，到 2010 年减少到 26.63 万人，然后开始回升，2017 年又增加到 53.63 万人，相较于 2004 年增加了 20.98 万人。从物流业从业人员增速来看，最快的是 2014 年的 24.10%，增长了 8.4 万人，最慢的是 2017 年的 2.90%，增长了 1.51 万人；物流业从业人员下降速度最快的是 2010 年的 23.85%，下降了 8.34 万人，下降速度最慢的是 2009 年的 10.86%，下降了 4.26 万人。

表 2.16　天津市 2004~2017 年物流业从业人员人数及增速

年份	物流业从业人员/万人	增速
2004	32.65	—
2005	33.86	3.71%
2006	39.90	17.84%
2007	44.97	12.71%
2008	39.23	−12.76%
2009	34.97	−10.86%
2010	26.63	−23.85%
2011	27.83	4.51%
2012	29.84	7.22%
2013	34.86	16.82%
2014	43.26	24.10%
2015	50.03	15.65%
2016	52.12	4.18%
2017	53.63	2.90%

数据来源：《天津统计年鉴 2018》

2.1.3　河北省物流业发展现状

河北省正在逐步加强对物流业的关注程度，坚持生产物流与生活物流相结合、沿海带动与腹地拓展相结合、壮大基础与延伸服务相结合、项目建设与政策优化相结合的多角度发展原则，努力构建国内外联通、京津冀一体化，具有较强竞争力的现代物流服务体系，使得河北省物流业长足发展。目前，全国物流业普遍处于快速发展阶段，河北省物流业也处于由传统物流向现代物流过渡的关键时期，发展速度明显加快。物流业是我国十大振兴产业之一，也是河北省的第二大产业。交通运输业、仓储业和邮电业是传统物流业的主要组成部分，三者的相关统计数据可以大致反映一段时期内物流业发展的水平。

近年来，河北省物流业企业数量不断增加，规模不断扩大，服务水平不断提升。物流业的快速发展缘于河北省经济的迅猛发展，两者之间互相拉动。2017 年河北省物流业固定资产投资为 2 135.45 亿元，比 2016 年增长 1.9%。物流业从业人员达到 193.05 万人。2018 年第三产业增加值占 GDP 比重为 46.18%，比 2017 年提高 1.9 个百分点（魏丽华，2018）。

1. 物流业生产总值

表 2.17 给出了河北省 2008~2017 年物流业生产总值及增速。从表 2.17 可以看出，2008~2017 年河北省物流业生产总值呈现先上升，后下降，再上升的波动变化特征。其中，2008~2014 年河北省物流业生产总值逐年缓慢上升，从 1 337.54 亿元增加到 2 396.40 亿元，翻了近一番，2015 年河北省物流业生产总值为 2 359.09 亿元，2016 年后又有所增加，2017 年为 2 497.88 亿元。2009~2017 年河北省物流业生产总值增速呈现先上升，后下降，再上升的变化趋势，从 2009 年的 11.54%上升到 2011 年的 17.20%，然后开始下降，2015 年出现负增长，增速为 −1.56%，之后增速又上升，2017 年增速为 5.43%，2011 年以前保持在 10%以上的水平，2011 年更是达到 17.20%的增速。

表 2.17　河北省 2008~2017 年物流业生产总值及增速

年份	物流业生产总值/亿元	增速
2008	1 337.54	—
2009	1 491.92	11.54%
2010	1 745.91	17.02%
2011	2 046.22	17.20%
2012	2 212.93	8.15%
2013	2 345.10	5.97%
2014	2 396.40	2.19%

续表

年份	物流业生产总值/亿元	增速
2015	2 359.09	−1.56%
2016	2 369.27	0.43%
2017	2 497.88	5.43%

数据来源：《河北经济年鉴 2018》

2. 货运量

表 2.18 给出了河北省 2008~2017 年总货运量和港口货物吞吐量及增速。从表 2.18 可以看出，2008~2017 年河北省总货运量和港口货物吞吐量虽有波动，但总体保持上升趋势。具体来说，河北省 2008~2017 年的总货运量存在先增长，后下降，再增长的变化特征，总货运量从 2008 年的 111 383 万吨增长到 2013 年的 277 840 万吨，之后开始下降，2015 年总货运量下降到 199 192 万吨，2017 年又回升至 229 211 万吨。河北省 2008~2017 年的总货运量增速在经历 2014 年、2015 年下降速度分别为 14.07%和 16.57%的连续两年下降后，2016 年又稍有增长，2017 年达到 8.63%；在增长的年份中，2010 年出现了 29.61%的最快增速，2016 年出现了 5.92%的最慢增速。2008~2017 年河北省港口货物吞吐量除了 2015 年出现 3 778 万吨的下降外，其余年份均保持上升水平，从 2008 年的 44 065 万吨上升到 2017 年的 108 868 万吨；港口货物吞吐量的增速除了 2015 年出现 3.98%的负增长之外，其余年份均为正增长，增速最快的是 2010 年，达到 18.61%，增速最慢的是 2016 年，仅为 4.34%。

表 2.18 河北省 2008~2017 年总货运量和港口货物吞吐量及增速

年份	总货运量/万吨	增速	港口货物吞吐量/万吨	增速
2008	111 383	—	44 065	—
2009	136 804	22.82%	50 874	15.45%
2010	177 308	29.61%	60 344	18.61%
2011	212 330	19.75%	71 300	18.16%
2012	242 886	14.39%	76 234	6.92%
2013	277 840	14.39%	88 984	16.72%
2014	238 749	−14.07%	95 029	6.79%
2015	199 192	−16.57%	91 251	−3.98%
2016	210 994	5.92%	95 208	4.34%
2017	229 211	8.63%	108 868	14.35%

数据来源：《河北经济年鉴 2018》

表 2.19 给出了河北省 2008~2017 年五种运输方式货运量及所占比重。从表 2.19 可以看出，2008~2017 年，在五种运输方式中，公路货运量占主导地位，铁路货运量次之，水运、管道、民航货运量相对较少。具体来说，公路货运量与总货运量具有相同的变化特征，即先增长，后下降，再增长，2008 年河北省公路货运量为 84 486 万吨，2013 年公路货运量增加到 224 319 万吨，之后开始下降，2015 年下降至 175 637 万吨，2016 年开始公路货运量略有回升，2017 年公路货运量为 207 309 万吨，公路货运量占总货运量的比重也从 2008 年的 75.85%波动上升到 2017 年的 90.44%。铁路货运量仅次于公路货运量，同样具有先增长，后下降，再增长的变化特征，从 2008 年的 23 808 万吨增长到 2013 年的 49 688 万吨，之后逐年下降，2016 年铁路货运量降为 16 313 万吨，2017 年又有所回升，为 17 100 万吨；2014 年以前，铁路货运量在总货运量中所占比重约为 1/5，2015 年开始所占比重明显减少，2017 年比重仅为 7.46%。与公路、铁路货运量相比，水运、管道、民航货运量相对较少，所占比重也较小，且均呈现出复杂的变动特征，民航货运量在五种运输方式中最少，2017 年仅为 2.10 万吨。

表 2.19　河北省 2008~2017 年五种运输方式货运量及所占比重

年份	铁路		公路		水运		民航		管道	
	货运量/万吨	比重	货运量/万吨	比重	货运量/万吨	比重	货运量/万吨	比重	货运量/万吨	比重
2008	23 808	21.37%	84 486	75.85%	1 762	1.58%	0.98	0.001%	1 326	1.19%
2009	28 308	20.69%	106 530	77.87%	1 008	0.74%	1.16	0.001%	958	0.70%
2010	37 964	21.41%	135 938	76.67%	2 149	1.21%	1.68	0.001%	1 258	0.71%
2011	41 671	19.63%	166 680	78.50%	2 672	1.26%	2.11	0.001%	1 305	0.61%
2012	43 429	17.88%	195 530	80.50%	2 590	1.07%	2.40	0.001%	1 335	0.55%
2013	49 688	17.88%	224 319	80.74%	2 517	0.91%	2.63	0.001%	1 313	0.47%
2014	48 063	20.13%	185 286	77.61%	4 041	1.69%	2.52	0.001%	1 356	0.57%
2015	17 843	8.96%	175 637	88.17%	4 542	2.28%	2.60	0.001%	1 168	0.59%
2016	16 313	7.73%	189 822	89.97%	4 458	2.11%	2.33	0.001%	399	0.19%
2017	17 100	7.46%	207 309	90.44%	4 413	1.93%	2.10	0.001%	386	0.17%

数据来源：《河北经济年鉴 2018》

3. 货物周转量

表 2.20 给出了河北省 2008~2017 年货物周转量及增速。从表 2.20 可以看出，2008~2017 年河北省货物周转量总体呈现上升趋势，从 2008 年的 5 209 亿吨公里增长到 2017 年的 13 384 亿吨公里，翻了一番，仅在 2015 年出现不到 1 000 亿吨

公里的下降。从货物周转量增速来看，增速最快的是 2010 年，为 28.27%，增长了 1 691 亿吨公里；增速最慢的是 2016 年，仅为 2.61%，增长了 314 亿吨公里，2015 年出现了唯一的负增长，增速为−7.28%。

表 2.20 河北省 2008~2017 年货物周转量及增速

年份	货物周转量/亿吨公里	增速
2008	5 209	—
2009	5 982	14.84%
2010	7 673	28.27%
2011	9 841	28.25%
2012	10 845	10.20%
2013	12 004	10.69%
2014	12 969	8.04%
2015	12 025	−7.28%
2016	12 339	2.61%
2017	13 384	8.47%

数据来源：《河北经济年鉴 2018》

表 2.21 给出了河北省 2008~2017 年四种运输方式货物周转量及所占比重。从表 2.21 可以看出，2008 年河北省的铁路货物周转量、水运货物周转量占主导地位，2009 年及以后铁路货物周转量和公路货物周转量占主导地位。具体来说，2008~2017 年河北省公路货物周转量虽在 2015 年略有下降，但其余年份迅速上升，从 2008 年的 890.96 亿吨公里急速增长到 2017 年的 7 896.99 亿吨公里，2017 年公路货物周转量约是 2008 年公路货物周转量的 9 倍；公路货物周转量虽然在四种运输方式货物周转量中所占比重在 2014 年和 2017 年稍有下降，但依旧从 2008 年的 17.10%急速扩大到 2017 年的 59.00%。2008~2013 年铁路货物周转量从 2 738.05 亿吨公里上升到 4 489.73 亿吨公里，2013 年以后，铁路货物周转量开始下降，到 2016 年略有回升；而铁路货物周转量所占比重则逐年下降，从 2008 年的 52.56%下降到 2016 年的 30.02%，2017 年又回升至 31.97%。水运货物周转量在 2009~2013 年维持在 500 亿吨公里及以下水平，所占比重维持在 5%及以下，水运货物周转量及其所占比重较 2008 年均有所下降，截至 2017 年，水运货物周转量为 1 203.91 亿吨公里，所占比重为 9.00%。管道货物周转量除 2011 年、2013 年和 2014 年有些许上升外，其余年份均有所下降，从 2008 年的 25.38 亿吨公里下降到 2017 年的 4.37 亿吨公里，下降了 21.01 亿吨公里；管道货物周转量在四种运输方式的货物周转量中的占比从 2008 年的 0.49%下降到 2017 年的 0.03%。

表 2.21　河北省 2008~2017 年四种运输方式货物周转量及所占比重

年份	铁路		公路		水运		管道	
	货物周转量/亿吨公里	比重	货物周转量/亿吨公里	比重	货物周转量/亿吨公里	比重	货物周转量/亿吨公里	比重
2008	2 738.05	52.56%	890.96	17.10%	1 554.62	29.84%	25.38	0.49%
2009	2 743.10	45.86%	2 998.49	50.13%	216.82	3.62%	23.21	0.39%
2010	3 208.70	41.82%	4 011.23	52.28%	432.11	5.63%	21.05	0.27%
2011	4 104.69	41.71%	5 219.28	53.04%	495.04	5.03%	21.49	0.22%
2012	4 180.88	38.55%	6 133.47	56.56%	509.6	4.70%	20.89	0.19%
2013	4 489.73	37.40%	6 972.94	58.09%	519.81	4.33%	21.29	0.18%
2014	4 444.78	34.27%	7 019.56	54.13%	1 481.77	11.43%	22.69	0.17%
2015	3 633.01	30.21%	6 821.48	56.73%	1 551.86	12.91%	18.59	0.15%
2016	3 704.47	30.02%	7 294.59	59.12%	1 335.55	10.82%	4.64	0.04%
2017	4 278.36	31.97%	7 896.99	59.00%	1 203.91	9.00%	4.37	0.03%

数据来源：《河北经济年鉴 2018》

4. 运输线路总里程

表 2.22 给出河北省 2008~2017 年运输线路总里程及增速。从表 2.22 可以看出，2008~2017 年河北省运输线路总里程持续增长，从 2008 年的 151 395.4 千米增长到 2017 年的 194 329.0 千米，增长了 42 933.6 千米。河北省 2009~2017 年运输线路总里程保持正增长，增速最慢的是 2010 年，仅增长了 2 180.3 千米，增速为 1.41%；增速最快的是 2013 年，增长了 11 465.6 千米，增速为 6.93%。

表 2.22　河北省 2008~2017 年运输线路总里程及增速

年份	总里程/千米	增速
2008	151 395.4	—
2009	154 573.8	2.10%
2010	156 754.1	1.41%
2011	159 423.4	1.70%
2012	165 505.8	3.82%
2013	176 971.4	6.93%
2014	181 698.1	2.67%
2015	187 081.9	2.96%
2016	191 047.2	2.12%
2017	194 329.0	1.72%

数据来源：《河北经济年鉴 2018》

表 2.23 给出了河北省 2008~2017 年三种运输方式线路里程及所占比重。从表 2.23 可以看出，2008~2017 年河北省公路通车里程在三种运输方式中占据着主导地位。具体来说，公路通车里程具有逐年稳步增长的趋势，从 2008 年的 149 504 千米增加到 2017 年的 191 693 千米，增长了 42 189 千米；高速公路里程从 2008 年的 3 234 千米增加到 2017 年的 6 531 千米，增长了一倍多；公路通车里程在运输线路总里程中所占比重稳居 98%以上。河北省地方铁路里程除 2010 年外，其他年份均处于缓慢增长的状态，2008 年地方铁路里程为 1 605 千米，2017 年地方铁路里程增加到 2 350 千米，所占比重维持在 1%左右。内河通航里程在 2008~2017 年一直保持在 286 千米不变，所占比重也一直保持在 0.2%以下。

表 2.23　河北省 2008~2017 年三种运输方式线路里程及所占比重

年份	公路通车里程/千米			内河通航里程/千米	比重	地方铁路里程/千米	比重
	总里程/千米	比重	高速公路里程/千米				
2008	149 504	98.75%	3 234	286	0.19%	1 605	1.06%
2009	152 135	98.42%	3 303	286	0.19%	2 153	1.39%
2010	154 344	98.46%	4 307	286	0.18%	2 124	1.35%
2011	156 965	98.46%	4 756	286	0.18%	2 172	1.36%
2012	163 045	98.51%	5 069	286	0.17%	2 175	1.31%
2013	174 492	98.60%	5 618	286	0.16%	2 193	1.24%
2014	179 200	98.63%	5 888	286	0.16%	2 212	1.22%
2015	184 553	98.65%	6 333	286	0.15%	2 243	1.20%
2016	188 431	98.63%	6 502	286	0.15%	2 330	1.22%
2017	191 693	98.64%	6 531	286	0.15%	2 350	1.21%

数据来源：《河北经济年鉴 2018》

5. 物流业从业人员

表 2.24 给出了河北省 2008~2017 年物流业从业人员人数及增速。由表 2.24 可以看出，2008~2017 年河北省物流业从业人员数量稳步上升，只在 2015 年和 2017 年有小幅下降，从 2008 年的 168.04 万人上升到 2014 年的 201.09 万人，2015 年出现 0.46 万人的下降，2016 年回升至 202.18 万人，但是 2017 年又下降至 193.05 万人，相比 2008 年增加了约 25 万人；河北省物流业从业人员增速最快的是 2014 年，为 4.12%，增加了 7.95 万人，增速最慢的是 2016 年，为 0.77%，增加了 1.55 万人，2015 年与 2017 年分别出现 0.23%和 4.52%的下降。

表 2.24　河北省 2008~2017 年物流业从业人员人数及增速

年份	物流业从业人员/万人	增速
2008	168.04	—
2009	171.67	2.16%
2010	176.89	3.04%
2011	183.93	3.98%
2012	189.30	2.92%
2013	193.14	2.03%
2014	201.09	4.12%
2015	200.63	−0.23%
2016	202.18	0.77%
2017	193.05	−4.52%

数据来源：《河北经济年鉴 2018》

2.1.4　京津冀物流业发展情况

根据上述分析可以看出，在时间维度上，京津冀区域物流能力是不断提高的。在空间维度上，三个地区的物流能力差异性较大。北京市作为全国乃至世界的政治、经济、文化、科技等交流中心，在人才、技术、交通、资金等方面具有绝对优势，雄厚的经济基础为物流业的发展提供了强大的物流需求能力，区域物流发展的强力支撑、密集的交通运输网络、完善的物流基础设施、先进的科学技术为北京市物流业提供了健全有利的发展环境。因此，北京市有较强的区域物流能力，且辐射带动了周围区域的发展。近些年，由于北京市发展过程中交通、环境、资源等问题的凸显，北京市的城市功能被重新定位，物流业没有被列入北京市重点发展产业。京津冀区域协同发展进程的加快，将会扩大物流信息技术的推广，加速转移过度的产业集中功能，带动京津冀区域物流空间布局的整体优化，同时也会影响其物流能力的变化。天津市作为沿海城市，紧邻北京市，具备天然的区位优势。2015 年天津市建立北方首个自贸区，凸显了天津市在京津冀区域物流发展中的重要战略地位和物流业发展优势。高效成熟的公路、铁路、航空、海港等物流发展基础要素，更是引导物流发展的先行条件。天津市的主要功能定位之一是“北方国际航运核心区”，根据《天津市现代物流业发展“十三五”规划》，天津市将建设三大快递物流园区，打造功能完善和产业聚集的北方快递物流中心，以及面向全球的国家航空物流核心功能区。因此，作为天津市发展的重要支柱产业，物流业应依托政策功能优势，充分发挥其区位优势，综合天津市区域产业发展优势，其区域物流能力将得到进一步强化。河北省地处中原，东临天津市，环抱北京市，是首都北京市与各城市连接的必经之路，在陆运和港口方面有相对优势，且京津地区的商品供应很多来自河北省。尽管河北省与京津两地相比还存在差距，但是平衡优势和不足，其发展潜力巨大。加强区域合作是京津冀发展的必然选择，更是河北省寻求发展的难得机遇。在京津冀协同发展的大背景下，在疏解北京市非首都功能的大环境下，在明确河北省的功能定位的大前提下，河北省加快推动现代物流业态创新，积极承接京津产业转移，构建物流通道，快速推进物流业转型升级和集聚水平。同时，河北省产业转移升级为物流业需求和供给提供了物质基础，新的物流供需活动使得物流市场随之扩张，这也推动了河北省物流业的进一步发展。

1. 物流业生产总值

表 2.25 给出了京津冀 2008~2017 年物流业生产总值及增速。从表 2.25 可以看出，京津冀 2008~2017 年物流业生产总值呈现平稳上升的变化特征。从 2008 年的 2 157.1 亿元增加到 2017 年的 4 486.7 亿元，翻了一番多；京津冀 2009~2017 年物流业生产总值增速呈现先上升，后下降，再增长的变化特征，从 2009 年的 16.80%增长到 2010 年的 20.79%，之后下降到 2015 年的 0.17%，后又有小幅上升，2017 年增速为 7.97%，说明京津冀地区物流业稳步发展，且后劲很足。

表 2.25 京津冀 2008~2017 年物流业生产总值及增速

年份	物流业生产总值/亿元	增速
2008	2 157.1	—
2009	2 519.5	16.80%
2010	3 043.3	20.79%
2011	3 487.3	14.59%
2012	3 712.8	6.47%
2013	3 892.0	4.83%
2014	4 065.5	4.46%
2015	4 072.6	0.17%
2016	4 155.6	2.04%
2017	4 486.7	7.97%

2. 货运量

由于北京市、天津市和河北省的统计指标不完全一致，这里仅对京津冀总货运量进行分析。表 2.26 给出了京津冀 2008~2017 年总货运量及增速。从表 2.26 可以看出，2008~2017 年京津冀的总货运量具有先增长，后下降，再增长的变化特征。总货运量从 2008 年的 223 118 万吨开始稳步增长，5 年间翻了近一倍，2013 年为 406 467 万吨，在经历 2014 年、2015 年连续两年下降之后，2016 年后又稍有增长，2017 年为 354 971 万吨；从京津冀 2009~2017 年总货运量增速来看，2010

年增速最快，为 17.96%，2016 年增速最慢，为 3.70%，2014 年和 2015 年出现负增长，分别下降 8.47%和 11.70%。

表 2.26　京津冀 2008~2017 年总货运量及增速

年份	总货运量/万吨	增速
2008	223 118	—
2009	239 672	7.42%
2010	282 708	17.96%
2011	327 940	16.00%
2012	365 702	11.51%
2013	406 467	11.15%
2014	372 020	−8.47%
2015	328 512	−11.70%
2016	340 678	3.70%
2017	354 971	4.20%

3. 货物周转量

由于北京市、天津市和河北省的统计指标不完全一致，这里仅对京津冀总货物周转量进行分析。表 2.27 给出了京津冀 2008~2017 年货物周转量及增速。从表 2.27 可以看出，2008~2017 年京津冀的货物周转量存在先下降，后上升，再下降，再上升的下降变化特征，货物周转量从 2008 年的 20 142 亿吨公里下降到 2017 年的 16 024 亿吨公里，十年间下降了 1/5。从京津冀 2009~2017 年货物周转量增速来看，在负增长的年份中，下降速度最快的是 2009 年，下降速度为 17.96%，下降速度最慢的是 2013 年，下降速度为 5.46%；在正增长的年份中，上升速度最快的是 2011 年，增速为 14.04%，上升速度最慢的是 2016 年，增速为 1.06%。

表 2.27　京津冀 2008~2017 年货物周转量及增速

年份	货物周转量/亿吨公里	增速
2008	20 142	—
2009	16 525	−17.96%
2010	18 046	9.20%
2011	20 579	14.04%
2012	19 118	−7.10%
2013	18 075	−5.46%
2014	16 996	−5.97%

续表

年份	货物周转量/亿吨公里	增速
2015	14 969	−11.93%
2016	15 127	1.06%
2017	16 024	5.93%

4. 运输线路总里程

由于北京市、天津市和河北省的统计指标不完全一致，这里仅对京津冀运输线路总里程进行分析。表 2.28 给出了京津冀 2008~2017 年运输线路总里程及增速。从表 2.28 可以看出，京津冀 2008~2017 年运输线路总里程具有逐年稳步增长的趋势，从 2008 年的 221 386 千米增加到 2017 年的 405 399 千米，增长了 184 013 千米。京津冀 2009~2017 年运输线路总里程均为正增长，增速最快的是 2012 年，增速为 23.84%；增速最慢的是 2014 年，增速为 0.75%。

表 2.28　京津冀 2008~2017 年运输线路总里程及增速

年份	总里程/千米	增速
2008	221 386	—
2009	231 981	4.79%
2010	263 098	13.41%
2011	267 672	1.74%
2012	331 480	23.84%
2013	371 259	12.00%
2014	374 053	0.75%
2015	391 407	4.64%
2016	396 503	1.30%
2017	405 399	2.24%

5. 物流业从业人员

表 2.29 给出了京津冀 2008~2017 年物流业从业人员及增速。从表 2.29 可以看出，京津冀 2008~2017 年物流业从业人员除了在 2010 年和 2017 年有小幅下降外，其余年份均保持稳定增长，从 2008 年的 254.97 万人增长到 2016 年的 318.40 万人，增长了 63.43 万人。从增速来看，京津冀 2009~2017 年物流业从业人员有增加也有减少，在增长的年份中，增速最快的是 2014 年，为 5.95%，增速最慢的是 2016 年，为 0.30%；在下降的年份中，2010 年和 2017 年分别出现 0.92%和 2.55%的下降。

表 2.29　京津冀 2008~2017 年物流业从业人员及增速

年份	物流业从业人员/万人	增速
2008	254.97	—
2009	262.44	2.93%
2010	260.02	−0.92%
2011	275.06	5.78%
2012	283.54	3.08%
2013	293.50	3.51%
2014	310.95	5.95%
2015	317.46	2.09%
2016	318.40	0.30%
2017	310.28	−2.55%

2.2　京津冀物流业能源消费现状

2.2.1　北京市物流业能源消费现状

表 2.30 给出了北京市 2004~2017 年物流业能源消费量。从表 2.30 可以看出，2004~2017 年北京市物流业煤消费合计呈现整体下降的趋势，2004~2007 年逐年递增，2008 年发生转折出现下降趋势，从 2004 年的 20.45 万吨下降到 2017 年的 3.23 万吨，下降了 17.22 万吨。物流业油品消费合计呈现上升趋势，从 2004 年的 278.32 万吨增长到 2017 年的 795.38 万吨，增加了近两倍。物流业天然气消费在 2004~2012 年呈现波动上升趋势，从 2004 年的 1.70 亿立方米波动增加到 2012 年的 3.54 亿立方米，翻了一番多，并且在 2012 年北京市物流业天然气消费量达到 2004~ 2017 年的高峰。物流业热力消费在 2005~2008 年处于持续增长的状态，从 2005 年的 140.68 百亿千焦增长到 2008 年的 963.53 百亿千焦，增长了 822.85 百亿千焦，2008 年北京市物流业热力消费量成为 2005~2017 年的最高点；从 2009 年开始物流业热力消费量起伏不定，但数据保持在 500 百亿千焦的水平之上。2004 年北京市物流业电力消费为 16.07 亿千瓦时，2005~2012 年均保持增长状态，从 2005 年的 13.96 亿千瓦时增长到 2012 年的 69.11 亿千瓦时，2013 年下降到 44.64 亿千瓦时，2013~2017 年逐年增长，从 2013 年的 44.64 亿千瓦时增长到 2017 年的 53.29 亿千瓦时，增加了 8.65 亿千瓦时。

表 2.30 北京市 2004~2017 年物流业能源消费量

年份	煤合计/万吨	油品合计/万吨	天然气/亿米^3	热力/百亿千焦	电力/亿千瓦时
2004	20.45	278.32	1.70	—	16.07
2005	22.89	294.77	1.19	140.68	13.96
2006	26.17	371.62	1.52	295.00	23.29
2007	27.29	432.35	2.14	508.44	34.82
2008	26.89	493.59	2.70	963.53	44.84
2009	25.15	514.57	2.74	582.45	49.24
2010	20.29	561.10	2.44	667.89	50.37
2011	18.00	598.71	2.38	689.70	61.96
2012	15.47	605.78	3.54	663.38	69.11
2013	15.94	648.13	2.35	603.86	44.64
2014	16.09	682.27	3.17	615.33	45.02
2015	12.36	708.59	2.11	594.20	47.31
2016	7.99	746.97	1.99	538.60	50.61
2017	3.23	795.38	1.80	537.18	53.29

数据来源：《中国能源统计年鉴 2018》

根据式（1.1），结合表 1.1 中能源折算系数和表 2.30 中各种能源消费量，计算出北京市 2004~2017 年物流业能源消费量及增速，结果如表 2.31 所示。由表 2.31 可以看出，2004~2017 年北京市物流业能源消费量呈现逐年上升的趋势，从 2004 年的 379 万吨标准煤增加到 2017 年的 1 261 万吨标准煤，增加了 882 万吨标准煤。从增速来看，2004~2017 年北京市物流业能源消费量均呈现正增长，其中 2006 年增长速度最快，增速为 55.84%，2013 年只有 1.55%的增长，增长速度最慢。

表 2.31 北京市 2004~2017 年物流业能源消费量及增速

年份	能源消费量/万吨标准煤	增速
2004	379	—
2005	394	3.96%
2006	614	55.84%
2007	726	18.24%
2008	837	15.29%

续表

年份	能源消费量/万吨标准煤	增速
2009	872	4.18%
2010	933	7.00%
2011	1 000	7.18%
2012	1 033	3.30%
2013	1 049	1.55%
2014	1 111	5.91%
2015	1 136	2.25%
2016	1 192	4.93%
2017	1 261	5.79%

注：表中能源消费量数据统一换算为标准煤的能源消费量

表 2.32 给出了北京市 2004~2017 年物流业生产总值及增速。从表 2.32 可以看出，2004~2017 年北京市物流业生产总值呈现出逐年稳定增长的趋势，从 2004 年的 356.8 亿元增长到 2017 年的 1 208.4 亿元，增长了 851.6 亿元。物流业生产总值始终保持正增长，增长速度起伏不定，为 0~14%，增长速度最慢的是 2008 年，增速仅为 0.28%；增长速度最快的是 2010 年，增速为 27.92%。

表 2.32　北京市 2004~2017 年物流业生产总值及增速

年份	物流业生产总值/亿元	增速
2004	356.8	—
2005	403.3	13.03%
2006	455.2	12.87%
2007	497.5	9.29%
2008	498.9	0.28%
2009	556.6	11.57%
2010	712.0	27.92%
2011	809.0	13.62%
2012	816.3	0.90%
2013	871.9	6.81%
2014	948.4	8.77%
2015	984.4	3.80%
2016	1 061.0	7.78%
2017	1 208.4	13.89%

数据来源：《北京统计年鉴 2018》

根据式（1.2），结合表2.31中能源消费量和表2.32中物流业生产总值计算出北京市2004~2017年物流业能源强度及增速，结果如表2.33所示。从表2.33可以看出，2004~2017年北京市物流业能源强度呈现先上升，后下降的特征，从2004年的0.882 8吨标准煤/万元上升到2008年的3.070 8吨标准煤/万元，然后开始下降，截至2017年，北京市物流业能源强度下降为1.043 5吨标准煤/万元。从增速来看，2005~2008年北京市物流业能源强度增长速度为正，特别是2005年增速达到最大值59.54%；2009~2017年北京市物流业能源强度转为负增长，最大负增长出现在2010年，为−21.82%，最小负增长出现在2012年，为−1.84%。另外，除2004年外，北京市物流业能源强度均保持在1吨标准煤/万元以上，且2009年之后北京市能源强度整体呈下降趋势，基本符合我国“十二五”与“十三五”时期提出的能源强度下降16%和15%的目标，说明北京市物流业发展对能源依赖程度逐渐下降，北京市物流业对能源的综合利用效率也在稳步上升，节能提效措施的实施取得明显成效，但还有进步空间。

表2.33　北京市2004~2017年物流业能源强度及增速

年份	物流业能源强度/（吨标准煤/万元）	增速
2004	0.882 8	—
2005	1.408 4	59.54%
2006	1.577 3	11.99%
2007	2.018 1	27.95%
2008	3.070 8	52.16%
2009	2.752 4	−10.37%
2010	2.151 7	−21.82%
2011	1.694 7	−21.24%
2012	1.663 6	−1.84%
2013	1.508 2	−9.34%
2014	1.436 1	−4.78%
2015	1.386 6	−3.45%
2016	1.268 6	−8.51%
2017	1.043 5	−17.74%

2.2.2 天津市物流业能源消费现状

表2.34给出了天津市2004~2017年物流业能源消费量。从表2.34可以看出，2004~2017年天津市物流业煤消费合计整体比较平稳，2004~2007年逐年下降，从2004年消费22.02万吨煤下降到2007年消费15.49万吨煤，自2008年每年递增，

2010 年出现高峰，高峰过后物流业煤消费又出现波动下降趋势，2017 年有较大幅度下降，直接从 2016 年的 21.49 万吨下降到 2017 年的 4.05 万吨。物流业油品消费上，2004~2012 年呈现出波动上升的趋势，增长趋势较为平稳，从 2004 年的 204.31 万吨增长到 2012 年的 296.98 万吨，且在 2012 年油品消费达到高峰，2013 年物流业油品消费 234.99 万吨，相较于 2012 年下降了 61.99 万吨，然后开始上升，2017 年天津市物流业油品消费为 264.35 万吨。物流业天然气消费总体呈现增长趋势，从 2009 年的 0.14 亿立方米波动上升到 2017 年的 1.75 亿立方米。物流业热力消费上，2005~2017 年呈现出波动上升的趋势，2008 年、2011 年和 2013 年出现较小幅度下降，从 2005 年的 72.56 百亿千焦上升至 2017 年的 299.92 百亿千焦，其中，2008 年天津市物流业热力消费量达到谷底，仅有 45.18 百亿千焦。物流业电力消费上，除了 2005 年、2013 年出现小幅下降外，其他年份均保持平稳增长，从 2004 年的 6.72 亿千瓦时上升至 2017 年的 42.07 亿千瓦时，13 年的时间里翻了近三番。

表 2.34　天津市 2004~2017 年物流业能源消费量

年份	煤合计/万吨	油品合计/万吨	天然气/亿立方米	热力/百亿千焦	电力/亿千瓦时
2004	22.02	204.31	—	—	6.72
2005	21.67	204.42	—	72.56	6.52
2006	17.37	213.81	—	82.62	6.90
2007	15.49	210.69	—	100.27	9.35
2008	18.91	234.94	—	45.18	11.07
2009	19.56	253.20	0.14	78.77	12.58
2010	30.74	269.71	0.23	166.56	15.81
2011	28.41	286.98	0.17	144.86	17.86
2012	29.86	296.98	0.21	146.31	24.84
2013	28.58	234.99	1.15	132.62	22.77
2014	29.02	248.82	1.38	151.49	24.91
2015	24.57	251.06	1.14	187.95	34.47
2016	21.49	255.00	1.33	210.73	38.27
2017	4.05	264.35	1.75	299.92	42.07

数据来源：《中国能源统计年鉴 2018》

根据式（1.1），结合表 1.1、表 2.34 中能源折算系数和各种能源消费量，计算出天津市 2004~2017 年物流业能源消费量及增速，结果如表 2.35 所示。从表 2.35 可以看出，2004~2017 年天津市物流业能源消费量总体呈现出波动上升的特征，从 2004 年的 233 万吨标准煤波动增长到 2017 年的 464 万吨标准煤，翻了近一番，其中，2016 年物流业能源消费量达到 2004~2017 年的最大值，为 527 万吨标准煤。从增速来看，在天津市物流业能源消费增长年份中，增速最快的是2006年，为39.57%，增速最慢的是2009年，相比2008年的能源消费量没有变化，所以增速为0；在消费量下降年份中，2005年、2011年、2013年和2017年出现负增长，增速分别为−1.29%、−1.04%、−15.66%及−11.95%。

表2.35　天津市2004~2017年物流业能源消费量及增速

年份	能源消费量/万吨标准煤	增速
2004	233	—
2005	230	−1.29%
2006	321	39.57%
2007	336	4.67%
2008	364	8.33%
2009	364	0
2010	483	32.69%
2011	478	−1.04%
2012	498	4.18%
2013	420	−15.66%
2014	456	8.57%
2015	499	9.43%
2016	527	5.61%
2017	464	−11.95%

注：表中能源消费量数据统一换算为标准煤的能源消费量

表2.36给出了天津市2004~2017年物流业生产总值及增速。从表2.36可以看出，2004~2017年天津市物流业生产总值除了2013年、2016年有小幅下降外，其余年份均保持稳定上升的态势，从2004年的222.83亿元增长到2017年的780.40亿元，增长了557.57亿元；天津市物流业生产总值增长速度有2015年1.16%的小幅增长，有2009年46.90%的大幅增长，也有2013年1.25%和2016年0.52%的负增长。

表2.36　天津市2004~2017年物流业生产总值及增速

年份	物流业生产总值/亿元	增速
2004	222.83	—
2005	227.16	1.94%
2006	252.86	11.31%
2007	294.06	16.29%
2008	320.63	9.04%
2009	471.01	46.90%

续表

年份	物流业生产总值/亿元	增速
2010	585.37	24.28%
2011	632.10	7.98%
2012	683.56	8.14%
2013	675.02	−1.25%
2014	720.72	6.77%
2015	729.09	1.16%
2016	725.31	−0.52%
2017	780.40	7.60%

数据来源：《天津统计年鉴 2018》

根据式（1.2），结合表 2.35、表 2.36 中能源消费量和物流业生产总值计算出天津市 2004~2017 年物流业能源强度及增速，结果如表 2.37 所示。从表 2.37 可以看出，2004~2017 年天津市物流业能源强度表现出先上升后波动下降的变化特征。2004 年天津市物流业能源强度为 1.045 6 吨标准煤/万元，2006 年能源强度上升到 1.269 5 吨标准煤/万元，达到 2014~2017 年天津市物流业能源强度的最高值；之后几年，除了 2010 年能源强度有小幅上升外，总体有下降趋势，2013 年天津市物流业能源强度为 0.622 2 吨标准煤/万元，之后三年连续增长，2016 年能源强度为 0.726 6 吨标准煤/万元，2017 年略有下降，强度为 0.594 6 吨标准煤/万元。从增速来看，天津市物流业能源强度增长速度最快的为 2006 年的 25.38%，最慢的为 2014 年的 1.69%；下降速度最快的为 2009 年的 31.93%，最慢的为 2008 年的 0.64%。2004~2017 年天津市物流业能源强度整体保持在 0.6~1.3 吨标准煤/万元，“十二五”规划关于能源强度下降 16%的目标完成，说明天津市物流业对能源依赖程度在逐步下降，能源的综合利用效率在逐步上升，节能提效在天津市物流业取得初步成效。

表 2.37　天津市 2004~2017 年物流业能源强度及增速

年份	物流业能源强度/（吨标准煤/万元）	增速
2004	1.045 6	—
2005	1.012 5	−3.17%
2006	1.269 5	25.38%
2007	1.142 6	−10.00%
2008	1.135 3	−0.64%
2009	0.772 8	−31.93%
2010	0.825 1	6.77%
2011	0.756 2	−8.35%

续表

年份	物流业能源强度/（吨标准煤/万元）	增速
2012	0.728 5	−3.66%
2013	0.622 2	−14.59%
2014	0.632 7	1.69%
2015	0.684 4	8.17%
2016	0.726 6	6.17%
2017	0.594 6	−18.17%

2.2.3 河北省物流业能源消费现状

表 2.38 给出了河北省 2004~2017 年物流业能源消费量。从表 2.38 可以看出，2004~2017 年河北省物流业煤消费合计整体呈现波动下降的趋势，2004 年煤消费量为 21.01 万吨，2005 年开始，煤消费量就从 59.04 万吨下降到 2017 年的 7.13 万吨，下降了 51.91 万吨。物流业油品消费上，2004~2017 年呈现出波动上升的趋势，2005 年出现激增后，物流业油品消费基本保持在 400 万吨左右，2017 年物流业消费油品 521.93 万吨，是 2004 年物流业油品消费 42.05 万吨的十多倍。物流业天然气消费总体呈增长趋势，从 2006 年 0.33 亿立方米增长到 2017 年的 5.21 亿立方米，翻了将近四番。物流业热力消费方面，从 2004 年 39.74 百亿千焦增长到 2017 年的 587.60 百亿千焦，增长了近十四倍，2015 年出现突增，2015~2017 年均保持在 550 百亿千焦以上。物流业电力消费方面，2004~2017 年实现平稳增长，从 2004 年的 31.72 亿千瓦时增长到 2017 年的 105.56 亿千瓦时，增长了 73.84 亿千瓦时。

表 2.38 河北省 2004~2017 年物流业能源消费量

年份	煤合计/万吨	油品合计/万吨	天然气/亿立方米	热力/百亿千焦	电力/亿千瓦时
2004	21.01	42.05	—	39.74	31.72
2005	59.04	381.39	—	46.69	35.73
2006	41.77	403.42	0.33	63.60	39.10
2007	44.28	428.63	0.35	67.42	42.99
2008	35.96	430.59	0.69	67.42	45.02
2009	37.33	420.39	1.62	74.16	47.95
2010	43.44	491.00	1.89	86.31	58.96
2011	40.85	536.11	2.69	92.51	67.29
2012	44.28	535.00	3.95	95.75	70.58
2013	35.69	543.40	4.50	72.04	81.09

续表

年份	煤合计/万吨	油品合计/万吨	天然气/亿立方米	热力/百亿千焦	电力/亿千瓦时
2014	30.69	494.03	3.50	102.08	86.91
2015	12.83	483.43	3.90	551.74	87.55
2016	9.94	588.66	4.90	551.74	95.36
2017	7.13	521.93	5.21	587.60	105.56

数据来源：《中国能源统计年鉴 2018》

根据式（1.1），结合表 1.1、表 2.38 中能源折算系数和各种能源消费量计算出河北省 2004~2017 年物流业能源消费量及增速，结果如表 2.39 所示。从表 2.39 可以看出，2004~2017 年河北省物流业能源消费量总体呈波动增长趋势，在 2013 年、2014 年和 2017 年分别出现不同程度的下降，其余年份都维持在一定的增速上，从 2004 年的 184 万吨标准煤增长到 2016 年的 1 251 万吨标准煤，增长了 1 067 万吨标准煤，2016 年河北省物流业能源消费量是 2004~2017 年最高峰。从增速来看，河北省物流业能源消费增速最慢的是 2008 年和 2009 年，相比 2007 年能源消费量没有变化，增速最快的是 2005 年，增速为 170.65%，翻了近两倍；2013 年、2014 年和 2017 年出现负增长，增速分别为 1.73%、2.71%及 22.78%。

表 2.39　河北省 2004~2017 年物流业能源消费量及增速

年份	能源消费量/万吨标准煤	增速
2004	184	—
2005	498	170.65%
2006	542	8.84%
2007	580	7.01%
2008	580	0
2009	580	0
2010	682	17.59%
2011	739	8.36%
2012	750	1.49%
2013	737	−1.73%
2014	717	−2.71%
2015	1 139	58.86%
2016	1 251	9.83%
2017	966	−22.78%

注：表中能源消费量数据统一换算为标准煤的能源消费量

表 2.40 给出了河北省 2004~2017 年物流业生产总值及增速。从表 2.40 可以看出，2004~2017 年河北省物流业生产总值除了 2015 年有小幅下降外，其余年份均保持稳定增长的特点，从 2004 年的 585.37 亿元增长到 2017 年的 2 497.88 亿元，2017 年的物流业生产总值是 2004 年的四倍多。从增速来看，河北省物流业生产总值增速最快的是 2005 年，为 34.99%；增速最慢的是 2016 年，为 0.43%，其中 2015 年出现 1.56%的下降。

表 2.40　河北省 2004~2017 年物流业生产总值及增速

年份	物流业生产总值/亿元	增速
2004	585.37	—
2005	790.19	34.99%
2006	938.52	18.77%
2007	1 155.62	23.13%
2008	1 337.54	15.74%
2009	1 491.92	11.54%
2010	1 745.91	17.02%
2011	2 046.22	17.20%
2012	2 212.93	8.15%
2013	2 345.10	5.97%
2014	2 396.40	2.19%
2015	2 359.09	−1.56%
2016	2 369.27	0.43%
2017	2 497.88	5.43%

数据来源：《河北经济年鉴 2018》

根据式（1.2），结合表 2.39、表 2.40 中能源消费量和物流业生产总值计算出河北省 2004~2017 年物流业能源强度及增速，结果如表 2.41 所示。从表 2.41 可以看出，2004~2017 年河北省物流业能源强度整体保持在 0.3~0.6 吨标准煤/万元，其间出现波动变化，但总体变化不大；物流业能源强度最高为 2005 年的 0.630 2 吨标准煤/万元，最低为 2014 年的 0.299 2 吨标准煤/万元。从增速来看，在河北省物流业能源强度增长年份中，2005 年出现 100.51%的大幅度增长，2010 年出现 0.46%较小幅度增长；在物流业能源强度下降的年份中，2017 年出现 26.76%的较大幅度下降，2014 年出现 4.80%的较小幅度下降。关于能源强度下降 15%的目标，河北省物流业已经提前完成。说明河北省物流业对能源依赖程度比较稳定，能源的综合利用效率也比较稳定，河北省物流业在节约能源、提高能源利用效率方面还可以进一步发展。

表 2.41 河北省 2004~2017 年物流业能源强度及增速

年份	物流业能源强度/（吨标准煤/万元）	增速
2004	0.314 3	—
2005	0.630 2	100.51%
2006	0.577 5	−8.36%
2007	0.501 9	−13.09%
2008	0.433 6	−13.61%
2009	0.388 8	−10.33%
2010	0.390 6	0.46%
2011	0.361 2	−7.53%
2012	0.338 9	−6.17%
2013	0.314 3	−7.26%
2014	0.299 2	−4.80%
2015	0.482 8	61.36%
2016	0.528 0	9.36%
2017	0.386 7	−26.76%

2.2.4 京津冀物流业能源消费情况

根据 2004~2017 年北京市、天津市和河北省物流业相关数据，可以计算出京津冀 2014~2017 年物流业能源消费量及增速，如表 2.42 所示。由表 2.42 可以看出，2004~2017 年京津冀物流业能源消费量整体上具有波动上升的趋势，除了 2013 年和 2017 年有不同程度的下降外，其他年份都在增长，从 2004 年的 796 万吨标准煤增长到 2016 年的 2 970 万吨标准煤，增长了 2 174 万吨标准煤，而 2017 年物流业能源消费量又下降至 2 691 万吨标准煤。从增速来看，在京津冀物流业能源消费量增长年份中，增速最快的是 2005 年，为 40.95%，增速最慢的是 2009 年，为 1.97%；在物流业能源消费量下降年份中，2013 年和 2017 年分别出现 3.29%和 9.39%的下降，总体下降程度不高。

表 2.42 京津冀 2004~2017 年物流业能源消费量及增速

年份	能源消费量/万吨标准煤	增速
2004	796	—
2005	1 122	40.95%
2006	1 477	31.64%
2007	1 624	9.95%
2008	1 781	9.67%

续表

年份	能源消费量/万吨标准煤	增速
2009	1 816	1.97%
2010	2 098	15.53%
2011	2 217	5.67%
2012	2 281	2.89%
2013	2 206	−3.29%
2014	2 284	3.54%
2015	2 774	21.45%
2016	2 970	7.07%
2017	2 691	−9.39%

表 2.43 给出了京津冀 2004~2017 年物流业能源消费量所占比重。从表 2.43 可以看出，2004~2017 年北京市物流业能源消费量所占比重出现波动性上升的变化趋势，从 2005 年的 35.12%上升到 2017 年的 46.86%，其中，2014 年北京市物流业能源消费量所占比重最大，为 48.64%。北京市物流业能源消费量占京津冀物流业能源消费量的近一半，这一特征 2004~2017 年基本保持不变。天津市物流业能源消费量所占比重出现波动性下降的变化趋势，从 2004 年的 29.27%波动下降到 2017 年的 17.24%。河北省物流业能源消费量所占比重出现波动性上升的变化趋势，从 2004 年的 23.12%波动增长到 2017 年的 35.90%。除了 2004 年外，北京市和河北省的物流业能源消费量要高于天津市的物流业能源消费量，因此，北京市和河北省的物流业能源消费量在京津冀地区物流业能源消费量中占主导地位。

表 2.43　京津冀 2004~2017 年物流业能源消费量所占比重

年份	北京市	天津市	河北省
2004	47.61%	29.27%	23.12%
2005	35.12%	20.50%	44.39%
2006	41.57%	21.73%	36.70%
2007	44.70%	20.69%	35.71%
2008	47.00%	20.44%	32.57%
2009	48.02%	20.04%	31.94%
2010	44.47%	23.02%	32.51%
2011	45.11%	21.56%	33.33%
2012	45.29%	21.83%	32.88%
2013	47.55%	19.04%	33.41%
2014	48.64%	19.96%	31.39%

续表

年份	北京市	天津市	河北省
2015	40.95%	17.99%	41.06%
2016	40.13%	17.74%	42.12%
2017	46.86%	17.24%	35.90%

表 2.44 给出了京津冀 2004~2017 年物流业生产总值及增速。从表 2.44 可以看出，2004~2017 年京津冀物流业生产总值呈现稳定上升的趋势，从 2004 年的 1 165.0 亿元上升到 2017 年的 4 486.7 亿元，增长了近 3 倍；物流业生产总值始终保持正增长，增长速度起伏不定，为 0~22%，生产总值增长速度最快的是 2005 年，增速为 21.95%，增长速度最慢的是 2015 年，增速为 0.17%。

表 2.44　京津冀 2004~2017 年物流业生产总值及增速

年份	物流业生产总值/亿元	增速
2004	1 165.0	—
2005	1 420.7	21.95%
2006	1 646.6	15.90%
2007	1 947.2	18.26%
2008	2 157.1	10.78%
2009	2 519.5	16.80%
2010	3 043.3	20.79%
2011	3 487.3	14.59%
2012	3 712.8	6.47%
2013	3 892.0	4.83%
2014	4 065.5	4.46%
2015	4 072.6	0.17%
2016	4 155.6	2.04%
2017	4 486.7	7.97%

表 2.45 给出了京津冀 2004~2017 年物流业能源强度及增速。从表 2.45 可以看出，京津冀 2004~2017 年物流业能源强度呈现先上升，后下降的变化趋势，先从 2004 年的 0.683 3 吨标准煤/万元上升到 2006 年的 0.897 0 吨标准煤/万元，然后开始波动下降，2017 年下降为 0.599 8 吨标准煤/万元，其中 2015 年和 2016 年能源强度略有上升。从增速来看，在京津冀物流业能源强度上升的年份中，增长速度最快的是 2015 年，增速为 21.24%，增长速度最慢的是 2016 年，增速为 4.93%；在京津冀物流业能源强度下降的年份中，下降速度最快的是 2017 年，下降速度为 16.08%，下降速度最慢的是 2014 年，下降速度为 0.88%。说明京津冀物流业对能

源的依赖程度在逐年下降，对能源的综合利用效率也逐渐提高，京津冀物流业在节约能源、提高能源利用效率方面已取得一定成效。

表 2.45 京津冀 2004~2017 年物流业能源强度及增速

年份	物流业能源强度/（吨标准煤/万元）	增速
2004	0.683 3	—
2005	0.789 8	15.59%
2006	0.897 0	13.57%
2007	0.843 3	−5.99%
2008	0.825 6	−2.10%
2009	0.720 8	−12.69%
2010	0.689 4	−4.36%
2011	0.635 7	−7.79%
2012	0.614 4	−3.35%
2013	0.566 8	−7.74%
2014	0.561 8	−0.88%
2015	0.681 1	21.24%
2016	0.714 7	4.93%
2017	0.599 8	−16.08%

结合表 2.33、表 2.37、表 2.41 可以看出，在物流业能源强度数据方面，北京市物流业发展对能源需求的依赖程度最深，天津市次之，河北省物流业发展对能源的依赖程度最低；在物流业能源强度增长速度方面，北京市物流业节能减排成效最为明显，天津市次之，而河北省物流业节能减排发展有待进一步推进。

2.3 京津冀物流业碳排放现状

2.3.1 北京市物流业碳排放现状

根据式（1.3），结合表 1.2、表 2.31 中各种主要能源的相关系数，计算北京市物流业碳排放量及增速，结果如表 2.46 所示。从表 2.46 可以看出，2004~2017 年北京市物流业碳排放量整体呈上升趋势，除了 2013 年外，其他年份物流业碳排放量均保持上升趋势，由 2004 年的 1 050.53 万吨上升到 2012 年的 2 756.01 万吨，2013 年下降到 2 575.55 万吨，之后逐年上升，2017 年的物流业碳排放量达到 3 069.31 万吨，比 2004 年增长了近两倍。从增速来看，除了 2013 年为负增长外，其他年份的物流业碳排放量均为正增长，其中增长速度最快的是 2006 年，增速达到 31.87%；增长速度最慢的是 2009 年，增速为 2.40%。

表 2.46　北京市 2004~2017 年物流业碳排放量及增速

年份	物流业碳排放量/万吨	增速
2004	1 050.53	—
2005	1 128.48	7.42%
2006	1 488.12	31.87%
2007	1 822.49	22.47%
2008	2 179.63	19.60%
2009	2 232.05	2.40%
2010	2 380.52	6.65%
2011	2 600.97	9.26%
2012	2 756.01	5.96%
2013	2 575.55	−6.55%
2014	2 703.94	4.98%
2015	2 772.87	2.55%
2016	2 903.86	4.72%
2017	3 069.31	5.70%

表 2.47 给出了北京市 2004~2017 年物流业各能源碳排放量及所占比重。从表 2.47 可以看出，2004~2017 年油品是北京市物流业碳排放的主要来源，其次是电能，煤类、燃气和热能在北京市物流业碳排放量中所占比重较小。具体来说，北京市物流业煤类碳排放量呈现出先增后减的趋势，并在 2007 年攀升至最高点，之后呈现下降趋势，2017 年下降到 12.05 万吨，物流业煤类碳排放量所占比重除了 2005 年和 2013 年外，均呈现出下降趋势，从 2004 年的 4.00%下降到 2017 年的 0.39%。物流业油品碳排放量稳定上升，从 2004 年的 856.82 万吨上升至 2017 年的 2 450.65 万吨，增长幅度与物流业碳排放量相同，同样增长近两倍，物流业油品碳排放量所占比重呈现出波动变化趋势，但总体上依然保持在 80%左右，是北京市物流业碳排放的主力。物流业燃气碳排放量变化有增有减，2015~2017 年在 40 万吨以上，2017 年物流业燃气碳排放量为 43.02 万吨，物流业燃气碳排放量所占比重同样有增有减，但总体上保持在 2%附近。物流业热能碳排放量呈现先上升后波动下降的趋势，2008 年物流业热能碳排放量高达 108.67 万吨，此后便开始波动下降，2017 年下降至 60.59 万吨，物流业热能碳排放量所占比重与其碳排放量变化趋势一致，同样是先上升，后波动下降，从 2005 年的 1.41%上升到 2008 年的 4.99%，然后波动下降到 2017 年的 1.97%。物流业电能碳排放量呈现出波动变化

趋势，虽出现过下降，但总体上从 2004 年的 151.68 万吨上升至 2017 年的 503.00 万吨，2013~2017 年物流业电能碳排放量所占比重稳定在 16%左右，是仅次于油品的北京市物流业第二大碳排放能源。

表 2.47 北京市 2004~2017 年物流业各能源碳排放量及所占比重

年份	煤类		油品		燃气		热能		电能	
	碳排放量/万吨	比重	碳排放量/万吨	比重	碳排放量/万吨	比重	碳排放量/万吨	比重	碳排放量/万吨	比重
2004	42.03	4.00%	856.82	81.56%	—	—	—	—	151.68	14.44%
2005	47.05	4.17%	907.80	80.44%	25.99	2.30%	15.87	1.41%	131.77	11.68%
2006	53.79	3.61%	1 145.85	77.00%	35.38	2.38%	33.27	2.24%	219.83	14.77%
2007	56.09	3.08%	1 332.79	73.13%	47.60	2.61%	57.34	3.15%	328.67	18.03%
2008	55.27	2.54%	1 524.24	69.93%	68.21	3.13%	108.67	4.99%	423.24	19.42%
2009	51.70	2.32%	1 589.24	71.20%	60.63	2.72%	65.69	2.94%	464.79	20.82%
2010	42.14	1.77%	1 734.40	72.86%	53.23	2.24%	75.33	3.16%	475.42	19.97%
2011	37.19	1.43%	1 849.29	71.10%	51.89	2.00%	77.79	2.99%	584.81	22.48%
2012	32.79	1.19%	1 918.87	69.62%	77.22	2.80%	74.82	2.71%	652.31	23.67%
2013	32.80	1.27%	2 001.96	77.73%	51.32	1.99%	68.11	2.64%	421.36	16.36%
2014	33.11	1.22%	2 107.24	77.93%	69.23	2.56%	69.40	2.57%	424.96	15.72%
2015	25.43	0.92%	2 187.78	78.90%	46.08	1.66%	67.02	2.42%	446.56	16.10%
2016	16.43	0.57%	2 305.51	79.39%	43.46	1.50%	60.75	2.09%	477.71	16.45%
2017	12.05	0.39%	2 450.65	79.84%	43.02	1.40%	60.59	1.97%	503.00	16.39%

根据表 2.32、表 2.46 及式（1.7）计算北京市 2004~2017 年物流业碳排放强度及增速，结果如表 2.48 所示。从表 2.48 可以看出，2004~2017 年北京市物流业碳排放强度整体上呈现出波动性下降的变化特征，从 2004 年的 2.944 5 吨/万元减少到 2005 年的 2.798 0 吨/万元，后又增加到 2008 年的 4.368 7 吨/万元，然后又减少到 2011 年的 3.215 2 吨/万元，在经历 2012 年的增长之后，逐年减少到 2017 年的 2.540 0 吨/万元。从增速来看，2004~2017 年北京市物流业碳排放强度下降速度最快的是 2010 年的 16.62%，最慢的是 2016 年的 2.88%；增长速度最快的是 2008 年的 19.27%，最慢的是 2012 年的 5.01%。这说明北京市物流业发展对碳排放量的依赖程度在逐渐下降，但下降速度有待提高，也说明北京市物流业低碳化发展虽取得了一定成效，但还有进步的空间。

表 2.48　北京市 2004~2017 年物流业碳排放强度及增速

年份	物流业碳排放强度/（吨/万元）	增速
2004	2.944 5	—
2005	2.798 0	−4.98%
2006	3.269 1	16.84%
2007	3.662 9	12.05%
2008	4.368 7	19.27%
2009	4.009 9	−8.21%
2010	3.343 4	−16.62%
2011	3.215 2	−3.83%
2012	3.376 2	5.01%
2013	2.954 4	−12.49%
2014	2.852 0	−3.47%
2015	2.818 3	−1.18%
2016	2.737 0	−2.88%
2017	2.540 0	−7.20%

碳减排的责任主体单位是国家，一个国家在一定时期内的碳排放总量反映了其与其他国家在碳排放方面的公平性。然而，从人均公平方面来说，每个国家的居民在碳减排方面都应承担一定的责任和享受平等的权利；从历史累计方面来说，碳排放量的增加往往伴随工业化的快速发展，当前发达国家基本已完成工业化的进程，其在工业化进程中历史上已累积了相当多的碳排放，现在碳排放量早已过峰值并逐渐稳定在较低水平，对于许多发展中国家来说，它们目前仍处在工业化发展的阶段，其碳排放量远远未到峰值并呈现稳步增长的特征。因此，仅以年度碳排放量来衡量各国碳排放水平和制定目标，可能会损害发展中国家及其人民的权益。出于自身权益的考虑，发展中国家为了能够在气候变化国际谈判中合理维护自己的生存和发展权益、寻找自己的发展空间，分别提出了人均碳排放、累积碳排放等概念（王永哲，2017）。

表 2.49 给出了北京市 2004~2017 年常住人口数及增速。从表 2.49 可以看出，除了 2017 年外，北京市其他年份常住人口数呈现上升趋势，从 2004 年的 1 492.7 万人增长到 2016 年的 2 172.9 万人，2017 年北京市常住人口数下降到 2 170.7 万人；从增速来看，北京市常住人口增长速度最快的是 2008 年，增速为 5.67%，增长速度最慢的是 2016 年，增速为 0.11%，2017 年出现 0.10%的下降。

表 2.49　北京市 2004~2017 年常住人口数及增速

年份	常住人口数/万人	增速
2004	1 492.7	—
2005	1 538.0	3.03%
2006	1 601.0	4.10%
2007	1 676.0	4.68%
2008	1 771.0	5.67%
2009	1 860.0	5.03%
2010	1 961.9	5.48%
2011	2 018.6	2.89%
2012	2 069.3	2.51%
2013	2 114.8	2.20%
2014	2 151.6	1.74%
2015	2 170.5	0.88%
2016	2 172.9	0.11%
2017	2 170.7	−0.10%

数据来源：《北京统计年鉴 2018》

根据表 2.46、表 2.49 及式（1.8）计算北京市 2004~2017 年物流业人均碳排放量及增速，结果如表 2.50 所示。由表 2.50 可以看出，2004~2017 年北京市物流业人均碳排放量整体呈现增长的变化特征，在 2009 年和 2013 年略有下降，从 2004 年的 0.703 8 吨/人增长到 2017 年的 1.414 0 吨/人，翻了一番多。从增速来看，北京市物流业人均碳排放量增长速度最快的是 2006 年，增速为 26.69%，最慢的是 2010 年，增速仅为 1.12%，2009 年和 2013 年分别出现 2.49%和 8.56%的下降。北京市物流业人均碳排放量较高的原因可能是，2004 年北京市紧随上海步入后工业化发展阶段，工业化的发展使得人均碳排放量较高。此外，作为经济发达地区，人们对吃、穿、住、用、行的较高需求决定了北京市物流业人均碳排放量较高。

表 2.50　北京市 2004~2017 年物流业人均碳排放量及增速

年份	物流业人均碳排放量/（吨/人）	增速
2004	0.703 8	—
2005	0.733 7	4.25%
2006	0.929 5	26.69%
2007	1.087 4	16.99%
2008	1.230 7	13.18%
2009	1.200 0	−2.49%
2010	1.213 4	1.12%

续表

年份	物流业人均碳排放量/（吨/人）	增速
2011	1.288 5	6.19%
2012	1.331 9	3.37%
2013	1.217 9	−8.56%
2014	1.256 7	3.19%
2015	1.277 5	1.66%
2016	1.336 4	4.61%
2017	1.414 0	5.81%

2.3.2　天津市物流业碳排放现状

根据式（1.3），结合表 1.2、表 2.35 中各种主要能源的相关系数，计算天津市物流业碳排放量及增速，结果如表 2.51 所示。从表 2.51 可以看出，2004~2017 年天津市物流业碳排放量呈现出先上升，后下降，再上升的变化趋势，从 2004 年的 748.44 万吨上升至 2012 年的 1 261.47 万吨，2013 年下降为 1 050.79 万吨，后又上升到 2017 年的 1 304.62 万吨，比 2004 年上升了 556.18 万吨。从天津市物流业碳排放量的增长速度来看，除 2013 年为负增长外，其他年份的物流业碳排放量均为正增长，增速最快的是 2008 年，为 12.95%，增速最慢的是 2005 年，仅为 0.10%。

表 2.51　天津市 2004~2017 年物流业碳排放量及增速

年份	物流业碳排放量/万吨	增速
2004	748.44	—
2005	749.16	0.10%
2006	781.32	4.29%
2007	791.88	1.35%
2008	894.42	12.95%
2009	964.95	7.89%
2010	1 082.88	12.22%
2011	1 148.88	6.09%
2012	1 261.47	9.80%
2013	1 050.79	−16.70%
2014	1 122.86	6.86%
2015	1 209.14	7.68%
2016	1 257.03	3.96%
2017	1 304.62	3.79%

表 2.52 给出了天津市 2004~2017 年物流业各能源碳排放量及所占比重。从表 2.52 可以看出，2004~2017 年油品是天津市物流业碳排放的主要来源，其次是电能，煤类、燃气和热能在天津市物流业碳排放量中所占比重较小。具体来说，2004~2017 年天津市煤类碳排放量呈波动变化趋势，2016 年及以前煤类碳排放量均保持在 30 万吨以上，2010 年更是达到 63.18 万吨，2017 年突然下降至 8.32 万吨，只有 2016 年 1/5 的水平，物流业煤类碳排放量所占比重常年在 5%左右，2017 年缩至不足 1%。2004~2017 年天津市物流业油品碳排放量呈波动上升趋势，2007 年和 2013 年排放量有所下降，从 2004 年的 639.75 万吨上升至 2017 年的 823.34 万吨，增加了 183.59 万吨，2012 年物流业油品碳排放量达到最高点 943.52 万吨，但物流业油品碳排放量所占比重变化趋势相反，一直呈波动下降趋势，从 2004 年的 85.48%波动下降至 2017 年的 63.11%，但依然是天津市物流业第一大排放量能源。2008~2012 年物流业燃气碳排放量在 10 万吨以下，燃气碳排放量所占比重在 1%左右，2009 年燃气碳排放量仅为 3.08 万吨，所占比重也仅有 0.32%；2013~2017 年呈波动上升趋势，所占比重也越来越大，2017 年燃气碳排放量达到 39.93 万吨，占比 3.06%。物流业热能碳排放量变化趋势与燃气变化趋势大致相同，呈现出波动上升趋势，2008 年、2011 年和 2013 年出现一定程度的下降，从 2005 年的 8.69 万吨上升到 2017 年的 35.93 万吨，其中，2008 年的热能碳排放量仅为 5.41 万吨，是 2004~2017 年热能碳排放量最少的一年；物流业热能碳排放量所占比重在 2008 年、2011 年和 2012 年略有下降，其余年份均上升，从 2005 年的 1.16%波动上升到 2017 年的 2.75%，2008 年所占比重仅为 0.60%。2004~2017 年天津市物流业电能碳排放量和所占比重整体呈现增长的变化特征，碳排放量从 2004 年的 63.43 万吨上升至 2017 年的 397.10 万吨，2005 年和 2013 年电能的碳排放量稍有下降；物流业电能碳排放量所占比重从 2004 年的 8.47%上升至 2017 年的 30.44%，2005 年比重稍有下降。电能仅次于油品成为天津市物流业碳排放的第二大来源。

表 2.52 天津市 2004~2017 年物流业各能源碳排放量及所占比重

年份	煤类		油品		燃气		热能		电能	
	碳排放量/万吨	比重	碳排放量/万吨	比重	碳排放量/万吨	比重	碳排放量/万吨	比重	碳排放量/万吨	比重
2004	45.26	6.05%	639.75	85.48%	—	—	—	—	63.43	8.47%
2005	38.87	5.19%	640.06	85.44%	—	—	8.69	1.16%	61.54	8.21%
2006	35.70	4.57%	670.59	85.83%	—	—	9.90	1.27%	65.13	8.34%
2007	31.84	4.02%	659.78	83.32%	—	—	12.01	1.52%	88.25	11.14%
2008	38.87	4.35%	736.41	82.33%	9.24	1.03%	5.41	0.60%	104.49	11.68%
2009	40.20	4.17%	793.49	82.23%	3.08	0.32%	9.44	0.98%	118.74	12.31%

续表

年份	煤类		油品		燃气		热能		电能	
	碳排放量/万吨	比重	碳排放量/万吨	比重	碳排放量/万吨	比重	碳排放量/万吨	比重	碳排放量/万吨	比重
2010	63.18	5.83%	845.50	78.08%	5.02	0.46%	19.95	1.84%	149.23	13.78%
2011	58.39	5.08%	900.85	78.41%	3.71	0.32%	17.35	1.51%	168.58	14.67%
2012	61.37	4.86%	943.52	74.80%	4.59	0.36%	17.53	1.39%	234.46	18.59%
2013	58.74	5.59%	736.11	70.05%	25.12	2.39%	15.89	1.51%	214.93	20.45%
2014	59.64	5.31%	779.80	69.45%	30.14	2.68%	18.15	1.62%	235.13	20.94%
2015	50.50	4.18%	785.86	64.99%	24.90	2.06%	22.52	1.86%	325.36	26.91%
2016	44.18	3.51%	797.32	63.43%	29.05	2.31%	25.25	2.01%	361.23	28.74%
2017	8.32	0.64%	823.34	63.11%	39.93	3.06%	35.93	2.75%	397.10	30.44%

根据表 2.36、表 2.51 及式（1.7）计算天津市 2004~2017 年物流业碳排放强度及增速，结果如表 2.53 所示。从表 2.53 可以看出，2004~2007 年天津市物流业碳排放强度呈现先下降，后上升，再下降的变化特征。从 2004 年的 3.358 8 吨/万元下降到 2013 年的 1.556 7 吨/万元，2013 年是 2004~2017 年中物流业碳排放强度最低的一年，2014 年稍有上升，2016 年上升至 1.733 1 吨/万元，2017 年下降至 1.671 7 吨/万元。从天津市物流业碳排放强度增长速度来看，下降速度最快的是 2005 年，下降速度为 19.53%，下降速度最慢的是 2009 年，下降速度为 0.05%；在 2012 年、2014 年、2015 年和 2016 年分别出现了 1.53%、0.08%、6.44%和 4.50%的增长。这说明天津市物流业发展对碳排放量的依赖程度在逐渐下降，也说明天津市物流业低碳化发展取得了明显的成效。

表 2.53　天津市 2004~2017 年物流业碳排放强度及增速

年份	物流业碳排放强度/（吨/万元）	增速
2004	3.358 8	—
2005	2.702 9	−19.53%
2006	2.585 4	−4.35%
2007	2.366 2	−8.48%
2008	2.049 7	−13.38%
2009	2.048 7	−0.05%
2010	1.849 9	−9.70%
2011	1.817 6	−1.75%
2012	1.845 4	1.53%
2013	1.556 7	−15.64%
2014	1.558 0	0.08%

续表

年份	物流业碳排放强度/（吨/万元）	增速
2015	1.658 4	6.44%
2016	1.733 1	4.50%
2017	1.671 7	−3.54%

表 2.54 给出了天津市 2004~2017 年常住人口数及增速。由表 2.54 可以看出，除了 2017 年外，其他年份常住人口数呈现上升变化趋势，从 2004 年的 1 023.7 万人增长到 2016 年的 1 562.1 万人，增长了 538.4 万人，2017 年天津市常住人口数下降至 1 556.9 万人。从增长速度来看，天津市常住人口数增长速度呈现先波动上升，后波动下降的变化趋势，增长速度从 2005 年的 1.89%波动上升至 2010 年的 5.79%，然后开始下降，2017 年出现仅有的一次负增长；增长速度最快的是 2010 年，为 5.79%，增长速度最慢的是 2016 年，增速仅为 0.98%，2017 年出现 0.33%的下降。

表 2.54　天津市 2004~2017 年常住人口数及增速

年份	常住人口数/万人	增速
2004	1 023.7	—
2005	1 043.0	1.89%
2006	1 075.0	3.07%
2007	1 115.0	3.72%
2008	1 176.0	5.47%
2009	1 228.2	4.44%
2010	1 299.3	5.79%
2011	1 354.6	4.26%
2012	1 413.2	4.33%
2013	1 472.2	4.17%
2014	1 516.8	3.03%
2015	1 547.0	1.99%
2016	1 562.1	0.98%
2017	1 556.9	−0.33%

数据来源：《天津统计年鉴 2018》

根据表 2.51、表 2.54 及式（1.8）计算出天津市 2004~2017 年物流业人均碳排放量及增速，如表 2.55 所示。由表 2.55 可以看出，2004~2017 年天津市物流业人均碳排放量整体呈增长的变化趋势，2005 年、2007 年和 2013 年略有下降。从 2004 年的 0.731 1 吨/人增长到 2017 年的 0.838 0 吨/人，增加了 0.106 9 吨/人，2007 年天津市物流业人均碳排放量仅为 0.710 2 吨/人，2012 年天津市物流业人均碳排放量达到 0.892 7 吨/人，2007 年和 2012 年分别为 2004~2017 年人均碳排放量最低和最高的年份。从增长速度来看，天津市物流业人均碳排放量的增长速度最快的是 2010 年，增速为 6.08%，增长速度最慢的是 2006 年，增速为 1.19%，2005 年、2007 年和 2013 年分别出现 1.76%、2.28%和 20.04%的下降，2013 年下降幅度最大。天津市常住人口数较少，碳排放量较低，人均碳排放量却属于中等水平，说明近年来天津市碳排放量在现有常住人口水平上较多。

表 2.55　天津市 2004~2017 年物流业人均碳排放量及增速

年份	物流业人均碳排放量/（吨/人）	增速
2004	0.731 1	—
2005	0.718 3	−1.76%
2006	0.726 8	1.19%
2007	0.710 2	−2.28%
2008	0.760 6	7.09%
2009	0.785 7	3.30%
2010	0.833 4	6.08%
2011	0.848 1	1.76%
2012	0.892 7	5.25%
2013	0.713 8	−20.04%
2014	0.740 3	3.72%
2015	0.781 6	5.59%
2016	0.804 7	2.95%
2017	0.838 0	4.13%

2.3.3　河北省物流业碳排放现状

根据式（1.3），结合表 1.2、表 2.39 中各种主要能源的相关系数计算河北省物流业碳排放量及增速，结果如表 2.56 所示。从表 2.56 可以看出，2004~2017 年河北省物流业碳排放量呈现出波动上升的趋势，2014 年和 2017 年略有下降，从 2004 年的 639.64 万吨上升至 2013 年 2 648.61 万吨，2014 年下降至 2 524.82 万吨，后又上升至 2016 年的 2 958.30 万吨，2017 年物流业碳排放量为 2 849.77 万吨，比 2004 年翻了两番还要多，除了 2014 年和 2017 年出现小幅下降外，其余年份均保持稳定增长。从河北省物流业碳排放量的增速来看，在增长的年份中，增长速度最快的是 2005 年，增速为 158.24%，增长速度最慢的是 2015 年，增速为 0.54%；在下降的年份中，2014 年和 2017 年分别出现 4.67%和 3.67%的下降。

表 2.56 河北省 2004~2017 年物流业碳排放量及增速

年份	物流业碳排放量/万吨	增速
2004	639.64	—
2005	1 651.78	158.24%
2006	1 726.03	4.50%
2007	1 852.47	7.33%
2008	1 877.82	1.37%
2009	1 888.53	0.57%
2010	2 234.56	18.32%
2011	2 467.99	10.45%
2012	2 572.18	4.22%
2013	2 648.61	2.97%
2014	2 524.82	−4.67%
2015	2 538.57	0.54%
2016	2 958.30	16.53%
2017	2 849.77	−3.67%

表 2.57 给出了河北省 2004~2017 年物流业各能源碳排放量及所占比重。从表 2.57 可以看出，2004~2017 年油品是河北省物流业碳排放的主要来源，其次是电能，煤类、燃气和热能在河北省物流业碳排放量中所占比重较小。具体来说，2004~2017 年的河北省物流业煤类碳排放量呈现出先增后减的趋势，从 2004 年的 43.46 万吨增加到 2005 年的 121.61 万吨，然后波动下降至 2017 年的 14.65 万吨，物流业煤类碳排放量所占比重也随之先上升后下降，从 2004 年的 6.79%上升到 2005 年的 7.36%，然后下降至 2017 年的 0.51%。物流业油品的碳排放量呈现出波动变化趋势，2005 年陡增至 1 185.66 万吨后便一直保持在 1 000 万吨以上，2017 年为 1 634.40 万吨，其中，2016 年油品碳排放量为 1 845.99 万吨，油品碳排放量所占比重变化较大，最高时能占到 72.64%，最低时仅能占到 45.44%，2017 年占比为 57.35%，占河北省物流业碳排放量的一半以上。物流业燃气碳排放量除 2014 年出现小幅下降外，其他年份均持续增长，从 2005 年的 0.08 万吨增长至 2017 年的 114.07 万吨，翻了十几番，物流业燃气碳排放量所占比重逐年稳步增长，除 2010 年和 2014 年稍有下降外，从 2005 年的近乎零增长到 2017 年的 4.00%。2004~2017 年河北省物流业热能碳排放量总体呈增长趋势，从 2004 年的 6.11 万吨增长到 2017 年的 90.27 万吨，增长了 84.16 万吨，物流业热能碳排放量占比也从 2004 年的 0.96%波动增长到 2017 年的 3.17%，其中，2013 年热能碳排放量所占比重仅为 0.42%，2015 年所占比重为 3.34%。河北省物流业电能一直是仅次于油品的第二大物流业碳排放的来源，2004~2017 年逐年稳步增长，从 2004 年的 299.41

万吨增长到 2017 年的 996.38 万吨，增长了 696.97 万吨，物流业电能碳排放量占比除 2005 年和 2016 年出现明显下降外，其他年份均稳定增长，2004 年所占比重为 46.81%，是当年河北省物流业碳排放量最大来源，2005 年下降至 20.42%，然后开始上升，2017 年所占比重为 34.96%。

表 2.57　河北省 2004~2017 年物流业各能源碳排放量及所占比重

年份	煤类		油品		燃气		热能		电能	
	碳排放量/万吨	比重	碳排放量/万吨	比重	碳排放量/万吨	比重	碳排放量/万吨	比重	碳排放量/万吨	比重
2004	43.46	6.79%	2 90.66	45.44%	—	—	6.11	0.96%	299.41	46.81%
2005	121.61	7.36%	1 185.66	71.78%	0.08	0	7.17	0.43%	337.26	20.42%
2006	86.18	4.99%	1 253.76	72.64%	7.26	0.42%	9.77	0.57%	369.06	21.38%
2007	91.35	4.93%	1 337.28	72.19%	7.70	0.42%	10.36	0.56%	405.78	21.90%
2008	74.09	3.95%	1 344.00	71.57%	24.42	1.30%	10.36	0.55%	424.95	22.63%
2009	76.93	4.07%	1 311.94	69.47%	35.67	1.89%	11.39	0.60%	452.60	23.97%
2010	89.53	4.01%	1 533.98	68.65%	41.27	1.85%	13.26	0.59%	556.52	24.91%
2011	84.23	3.41%	1 675.66	67.90%	58.74	2.38%	14.21	0.58%	635.15	25.74%
2012	91.29	3.55%	1 713.62	66.62%	86.36	3.36%	14.71	0.57%	666.20	25.90%
2013	73.35	2.77%	1 700.50	64.20%	98.28	3.71%	11.07	0.42%	765.41	28.90%
2014	63.08	2.50%	1 549.31	61.36%	76.44	3.03%	15.68	0.62%	820.31	32.49%
2015	26.37	1.04%	1 515.88	59.71%	85.18	3.36%	84.76	3.34%	826.38	32.55%
2016	20.43	0.69%	1 845.99	62.40%	107.02	3.62%	84.76	2.87%	900.10	30.43%
2017	14.65	0.51%	1 634.40	57.35%	114.07	4.00%	90.27	3.17%	996.38	34.96%

根据表 2.40、表 2.56 及式（1.7）计算河北省 2004~2017 年物流业碳排放强度及增速，结果如表 2.58 所示。从表 2.58 可以看出，2004~2017 年河北省物流业碳排放强度呈现波动变化特征，除 2005 年为 2.090 4 吨/万元外，其他年份均低于 2 吨/万元，2017 年为 1.140 9 吨/万元，2014 年河北省物流业碳排放强度为 1.053 6 吨/万元，是 2004~2017 年碳排放强度的最低值。从河北省物流业碳排放强度增长速度来看，下降速度最快的是 2007 年的 12.84%，下降了 0.236 1 吨/万元，下降速度最慢的是 2013 年的 2.83%，下降了 0.032 9 吨/万元；增长速度最快的是 2005 年的 91.31%，增长了 0.997 7 吨/万元，增长速度最慢的是 2010 年的 1.11%，增长了 0.014 1 吨/万元。这说明河北省物流业发展对碳排放量的依赖程度比较稳定，也说明河北省物流业低碳化发展有待进一步推进。

表 2.58 河北省 2004~2017 年物流业碳排放强度及增速

年份	物流业碳排放强度/（吨/万元）	增速
2004	1.092 7	—
2005	2.090 4	91.31%
2006	1.839 1	−12.02%
2007	1.603 0	−12.84%
2008	1.403 9	−12.42%
2009	1.265 8	−9.84%
2010	1.279 9	1.11%
2011	1.206 1	−5.77%
2012	1.162 3	−3.63%
2013	1.129 4	−2.83%
2014	1.053 6	−6.71%
2015	1.076 1	2.14%
2016	1.248 6	16.03%
2017	1.140 9	−8.63%

表 2.59 给出了河北省 2004~2017 年常住人口数及增速。由表 2.59 可以看出，河北省常住人口数呈现上升变化趋势，从 2004 年的 6 809 万人增长到 2017 年的 7 520 万人，增长了 711 万人。从增速来看，河北省常住人口数增速除 2010 年外均保持在 0.6%左右，增速最快的是 2010 年的 2.27%，增速最慢的是 2015 年的 0.56%。

表 2.59 河北省 2004~2017 年常住人口数及增速

年份	常住人口数/万人	增速
2004	6 809	—
2005	6 851	0.62%
2006	6 898	0.69%
2007	6 943	0.65%
2008	6 989	0.66%
2009	7 034	0.64%
2010	7 194	2.27%
2011	7 241	0.65%
2012	7 288	0.65%
2013	7 333	0.62%
2014	7 384	0.70%
2015	7 425	0.56%

续表

年份	常住人口数/万人	增速
2016	7 470	0.61%
2017	7 520	0.67%

数据来源：《河北经济年鉴 2018》

根据表 2.56、表 2.59 及式（1.8）计算出河北省 2004~2017 年物流业人均碳排放量及增速，如表 2.60 所示。由表 2.60 可以看出，河北省物流业人均碳排放量总体波动变化，从 2004 年的 0.093 9 吨/人增长至 2013 年的 0.361 2 吨/人，其中 2009 年出现小幅下降，后波动变化到 2017 年的 0.379 0 吨/人，2016 年物流业人均碳排放量 0.396 0 吨/人是 2004~2017 年最高点。从增长速度来看，在河北省物流业人均碳排放量增长的年份中，增长速度最快的是 2005 年，增速为 156.65%，翻了近两倍，增速最慢的是 2008 年，增速为 0.70%；在下降的年份中，2009 年、2014 年、2015 年和 2017 年分别出现 0.07%、5.33%、0.01%和 4.31%的下降。河北省物流业碳排放量较高，而人均碳排放量相对较低，说明河北省人口基数大，常住人口众多，而人均碳排放量稳步上升，说明常住人口增长速度不及物流业碳排放量的增长速度。

表 2.60　河北省 2004~2017 年物流业人均碳排放量及增速

年份	物流业人均碳排放量/（吨/人）	增速
2004	0.093 9	—
2005	0.241 1	156.65%
2006	0.250 2	3.78%
2007	0.266 8	6.63%
2008	0.268 7	0.70%
2009	0.268 5	−0.07%
2010	0.310 6	15.69%
2011	0.340 8	9.73%
2012	0.352 9	3.55%
2013	0.361 2	2.34%
2014	0.341 9	−5.33%
2015	0.341 9	−0.01%
2016	0.396 0	15.83%
2017	0.379 0	−4.31%

2.3.4 京津冀物流业碳排放情况

根据京津冀2004~2017年物流业相关数据，计算出京津冀2014~2017年物流业碳排放量及增速，如表2.61所示。由表2.61可以看出，京津冀2014~2017年物流业的碳排放量呈现稳定增长的趋势，除2013年略有下降外。从2004年的2 438.61万吨增长到2017年的7 223.70万吨，增长了4 785.09万吨，其中，2013年出现了314.71万吨的小幅下降。从京津冀物流业碳排放量的增长速度来看，除了2013年出现了4.78%的下降外，其余年份均呈现正增长，增长速度最快的是2005年，增速为44.73%；增长速度最慢的是2014年，增速仅为1.22%。

表2.61 京津冀2004~2017年物流业碳排放量及增速

年份	物流业碳排放量/万吨	增速
2004	2 438.61	—
2005	3 529.42	44.73%
2006	3 995.47	13.20%
2007	4 466.84	11.80%
2008	4 951.87	10.86%
2009	5 085.53	2.70%
2010	5 697.96	12.04%
2011	6 217.84	9.12%
2012	6 589.66	5.98%
2013	6 274.95	−4.78%
2014	6 351.62	1.22%
2015	6 520.58	2.66%
2016	7 119.19	9.18%
2017	7 223.70	1.47%

表2.62给出了京津冀2004~2017年物流业碳排放量所占比重。从表2.62可以看出，2004~2017年北京市物流业碳排放量在京津冀物流业碳排放量中居于主导地位，河北省次之，天津市所占比重较小。2004~2017年北京市物流业碳排放量在京津冀物流业中所占比重除了2005年和2006年为31.97%和37.25%外，其余年份所占比重均在40%以上，其中2008年所占比重最高，为44.02%。除了2004年河北省物流业碳排放量所占比重是26.23%外，其他年份所占比重均为40%左右，2005年所占比重最高，为46.80%，北京市和河北省是京津冀物流业碳排放的主力。天津市物流业碳排放量在京津冀中所占比重除了2004年的30.69%和2005年的21.23%外，其余年份均处于20%以下，2013年碳排放量占京津冀物流业碳排放

量的比重最低，为 16.75%。

表 2.62　京津冀 2004~2017 年物流业碳排放量所占比重

年份	北京市	天津市	河北省
2004	43.08%	30.69%	26.23%
2005	31.97%	21.23%	46.80%
2006	37.25%	19.56%	43.20%
2007	40.80%	17.73%	41.47%
2008	44.02%	18.06%	37.92%
2009	43.89%	18.97%	37.14%
2010	41.78%	19.00%	39.22%
2011	41.83%	18.48%	39.69%
2012	41.82%	19.14%	39.03%
2013	41.04%	16.75%	42.21%
2014	42.57%	17.68%	39.75%
2015	42.52%	18.54%	38.93%
2016	40.79%	17.66%	41.55%
2017	42.49%	18.06%	39.45%

图 2.1 为京津冀 2004~2017 年物流业碳排放量曲线图。由图 2.1 可以看出，京津冀物流业碳排放量均处于波动变化状态，但总体呈上升趋势。其中，北京市和河北省物流业碳排放量均远远高于天津市物流业碳排放量，北京市和河北省的碳排放量此消彼长，2007 年、2013 年和 2016 年基本相等。

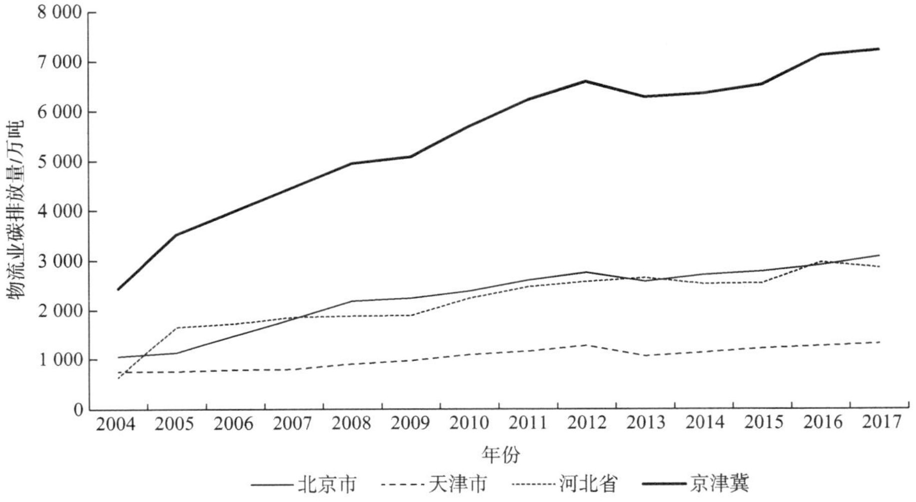

图2.1　京津冀2004~2017年物流业碳排放量曲线图

表 2.63 给出了京津冀 2004~2017 年物流业碳排放强度及增速。从表 2.63 可以看出，京津冀 2004~2017 年物流业的碳排放强度呈现波动下降的变化特征，从 2004 年的 7.396 0 吨/万元逐步下降到 2017 年的 5.352 6 吨/万元，下降了 2.043 4 吨/万元。从京津冀物流业碳排放强度的增长速度来看，在下降的年份中，下降速度最快的是 2013 年的 11.64%，下降速度最慢的是 2007 年的 0.80%；在上升的年份中，上升速度最快的是 2016 年，增速为 2.99%，上升速度最慢的是 2006 年，增速为 1.35%。这说明京津冀物流业发展对碳排放量的总体依赖程度有所下降，也说明京津冀物流业低碳化发展初见成效。从京津冀 2004~2017 年碳排放强度数据分析可以看出，北京市物流业发展对碳排放的依赖程度最深，天津市次之，河北省最低；从京津冀 2004~2017 年碳排放强度变化趋势可以分析出，天津市物流业低碳化发展成效最为明显，北京市次之，而河北省物流业低碳化发展有待进一步推进。

表 2.63 京津冀 2004~2017 年物流业碳排放强度及增速

年份	物流业碳排放强度/（吨/万元）	增速
2004	7.396 0	—
2005	7.591 3	2.64%
2006	7.693 6	1.35%
2007	7.632 1	−0.80%
2008	7.822 3	2.49%
2009	7.324 4	−6.37%
2010	6.473 2	−11.62%
2011	6.238 9	−3.62%
2012	6.383 9	2.32%
2013	5.640 5	−11.64%
2014	5.463 6	−3.14%
2015	5.552 8	1.63%
2016	5.718 7	2.99%
2017	5.352 6	−6.40%

表 2.64 给出了京津冀 2004~2017 年常住人口数及增速。从表 2.64 可以看出，京津冀常住人口数呈现上升变化趋势，从 2004 年的 9 325.4 万人上升到 2017 年的 11 247.6 万人，增长了 1 922.2 万人。从增长速度来看，京津冀常住人口数增长速度先波动上升，后稳步下降，从 2005 年的 1.14%增长到 2010 年的 3.29%，然后开始下降，2017 年增速仅为 0.38%；增速最快的是 2010 年，增速为 3.29%，增速最慢的是 2017 年，增速仅为 0.38%。

表 2.64　京津冀 2004~2017 年常住人口数及增速

年份	常住人口数/万人	增速
2004	9 325.4	—
2005	9 432.0	1.14%
2006	9 574.0	1.51%
2007	9 734.0	1.67%
2008	9 936.0	2.08%
2009	10 122.2	1.87%
2010	10 455.2	3.29%
2011	10 614.2	1.52%
2012	10 770.5	1.47%
2013	10 920.0	1.39%
2014	11 052.4	1.21%
2015	11 142.5	0.82%
2016	11 205.0	0.56%
2017	11 247.6	0.38%

根据表 2.61、表 2.64 及式（1.8）计算出京津冀 2004~2017 年物流业人均碳排放量及增速，如表 2.65 所示。由表 2.65 可以看出，京津冀 2004~2017 年物流业人均碳排放量整体呈现增长的变化特征，2013 年出现小幅下降，从 2004 年的 0.261 5 吨/人增长到 2017 年的 0.642 2 吨/人，增长了 0.380 7 吨/人。从增长速度来看，京津冀物流业人均碳排放量增长速度最快的是 2005 年，增速为 43.10%，增长了 0.112 7 吨/人；增长速度最慢的是 2014 年，增速为 0.02%，增长了 0.000 1 吨/人，其中，2013 年出现 6.08%的下降，下降了 0.037 2 吨/人。

表 2.65　京津冀 2004~2017 年物流业人均碳排放量及增速

年份	人均碳排放量/（吨/人）	增速
2004	0.261 5	—
2005	0.374 2	43.10%
2006	0.417 3	11.52%
2007	0.458 9	9.97%
2008	0.498 4	8.61%
2009	0.502 4	0.80%
2010	0.545 0	8.48%
2011	0.585 8	7.49%
2012	0.611 8	4.44%
2013	0.574 6	−6.08%

续表

年份	人均碳排放量/（吨/人）	增速
2014	0.574 7	0.02%
2015	0.585 2	1.83%
2016	0.635 4	8.58%
2017	0.642 2	1.07%

结合表2.50、表2.55、表2.60、表2.65及图2.1可知，2004~2017年北京市和河北省物流业碳排放量此消彼长，但河北省人口基数大，经济发展较北京市略不发达，导致河北省物流业人均碳排放量低于北京市物流业人均碳排放量，位于京津冀三地中的较低水平；天津市物流业碳排量在京津冀地区中最少，人均碳排放量却位于京津冀物流业的中等水平，可能天津市常住人口人员较少。

2.4 本章小结

本章对京津冀物流业碳排放进行了如下研究：①分析了京津冀物流业的发展现状。2004~2017年北京市由于正在疏散其非首都功能，物流业产值略有下降；天津市借助其港口区位优势，物流业发展迅速；河北省物流业企业数量不断增加，规模不断扩大，服务水平不断提升。②在测算京津冀物流业能源消费总量和能源强度基础上，分析了京津冀物流业能源消费现状。结果表明，京津冀物流业2004~2017年的能源消费总量整体上呈现波动上升的趋势，能源消费总量均增长了好几倍。在煤类、油品、燃气、热力、电力五种能源中，油品和热力的消费量最大，且呈增长的势头，而煤类消费量则呈下降趋势。从京津冀2004~2017年能源强度变化趋势可以分析出，北京市能源强度下降最为明显，天津市次之，河北省最末，说明京津冀物流业在发展节能提效方面推进程度不一致。③在测算京津冀物流业碳排放量、碳排放强度和人均碳排放量基础上，分析了京津冀物流业的碳排放现状。结果表明，京津冀物流业2004~2017年碳排放量呈现波动性增长趋势，北京市和天津市碳排放量翻了一番，河北省碳排放量翻了两番。在五种能源中，油品和电力碳排放量最大，在京津冀三地区物流业碳排放量中占了90%及以上，煤类、燃气和热力的碳排放量最少。京津冀物流业2004~2017年的碳排放强度下降趋势不同，天津市碳排放强度下降趋势最为明显，北京市次之，河北省最末，说明京津冀物流业低碳发展推进程度不一致。京津冀物流业2008~2017年人均碳排放量北京市最多，天津市次之，河北省最少，说明京津冀物流业低碳发展各地区责任不同、目标不同。

第3章　京津冀物流业碳排放影响因素研究

3.1　京津冀物流业碳排放影响因素分析

3.1.1　京津冀物流业碳排放直接影响因素

由表2.30、表2.34和表2.38可以看出，京津冀三地物流业能源消费量最大的是油品，且油品的碳折算系数较高，因而京津冀物流业碳排放量最高的能源是油品。京津冀物流业的油类能源消费均由汽油、煤油、柴油、燃料油、液化石油气五部分组成，其中，京津冀物流业对柴油和煤油消费量所占比重最大，它们的消费主要来自物流运输活动。因此，影响京津冀物流业碳排放量的直接影响因素为物流业的油类能源消费。

1. 北京市油类能源消费

表3.1给出了北京市2008~2017年物流业各油类能源消费量，表3.2给出了北京市2008~2017年物流业各油类能源消费量所占比重。从表3.1可以看出，2008~2017年北京市物流业油类消费总量持续增长，从2008年的493.59万吨增长到2017年的795.37万吨，增加了301.78万吨。从油类消费总量的增速来看，增速最快的是2010年，增速为9.04%；增速最慢的是2012年，增速仅为1.18%。

表3.1　北京市2008~2017年物流业各油类能源消费量

年份	油类消费总量/万吨	增速	汽油/万吨	煤油/万吨	柴油/万吨	燃料油/万吨	液化石油气/万吨
2008	493.59	—	46.42	317.83	128.61	0.14	0.59
2009	514.57	4.25%	43.68	341.45	128.76	0.13	0.55

续表

年份	油类消费总量/万吨	增速	汽油/万吨	煤油/万吨	柴油/万吨	燃料油/万吨	液化石油气/万吨
2010	561.10	9.04%	41.04	392.15	127.27	0.20	0.44
2011	598.71	6.70%	44.99	419.35	133.88	0.15	0.34
2012	605.78	1.18%	44.03	442.79	117.34	1.28	0.34
2013	648.13	6.99%	45.40	476.51	124.28	1.59	0.35
2014	682.28	5.27%	46.45	507.07	126.56	1.88	0.32
2015	708.60	3.86%	44.65	543.78	118.00	1.79	0.38
2016	746.97	5.41%	41.62	593.66	109.92	1.49	0.28
2017	795.37	6.48%	42.41	643.31	106.98	1.50	1.17

数据来源：《中国能源统计年鉴 2018》

表 3.2　北京市 2008~2017 年物流业各油类能源消费量所占比重

年份	汽油	煤油	柴油	燃料油	液化石油气
2008	9.40%	64.39%	26.06%	0.03%	0.12%
2009	8.49%	66.36%	25.02%	0.03%	0.11%
2010	7.31%	69.89%	22.68%	0.04%	0.08%
2011	7.51%	70.04%	22.36%	0.03%	0.06%
2012	7.27%	73.09%	19.37%	0.21%	0.06%
2013	7.00%	73.52%	19.18%	0.25%	0.05%
2014	6.81%	74.32%	18.55%	0.28%	0.05%
2015	6.30%	76.74%	16.65%	0.25%	0.05%
2016	5.57%	79.48%	14.72%	0.20%	0.04%
2017	5.33%	80.88%	13.45%	0.19%	0.15%

结合表 3.1 和表 3.2 可以看出，在北京市 2008~2017 年物流业的各油类能源消费量中，煤油的消费量最大，且呈现持续上升的变化趋势，从 2008 年的 317.83 万吨上升至2017年的643.31万吨，煤油消费量翻了一番，煤油消费量所占比重也从 2008 年的 64.39%持续上升至 2017 年的 80.88%；其次是柴油，其消费量在 2008~2017 年呈现出波动下降的趋势，从 2008 年的 128.61 万吨下降至 2017 年的 106.98 万吨，下降了 16.8%，消费所占比重也从 2008 年的 26.06%下降到 2017 年的 13.45%，下降 12.61 个百分点；汽油、燃料油和液化石油气的消费占总量的比例不足 1/10，且变化幅度较小。煤油和柴油主要用于航空和交通领域，说明北京市物流业航空和交通领域亟待改善。

2. 天津市油类能源消费

表 3.3 给出天津市 2008~2017 年物流业各油类能源消费量，表 3.4 给出天津市

2008~2017 年物流业各油类能源消费量所占比重。从表 3.3 可以看出，2008~2017 年天津市物流业油类消费总量除 2013 年有较大幅度下降，且下降速度达到 20.87%外，其余年份均有所增长，从 2008 年的 234.94 万吨增长到 2017 年的 264.35 万吨，增长速度最快的是 2009 年，增速为 7.77%，增长速度最慢的是 2015 年，增速仅为 0.90%。

表 3.3　天津市 2008~2017 年物流业各油类能源消费量

年份	油类消费总量/万吨	增速	汽油/万吨	煤油/万吨	柴油/万吨	燃料油/万吨	液化石油气/万吨
2008	234.94	—	55.18	14.89	101.96	62.89	0.02
2009	253.20	7.77%	60.39	16.80	106.47	69.52	0.02
2010	269.71	6.52%	63.50	18.64	112.00	75.57	0.00
2011	286.98	6.40%	60.50	22.39	121.00	83.08	0.01
2012	296.98	3.48%	65.04	27.71	129.30	74.90	0.03
2013	234.99	−20.87%	30.94	54.11	107.24	42.61	0.09
2014	248.82	5.89%	31.30	58.28	111.52	47.61	0.11
2015	251.06	0.90%	30.20	64.25	118.45	38.05	0.11
2016	255.00	1.57%	26.18	81.66	112.29	34.19	0.68
2017	264.35	3.67%	24.53	101.33	110.53	27.42	0.54

数据来源：《中国能源统计年鉴 2018》

表 3.4　天津市 2008~2017 年物流业各油类能源消费量所占比重

年份	汽油	煤油	柴油	燃料油	液化石油气
2008	23.49%	6.34%	43.40%	26.77%	0.01%
2009	23.85%	6.64%	42.05%	27.46%	0.01%
2010	23.54%	6.91%	41.53%	28.02%	0
2011	21.08%	7.80%	42.16%	28.95%	0
2012	21.90%	9.33%	43.54%	25.22%	0.01%
2013	13.17%	23.03%	45.64%	18.13%	0.04%
2014	12.58%	23.42%	44.82%	19.13%	0.04%
2015	12.03%	25.59%	47.18%	15.16%	0.04%
2016	10.27%	32.02%	44.04%	13.41%	0.27%
2017	9.28%	38.33%	41.81%	10.37%	0.20%

结合表 3.3 和表 3.4 可以看出，在天津市 2008~2017 年物流业的各油类能源消费量中，柴油的消费量最大，且呈现波动性变化趋势，但变化幅度较小，柴油消费量维持在 101.96 万~129.30 万吨，消费比重维持在 41.53%~47.18%；煤油消费量在 2008~2017 年呈现出持续增长的趋势，从 2008 年的 14.89 万吨上升至 2017 年的 101.33 万吨，翻了三番还要多，消费所占比重从 2008 年的 6.34%上升到 2017 年的

38.33%，煤油消费量和所占比重几乎要与第一的柴油持平；汽油消费量从2008年的55.18万吨波动下降到2017年的24.53万吨；燃料油的消费量从2008年的62.89万吨增长到2011年的83.08万吨，然后下降到2017年的27.42万吨，汽油和燃料油消费所占比重变化趋势大致相同，都是从2008年的25%左右下降到2017年的10%左右。柴油和煤油的消费主要是交通和航空领域带来的，说明天津市物流业航空领域发展迅猛。

3. 河北省油类能源消费

表3.5给出了河北省2008~2017年物流业各油类能源消费量，表3.6给出了河北省2008~2017年物流业各油类能源消费量所占比重。从表3.5可以看出，2008~2017年河北省物流业油类消费总量在2011年、2014年和2016年略有下降，其余年份数量均上升，从2008年的403.42万吨增长到2017年的521.93万吨，增长了118.51万吨。从河北省物流业油类消费总量增长速度来看，增长速度最慢的是2010年，增速仅为0.46%，增长速度最快的是2012年，增速为16.80%；2011年、2014年和2016年分别出现2.37%、0.21%和9.09%的下降。

表3.5 河北省2008~2017年物流业各油类能源消费量

年份	油类消费总量/万吨	增速	汽油/万吨	煤油/万吨	柴油/万吨	燃料油/万吨	液化石油气/万吨
2008	403.42	—	119.97	2.52	280.49	0.40	0.04
2009	428.62	6.25%	97.17	2.67	328.32	0.42	0.04
2010	430.59	0.46%	96.79	2.86	326.24	4.54	0.16
2011	420.39	−2.37%	92.88	2.75	320.04	4.56	0.16
2012	491.00	16.80%	103.99	3.20	374.35	9.27	0.19
2013	536.11	9.19%	105.28	3.90	416.79	9.93	0.21
2014	535.01	−0.21%	103.27	4.04	417.20	10.28	0.22
2015	543.40	1.57%	98.94	13.17	408.86	20.05	2.38
2016	494.03	−9.09%	66.85	13.57	401.57	9.96	2.08
2017	521.93	5.65%	80.31	27.33	395.21	18.99	0.09

数据来源：《中国能源统计年鉴2018》

表3.6 河北省2008~2017年物流业各油类能源消费量所占比重

年份	汽油	煤油	柴油	燃料油	液化石油气
2008	29.74%	0.62%	69.53%	0.10%	0.01%
2009	22.67%	0.62%	76.60%	0.10%	0.01%
2010	22.48%	0.66%	75.77%	1.05%	0.04%
2011	22.09%	0.65%	76.13%	1.08%	0.04%
2012	21.18%	0.65%	76.24%	1.89%	0.04%
2013	19.64%	0.73%	77.74%	1.85%	0.04%

续表

年份	汽油	煤油	柴油	燃料油	液化石油气
2014	19.30%	0.76%	77.98%	1.92%	0.04%
2015	18.21%	2.42%	75.24%	3.69%	0.44%
2016	13.53%	2.75%	81.28%	2.02%	0.42%
2017	15.39%	5.24%	75.72%	3.64%	0.02%

结合表 3.5 和表 3.6 可以看出，在河北省 2008~2017 年物流业各油类能源消费量中，柴油的消费量最大，且呈波动性增长趋势，由 2008 年的 280.49 万吨增长到 2017 年的 395.21 万吨，消费所占比重维持在 69.53%~81.28%；其次是汽油，其消费量在 2008~2017 年呈波动下降趋势，消费所占比重从 2008 的 29.74%下降到 2017 年的 15.39%，下降了一半多；煤油、燃料油和液化石油气消费量较少，不足油类能源消费总量的 1/10，但是煤油和燃料油消费量 2008~2017 年有不同程度的增加。柴油和汽油的消费主要是交通领域带来的，说明河北省物流业交通领域亟待改善。

4. 京津冀油类能源消费

表 3.7 给出了京津冀 2008~2017 年物流业各油类能源消费量，表 3.8 给出了京津冀 2008~2017 年物流业各油类能源消费量所占比重。从表 3.7 可以看出，2008~2017 年京津冀物流业油类消费总量除 2016 年略有下降外，均保持匀速上涨，从 2008 年的 1 131.95 万吨上升到 2017 年的 1 581.65 万吨，上升了 449.70 万吨。从京津冀物流业油类消费总量的增长速度来看，增长速度最快的是 2012 年，增速为 6.68%，增长速度最慢的是 2013 年，增速仅为 1.83%；2016 年出现 0.46%的小幅下降。

表 3.7　京津冀 2008~2017 年物流业各油类能源消费量

年份	油类消费总量/万吨	增速	汽油/万吨	煤油/万吨	柴油/万吨	燃料油/万吨	液化石油气/万吨
2008	1 131.95	—	221.57	335.24	511.06	63.43	0.65
2009	1 196.39	5.69%	201.24	360.92	563.55	70.07	0.61
2010	1 261.40	5.43%	201.33	413.65	565.51	80.31	0.60
2011	1 306.44	3.57%	198.37	444.49	574.92	88.15	0.51
2012	1 393.76	6.68%	213.06	473.70	620.99	85.45	0.56
2013	1 419.23	1.83%	181.62	534.52	648.31	54.13	0.65
2014	1 466.11	3.30%	181.02	569.39	655.28	59.77	0.65
2015	1 502.97	2.51%	173.70	621.20	645.31	59.89	2.87
2016	1 496.00	−0.46%	134.65	688.89	623.78	45.64	3.04
2017	1 581.65	5.73%	147.25	771.97	612.72	47.91	1.80

结合表3.7和表3.8可以看出，在京津冀2008~2017年物流业的各油类能源消费量中，煤油消费量在2016~2017年最大，且呈波动性增长趋势，由2008年的335.24万吨增长到2017年的771.97万吨，消费所占比重从29.62%上升到48.81%，上升了一半多；柴油消费量在2008~2015年最大，在2008~2017年具有波动增长的趋势，从2008年的511.06万吨上升到2017年的612.72万吨，而消费所占比重却从2008年的45.15%下降到2017年的38.74%，说明煤油增长幅度远远超过柴油增长幅度；然后是汽油，其消费量在2008~2017年除2010年和2012年有所回升外均保持稳定速度下降，从2008年的221.57万吨下降到2017年的147.25万吨，所占比重也从2008年的19.57%下降到2017年的9.31%；最后是燃料油和液化石油气，这两类油类消费量所占比重较小，2008~2017年变化幅度也较小。煤油和柴油的消费主要是航空和交通领域带来的，表明京津冀物流业航空领域发展迅猛且航空和交通领域都亟待完善。

表3.8 京津冀2008~2017年物流业各油类能源消费量所占比重

年份	汽油	煤油	柴油	燃料油	液化石油气
2008	19.57%	29.62%	45.15%	5.60%	0.06%
2009	16.82%	30.17%	47.10%	5.86%	0.05%
2010	15.96%	32.79%	44.83%	6.37%	0.05%
2011	15.18%	34.02%	44.01%	6.75%	0.04%
2012	15.29%	33.99%	44.56%	6.13%	0.04%
2013	12.80%	37.66%	45.68%	3.81%	0.05%
2014	12.35%	38.84%	44.70%	4.08%	0.04%
2015	11.56%	41.33%	42.94%	3.98%	0.19%
2016	9.00%	46.05%	41.70%	3.05%	0.20%
2017	9.31%	48.81%	38.74%	3.03%	0.11%

3.1.2 京津冀物流业碳排放间接影响因素

物流业是服务业，属于第三产业，服务于人们生产、生活的需要，生产规模的扩大、生活水平的提高都会增大物流服务的需求量。三次产业结构差异导致物流服务需求量和服务结构上的差异，第一产业和第二产业对物流服务中的干线运输与仓储需求量大，而零售业对配送和末端运输服务需求量大，这些结构上的差异都会影响物流业的碳排放量。另外，人口的增长推动了物流业的发展，增加了对物流的需求，进而引起物流业能源及各种资源的消费，从而导致物流业碳排放的增加。综上所述，物流业碳排放间接地由地区经济发展水平决定。因此，可将人均 GDP、第一产业总值、第二产业总值、社会消费品零售总额四项指标作为京津冀物流业碳排放的间接影响因素。

1. 北京市油类能源消费

表 3.9 给出了北京市 2008~2017 年经济发展水平指标。从表 3.9 可以看出，北京市 2008~2017 年人均 GDP 逐年上升，从 2008 年的 66 098 元增长到 2017 年的 128 994 元，增加了 62 896 元；从北京市人均 GDP 增长速度来看，整体呈现先上升，后波动下降的特征，从 2009 年的 3.49%增加到 2011 年的 12.93%，然后开始波动下降，2012~2017 年人均 GDP 增速不到 10%，2017 年增速为 9.13%，增长速度最快的为 2011 年的 12.93%，最慢的为 2009 年的 3.49%。第一产业总值呈现先上升后下降的特征，从 2008 年的 111.4 亿元上升到 2013 年的 159.8 亿元，然后又下降到 2017 年的 120.4 亿元，相比 2008 年仍增加了 9.0 亿元；从北京市第一产业总值增长速度来看，2008~2013 年增速均为正增长，增长速度最慢的是 2009 年，增速为 4.85%，增速最快的为 2012 年，增速为 10.33%，2014~2017 年增速均为负增长，下降速度最快的是 2015 年的 11.81%，最慢的是 2014 年的 0.38%。第二产业总值除 2015 年有 0.06%的下降外，均持续增长，从 2008 年的 2 641.8 亿元增长到 2017 年的 5 326.8 亿元，增加了 2 685.0 亿元；从北京市第二产业总值增长速度来看，整体呈现先上升，后波动下降的特征，从 2009 年 8.14%的增速增加到 2010 年的 18.59%，然后开始波动下降，到 2017 年增速为 7.73%，其中增速最快的为 2010 年的 18.59%，增速最慢的为 2016 年的 6.09%，2015 年为负增长。社会消费品零售总额也保持着稳定增长，从 2008 年的 4 645.5 亿元增长到 2017 年的 11 575.4 亿元，增加了 6 929.9 亿元；从北京市社会消费品零售总额增长速度来看，整体呈现先上升，后波动下降的特征，从 2009 年的 14.30%增加到 2010 年的 17.31%，然后开始波动下降，2017 年增速为 5.18%，增速最快的为 2010 年的 17.31%，增速最慢的为 2017 年的 5.18%。

表 3.9　北京市 2008~2017 年经济发展水平指标

年份	人均 GDP		第一产业总值		第二产业总值		社会消费品零售总额	
	总量/元	增速	总量/亿元	增速	总量/亿元	增速	总量/亿元	增速
2008	66 098	—	111.4	—	2 641.8	—	4 645.5	—
2009	68 406	3.49%	116.8	4.85%	2 856.9	8.14%	5 309.9	14.30%
2010	75 573	10.48%	122.8	5.14%	3 387.9	18.59%	6 229.3	17.31%
2011	85 347	12.93%	134.5	9.53%	3 753.2	10.78%	6 900.3	10.77%
2012	89 778	5.19%	148.4	10.33%	4 060.0	8.17%	7 702.8	11.63%
2013	97 178	8.24%	159.8	7.68%	4 392.8	8.20%	8 872.1	15.18%
2014	102 896	5.88%	159.2	−0.38%	4 663.4	6.16%	9 638.0	8.63%

续表

年份	人均 GDP		第一产业总值		第二产业总值		社会消费品零售总额	
	总量/元	增速	总量/亿元	增速	总量/亿元	增速	总量/亿元	增速
2015	109 603	6.52%	140.4	−11.81%	4 660.6	−0.06%	10 338.0	7.26%
2016	118 198	7.84%	129.8	−7.55%	4 944.4	6.09%	11 005.1	6.45%
2017	128 994	9.13%	120.4	−7.24%	5 326.8	7.73%	11 575.4	5.18%

数据来源：《北京统计年鉴 2018》

2. 天津市油类能源消费

表 3.10 给出了天津市 2008~2017 年经济发展水平指标。从表 3.10 可以看出，天津市 2008~2017 年人均 GDP 逐年上升，从 2008 年的 58 656 元增长到 2017 年的 118 944 元，增长了 60 288 元；从天津市人均 GDP 增长速度来看，整体呈现先上升，后波动下降的特征，从 2009 年的 6.68%增加到 2011 年的 16.74%，然后又波动下降到 2017 年的 3.38%，增长速度最快可以达到 2011 年的 16.74%，最慢的为 2015 年的 2.63%。第一产业总值除 2017 年有 23.25%的下降外，其他年份均保持稳定增长，从 2008 年的 122.6 亿元上升到 2016 年的 220.2 亿元，增加了 97.6 亿元，2017 年下降到 169.0 亿元，相较于 2008 年增加了 46.4 亿元；从天津市第一产业总值增长速度来看，整体呈现先上升，后波动下降的特征，从 2009 年的 5.14%增加到 2010 年的 12.96%，然后开始波动下降，2017 年增速为−23.25%，增长速度最快的为 2010 年的 12.96%，增长速度最慢的为 2015 年的 3.62%。第二产业总值除 2015 年有 0.80%和 2016 年有 1.72%的下降外，其他年份均持续增长，从 2008 年的 3 709.8 亿元增长到 2017 年的 7 593.6 亿元，增加了 3 883.8 亿元；从天津市第二产业总值增长速度来看，整体呈现先上升，后波动下降的特征，从 2009 年的 7.49%增加到 2011 年的 22.48%，然后开始波动下降，2017 年增速为 0.29%，其中增速最快的为 2011 年的 22.48%，增速最慢的为 2017 年的 0.29%。社会消费品零售总额 2008~2017 年保持着稳定的增长，从 2008 年的 2 078.7 亿元增长到 2017 年的 5 729.7 亿元，增加了 3 651 亿元；从天津市社会消费品零售总额增长速度来看，整体呈现先上升，后波动下降的特征，从 2009 年的 16.94%增加到 2010 年的 19.41%，然后开始波动下降，2017 年增速为 1.34%。

表 3.10 天津市 2008~2017 年经济发展水平指标

年份	人均 GDP		第一产业总值		第二产业总值		社会消费品零售总额	
	总量/元	增速	总量/亿元	增速	总量/亿元	增速	总量/亿元	增速
2008	58 656	—	122.6	—	3 709.8	—	2 078.7	—
2009	62 574	6.68%	128.9	5.14%	3 987.8	7.49%	2 430.8	16.94%
2010	72 994	16.65%	145.6	12.96%	4 840.2	21.38%	2 902.6	19.41%

续表

年份	人均 GDP		第一产业总值		第二产业总值		社会消费品零售总额	
	总量/元	增速	总量/亿元	增速	总量/亿元	增速	总量/亿元	增速
2011	85 213	16.74%	159.7	9.68%	5 928.3	22.48%	3 395.1	16.97%
2012	93 173	9.34%	171.6	7.45%	6 663.8	12.41%	3 921.4	15.50%
2013	100 105	7.44%	188.5	9.85%	7 308.1	9.67%	4 470.4	14.00%
2014	105 231	5.12%	201.5	6.90%	7 766.1	6.27%	4 738.7	6.00%
2015	107 995	2.63%	208.8	3.62%	7 704.2	−0.80%	5 257.3	10.94%
2016	115 053	6.54%	220.2	5.46%	7 571.4	−1.72%	5 653.8	7.54%
2017	118 944	3.38%	169.0	−23.25%	7 593.6	0.29%	5 729.7	1.34%

数据来源：《天津统计年鉴 2018》

3. 河北省市油类能源消费

表 3.11 给出河北省 2008~2017 年经济发展水平指标。从表 3.11 可以看出，河北省 2008~2017 年人均 GDP 逐年上升，从 2008 年的 22 986 元增长到 2017 年的 45 387 元，增加了 22 401 元；从河北省人均 GDP 增长速度来看，整体呈现先上升，后波动下降的特征，从 2009 年的 6.94%增加到 2011 年的 18.49%，然后又波动下降到 2017 年的 5.40%，增长速度最快的是 2011 年的 18.49%，最慢的是 2015 年的 0.68%。第一产业总值除 2015 年有 0.23%和 2017 年有 10.39%的下降外，均保持稳定的增长，从 2008 年的 2 034.6 亿元上升到 2016 年的 3 492.8 亿元，增长了 1 458.2 亿元；从河北省第一产业总值增长速度来看，整体呈现先上升，后波动下降的特征，从 2009 年的 8.49%增加到 2010 年的 16.11%，然后开始波动下降，2017 年增速为−10.39%，增长速度最快的是 2010 年的 16.11%，增长速度最慢的是 2016 年的 1.55%。第二产业总值除 2015 年有 4.17%下降外，均持续增长，从 2008 年的 8 701.3 亿元增长到 2017 年的 15 846.2 亿元，增加了 7 144.9 亿元；从河北省第二产业总值增长速度来看，整体呈现先上升，后波动下降的特征，从 2009 年的 2.97%增加到 2011 年的 22.59%，然后开始波动下降，到 2017 年增速为 3.86%，其中增速最快的为 2011 年的 22.59%，增速最慢的为 2014 年的 1.56%。社会消费品零售总额也保持着稳定的增长，从 2008 年的 4 991.1 亿元增长到 2017 年的 15 907.6 亿元，增加了 10 916.5 亿元；从河北省社会消费品零售总额增长速度来看，整体呈现先上升，后波动下降的特征，从 2009 年的 15.50%增加到 2010 年的 18.33%，然后开始波动下降，2017 年增速为 10.74%，其中 2015 年增速低于 10%，增长速度最快的为 2010 年的 18.33%，增长速度最慢的为 2015 年的 9.90%。

表 3.11 河北省 2008~2017 年经济发展水平指标

年份	人均 GDP		第一产业总值		第二产业总值		社会消费品零售总额	
	总量/元	增速	总量/亿元	增速	总量/亿元	增速	总量/亿元	增速
2008	22 986	—	2 034.6	—	8 701.3	—	4 991.1	—
2009	24 581	6.94%	2 207.3	8.49%	8 959.8	2.97%	5 764.9	15.50%
2010	28 668	16.63%	2 562.8	16.11%	10 707.7	19.51%	6 821.8	18.33%
2011	33 969	18.49%	2 905.7	13.38%	13 126.9	22.59%	8 035.5	17.79%
2012	36 584	7.70%	3 186.7	9.67%	14 003.6	6.68%	9 254.0	15.16%
2013	38 909	6.36%	3 382.0	6.13%	14 781.9	5.56%	10 516.7	13.64%
2014	39 984	2.76%	3 447.5	1.94%	15 012.9	1.56%	11 820.5	12.40%
2015	40 255	0.68%	3 439.5	−0.23%	14 386.9	−4.17%	12 990.7	9.90%
2016	43 062	6.97%	3 492.8	1.55%	15 256.9	6.05%	14 364.7	10.58%
2017	45 387	5.40%	3 130.0	−10.39%	15 846.2	3.86%	15 907.6	10.74%

数据来源：《河北经济年鉴 2018》

4. 京津冀油类能源消费

表 3.12 给出了京津冀 2008~2017 年经济发展水平指标。从表 3.12 可以看出，京津冀 2008~2017 年人均 GDP 逐年上升，从 2008 年的 34 873 元增长到 2017 年的 72 457 元，增加了 37 584 元；从京津冀人均 GDP 增长速度来看，整体呈现先上升，后波动下降的特征，从 2009 年的 6.84%增加到 2011 年的 16.76%，然后又波动下降到 2017 年的 6.01%，增长速度最快的是 2011 年的 16.76%，最慢的是 2015 年的 3.43%。第一产业总值除 2015 年有 0.51%和 2017 年有 11.02%的下降外，均保持稳定的增长，从 2008 年的 2 268.6 亿元上升到 2016 年的 3 842.8 亿元，增加了 1 574.2 亿元；从京津冀第一产业总值增长速度来看，整体呈现先上升，后波动下降的特征，从 2009 年的 8.13%增加到 2010 年的 15.42%，然后开始波动下降，2017 年增速为−11.02%，增长速度最快的为 2010 年的 15.42%，增长速度最慢的为 2016 年的 1.43%。第二产业总值除 2015 年有 2.52%的下降外，均持续增长，从 2008 年的 15 052.9 亿元增长到 2017 年的 28 766.6 亿元，增加了 13 713.7 亿元；从京津冀第二产业总值增长速度来看，整体呈现先上升，后波动下降的特征，从 2009 年的 4.99%增加到 2011 年的 20.45%，然后开始波动下降，2017 年增速为 3.58%，其中增速最快的为 2011 年的 20.45%，增速最慢的为 2017 年的 3.58%。社会消费品零售总额也保持着稳定增长，从 2008 年的 11 715.3 亿元增长到 2017 年的 33 212.7 亿元，增加了 21 497.4 亿元；从京津冀社会消费品零售总额增长速度来看，整体呈现先上升，后波动下降的特征，从 2009 年 15.28%的增速增加到 2010 年的 18.13%，然后开始波动下降，2017 年增速为 7.06%，增长速度最快的为 2010 年的 18.13%，增长速度最慢的为 2017 年的 7.06%。

表 3.12 京津冀 2008~2017 年经济发展水平指标

年份	人均 GDP		第一产业总值		第二产业总值		社会消费品零售总额	
	总量/元	增速	总量/亿元	增速	总量/亿元	增速	总量/亿元	增速
2008	34 873	—	2 268.6	—	15 052.9	—	11 715.3	—
2009	37 257	6.84%	2 453.0	8.13%	15 804.5	4.99%	13 505.6	15.28%
2010	43 015	15.45%	2 831.2	15.42%	18 935.8	19.81%	15 953.7	18.13%
2011	50 225	16.76%	3 199.9	13.02%	22 808.4	20.45%	18 330.9	14.90%
2012	54 371	8.25%	3 506.7	9.59%	24 727.4	8.41%	20 878.2	13.90%
2013	58 658	7.88%	3 730.3	6.38%	26 482.8	7.10%	23 859.2	14.28%
2014	61 523	4.88%	3 808.2	2.09%	27 442.4	3.62%	26 197.2	9.80%
2015	63 634	3.43%	3 788.7	−0.51%	26 751.7	−2.52%	28 586	9.12%
2016	68 348	7.41%	3 842.8	1.43%	27 772.7	3.82%	31 023.6	8.53%
2017	72 457	6.01%	3 419.4	−11.02%	28 766.6	3.58%	33 212.7	7.06%

3.2 京津冀物流业碳排放与影响因素相关关系

3.2.1 灰色关联分析

本节将利用京津冀物流业能源消费量及碳排放情况，定量分析该地区影响物流业低碳化发展的重要因素。灰色关联分析是灰色系统理论的一种分析方法，是研究系统中多个因素之间相互作用、相互关联的一种统计方法，是各因素发展态势的量化比较；它对包含很多个错综复杂的子系统，且具有明显的不确定性的系统进行分析、测量，对已知的部分信息进行采集、开发，然后提取出系统运行规律的信息，是对整个系统的分析、评估及预测的方法。灰色关联分析能够根据行为因子序列的相似程度，分析并确定因子间存在的相互关系和影响程度，对数据进行整理、分析，找出因子间的关联度，发现存在的主要矛盾、特性及影响因素。若两个因素间的发展变化趋势具有较高的某种一致性，则两者的关联程度较高；反之较低。该方法可以弥补采用数理统计中的回归分析、方差分析、主成分分析等方法做系统分析容易导致的缺憾，对样本大小和有无规律同样适用。一个国家或地区的碳排放问题是多种因素共同作用导致的结果，它往往与许多因素密切相关，且各种因素的影响程度并不明确，因此，可以将其作为一个灰色系统进行分析。

同时，鉴于灰色关联分析仅是通过各比较序列与参考序列间关联度大小来判断各因素与研究对象之间是否存在影响关系，大致描述各因素影响程度大小的次序，而无法确定各因素与研究对象之间存在的影响的方向和具体影响效果，因此，本节仅使用灰色关联分析方法进行物流业碳排放与各因素间是否存在影响关系的验证分析。灰色关联分析计算步骤如下。

1. 确定参考数列和比较数列

当运用灰色关联分析对一个抽象的系统或现象进行分析时，先要确定反映系统行为特征的参考数据序列及对系统产生影响的比较数据序列，才能对它们进行比较并做出判断。将参考数据时间序列设为 $X_0=\left\{X_0(k)\middle|k=1,2,\cdots,N\right\}$，比较数据时间序列设为 $X_i=\left\{X_i(k)\middle|i=1,2,\cdots,m;\ k=1,2,\cdots,N\right\}$，其中，$k$ 为时间序号；$X_i(k)$ 为因素 X_i 在 k 时刻的统计数据；N 为数据样本数目。用时间序列研究的是随时间变化的系统，其分析是通过时间的发展变化对因素进行关联分析。

2. 数据无量纲化处理

不同的比较数据序列各自对应的计量单位不同，采用原始数据计算会在量纲和数量级上存在一些差异，导致在比较过程中不易进行比较或不容易得出正确的结果。因此，在灰色关联度计算时需要将数据进行无量纲化处理。

无量纲化处理包括初值化变换、均值化变换、百分比化变换、倍数变换、区间化变换、归一化变换和极差最大化变换。

设有单指标数据序列：

$$X=\left[x(1),x(2),\cdots,x(n)\right] \tag{3.1}$$

（1）初值化变换，即

$$XD_1=\left[x(1)d_1,x(2)d_1,\cdots,x(n)d_1\right] \tag{3.2}$$

式中，

$$x(k)d_1=\frac{x(k)}{x(1)};\ x(1)\neq 0,k=1,2,\cdots,n \tag{3.3}$$

（2）均值化变换，即

$$XD_2=\left[x(1)d_2,x(2)d_2,\cdots,x(n)d_2\right] \tag{3.4}$$

式中，

$$x(k)d_2=\frac{x(k)}{\bar{X}};\ \bar{X}=\frac{1}{n}\sum_{k=1}^{n}x(k),\bar{X}\neq 0,k=1,2,\cdots,n \tag{3.5}$$

（3）百分比化变换，即

$$XD_3=\left[x(1)d_3,x(2)d_3,\cdots,x(n)d_3\right] \tag{3.6}$$

式中，

$$x(k)d_3 = \frac{x(k)}{\max_k x(k)};\quad k = 1,2,\cdots,n \tag{3.7}$$

（4）倍数变换，即

$$XD_4 = \left[x(1)d_4, x(2)d_4, \cdots, x(n)d_4\right] \tag{3.8}$$

式中，

$$x(k)d_4 = \frac{x(k)}{\min_k x(k)};\quad k = 1,2,\cdots,n \tag{3.9}$$

（5）区间化变换，即

$$XD_5 = \left[x(1)d_5, x(2)d_5, \cdots, x(n)d_5\right] \tag{3.10}$$

式中，

$$x(k)d_5 = \frac{x(k) - \min_k x(k)}{\max_k x(k) - \min_k x(k)};\quad k = 1,2,\cdots,n \tag{3.11}$$

（6）归一化变换，即

$$XD_6 = \left[x(1)d_6, x(2)d_6, \cdots, x(n)d_6\right] \tag{3.12}$$

式中，

$$x(k)d_6 = \frac{x(k)}{x_0};\quad x_0\text{ 为大于零的某个常数值，}\ k = 1,2,\cdots,n \tag{3.13}$$

（7）极差最大化变换，即

$$XD_7 = \left[x(1)d_7, x(2)d_7, \cdots, x(n)d_7\right] \tag{3.14}$$

式中，

$$x(k)d_7 = \frac{x(k) - \min_k x(k)}{\max_k x(k)};\quad k = 1,2,\cdots,n \tag{3.15}$$

与其他处理方法相比，初值化处理比较适用于较为稳定的社会现象无量纲化，使得增长趋势更加明显。通过初值化处理方法进行数据的无量纲化处理，获得的数列称为原始数列的初值像。

3. 关联系数的计算

首先分别计算出参考序列 $Y_0(k)$ 与初值像 $Y_i(k)$ 差的绝对值最大值及最小值，其次确定分辨系数 ρ，分辨系数 ρ 的作用是减小最大的绝对差值过大从而导致关联系数失真的影响，可以提高各个关联系数之间差异的显著性。分辨系数 ρ 的取值一般是 0~1，大多数情况下选择 0.5 作为分辨系数。分辨系数 ρ 的取值与分辨率

成反比，取值小，分辨率大；取值大，分辨率小。关联系数计算公式为

$$\xi_i(k)=\frac{\min\limits_i\min\limits_k\left|y_0(k)-y_i(k)\right|+\rho\max\limits_i\max\limits_k\left|y_0(k)-y_i(k)\right|}{\left|y_0(k)-y_i(k)\right|+\rho\max\limits_i\max\limits_k\left|y_0(k)-y_i(k)\right|} \quad (3.16)$$

称式（3.16）中 $\min\limits_i\min\limits_k\left|y_0(k)-y_i(k)\right|$、$\max\limits_i\max\limits_k\left|y_0(k)-y_i(k)\right|$ 分别为两级最小差和两级最大差。

4. 计算关联度

关联度 γ 是各个关联系数总和的平均值，各个比较数据序列和参考数据序列都通过若干个关联系数反映关联度，导致信息较为分散，不利于各个比较数据序列整体性的比较，利用平均值可以很好地解决关联系数众多，数据分散的缺点，使信息更为集中。其中，关联度的值越接近于 1，表明其相关性越好；反之，相关性越小。关联度计算公式为

$$\gamma_i=\frac{1}{N}\sum_{k=1}^{N}\xi_i(k) \quad (3.17)$$

式中，$\gamma_i\in(0,1]$。

5. 导出灰色关联序

利用灰色关联度模型计算出来的灰色关联度的大小是衡量序列之间紧密程度的一种尺度。在进行系统分析时，研究系统特征行为与因素行为之间的关系，我们主要关心的是系统特征行为序列和各个因素行为序列关联度大小的顺序，不完全是关联度在数值上的大小。因此需要导出灰色关联序，也就是将灰色关联度值按从大到小的顺序进行排列，即得到灰色关联序。

3.2.2 直接影响因素的灰色关联分析

1. 北京市物流业碳排放直接影响因素的灰色关联分析

本节对北京市物流业碳排放量与直接影响因素进行灰色关联分析。首先，选定参考数列和比较数列，这里以北京市 2008~2017 年物流业碳排放量作为参考数列，以相同时期北京市油类能源（汽油、煤油、柴油、燃料油、液化石油气）消费量作为比较数列。

其次，利用初值化处理方法对北京市物流业碳排放量与油类能源消费量进行无量纲化处理。采用式（3.3）进行计算，并将 2008 年数据固定为初值化变换的分母，2008~2017 年北京市物流业碳排放量与油类能源消费量初值像的计算方法如下：每年北京市物流业碳排放量与油类能源消费量的原始数列除以对应数列

2008 年的数据。例如，计算 2009 年北京市物流业碳排放量初值像的方法如下：北京市 2009 年的物流业碳排放量 2 232.05 万吨除以 2008 年的物流业碳排放量 2 179.63 万吨，得到初值像 1.024 0。表 3.13 给出了北京市 2008~2017 年物流业碳排放量与油类能源消费量初值像。

表 3.13 北京市 2008~2017 年物流业碳排放量与油类能源消费量初值像

年份	碳排放量	汽油	煤油	柴油	燃料油	液化石油气
2008	1.000 0	1.000 0	1.000 0	1.000 0	1.000 0	1.000 0
2009	1.024 0	0.941 0	1.074 3	1.001 2	0.928 6	0.932 2
2010	1.092 2	0.884 1	1.233 8	0.989 6	1.428 6	0.745 8
2011	1.193 3	0.969 2	1.319 4	1.041 0	3.642 9	0.576 3
2012	1.264 4	0.948 5	1.393 2	0.912 4	9.142 9	0.576 3
2013	1.181 6	0.978 0	1.499 3	0.966 3	11.357 1	0.593 2
2014	1.240 6	1.000 6	1.595 4	0.984 1	13.428 6	0.542 4
2015	1.272 2	0.959 9	1.710 9	0.917 5	12.785 7	0.644 1
2016	1.332 3	0.896 6	1.867 9	0.854 7	10.642 9	0.474 6
2017	1.408 2	0.913 6	2.024 1	0.831 8	10.714 3	1.983 1

再次，计算北京市物流业碳排放量与油类能源消费量的关联系数。计算关联系数时，需要确定分辨系数的值。由于分辨系数的取值仅改变各关联度数值的大小，对于关联序影响不大，这里将分辨系数取为 0.1。表 3.14 给出了北京市 2008~2017 年物流业碳排放量与油类能源消费量初值像差的绝对值。

表 3.14 北京市 2008~2017 年物流业碳排放量与油类能源消费量初值像差的绝对值

年份	汽油	煤油	柴油	燃料油	液化石油气
2008	0	0	0	0	0
2009	0.083 0	0.050 3	0.022 8	0.095 4	0.091 8
2010	0.208 1	0.141 6	0.102 6	0.336 4	0.346 4
2011	0.224 1	0.126 1	0.152 3	2.449 6	0.617 0
2012	0.315 9	0.128 8	0.352 0	7.878 5	0.688 1
2013	0.203 6	0.317 7	0.215 3	10.175 5	0.588 4
2014	0.240 0	0.354 8	0.256 5	12.188 0	0.698 2
2015	0.312 3	0.438 7	0.354 7	11.513 5	0.628 1
2016	0.435 7	0.535 6	0.477 6	9.310 6	0.857 7
2017	0.494 6	0.615 9	0.576 4	9.306 1	0.574 9

由表 3.14 可以看出，初值像差的绝对值中最小为 0，最大为 12.188 0，所以式（3.16）中两级最小差为 0，两级最大差为 12.188 0。由此计算北京市

2008~2017 年物流业碳排放量与油类能源消费量关联系数，结果如表 3.15 所示。

表 3.15　北京市 2008~2017 年物流业碳排放量与油类能源消费量关联系数

年份	汽油	煤油	柴油	燃料油	液化石油气
2008	1.000 0	1.000 0	1.000 0	1.000 0	1.000 0
2009	0.936 2	0.960 4	0.981 6	0.927 4	0.929 9
2010	0.854 2	0.895 9	0.922 4	0.783 7	0.778 7
2011	0.844 7	0.906 2	0.888 9	0.332 2	0.663 9
2012	0.794 1	0.904 5	0.775 9	0.134 0	0.639 1
2013	0.856 9	0.793 3	0.849 9	0.107 0	0.674 4
2014	0.835 5	0.774 5	0.826 1	0.090 9	0.635 8
2015	0.796 1	0.735 3	0.774 6	0.095 7	0.659 9
2016	0.736 7	0.694 7	0.718 5	0.115 8	0.587 0
2017	0.711 3	0.664 3	0.678 9	0.115 8	0.679 5

最后，根据表 3.15 计算出北京市 2008~2017 年物流业碳排放量与油类能源消费量关联度，结果如表 3.16 所示。物流业碳排放量与油类能源消费量关联度在一定程度上表明了各油类能源消费量对物流业碳排放量发展态势的影响程度，关联度越大，该能源消费量对物流业碳排放量的影响程度越大；反之，关联度越小，该能源消费量对物流业碳排放量的影响程度越小。从表 3.16 可以看出，2008~2017 年柴油、汽油、煤油的消费量对北京市物流业碳排放量的影响相对最大，关联度均在 0.80 以上；液化石油气的消费量对北京市物流业碳排放量的影响程度次之，关联度为 0.724 8；燃料油的消费量对北京市物流业碳排放量的影响程度相对最小，关联度为 0.370 2。

表 3.16　北京市 2008~2017 年物流业碳排放量与油类能源消费量关联度

油类能源消费量	汽油	煤油	柴油	燃料油	液化石油气
关联度	0.836 6	0.832 9	0.841 7	0.370 2	0.724 8

由于灰色关联度是不唯一的，灰色关联度本身数值的大小不是关键，各灰色关联度大小的排列顺序更为重要，这就需要对灰色关联度进行排序。从表 3.16 可以得到各油类能源消费量相对于北京市物流业碳排放量的关联序依次如下：柴油、汽油、煤油、液化石油气、燃料油。柴油消费是北京市物流业碳排放的首要直接影响因素，其次是汽油消费，煤油消费居于第三位，这是由于北京市形成了

以高速公路为基础，铁路、航空远程辐射，海运为重要补充的交通运输网络。货车一般以柴油作为燃料，汽车一般以汽油作为燃料，飞机一般以煤油作为燃料，因此，这三种能源的消费对北京市物流业碳排放的影响程度最深。自 20 世纪 60 年代以来为解决汽车尾气造成的大气污染问题，人们逐渐将液化石油气作为汽车代用燃料。因此成为仅次于柴油、汽油、煤油的第四重要的影响因素。燃料油是船舶的主要燃料，北京市属内陆城市，航运不发达，因此，燃料油的消费对北京市物流业碳排放影响最小。

2. 天津市物流业碳排放直接影响因素的灰色关联分析

本节对天津市物流业碳排放量与直接影响因素进行灰色关联分析。以天津市 2008~2017 年物流业碳排放量作为参考数列，以相同时期天津市油类能源（汽油、煤油、柴油、燃料油、液化石油气）消费量作为比较数列。

利用初值化处理方法对天津市物流业碳排放量与油类能源消费量进行无量纲化处理。采用式（3.3）进行计算，并将 2008 年数据固定为初值化变换的分母，2008~2017 年天津市物流业碳排放量与油类能源消费量初值像的计算方法如下：每年物流业碳排放量与油类能源消费量的原始数列除以对应数列 2008 年的数据。例如，计算 2009 年天津市物流业碳排放量初值像，是用天津市 2009 年的物流业碳排放量 964.95 万吨除以 2008 年的物流业碳排放量 894.42 万吨，得到初值像 1.078 9。表 3.17 给出了天津市 2008~2017 年物流业碳排放量与油类能源消费量初值像。

表 3.17　天津市 2008~2017 年物流业碳排放量与油类能源消费量初值像

年份	碳排放量	汽油	煤油	柴油	燃料油	液化石油气
2008	1.000 0	1.000 0	1.000 0	1.000 0	1.000 0	1.000 0
2009	1.078 9	1.094 4	1.128 3	1.044 2	1.105 4	1.000 0
2010	1.210 7	1.150 8	1.251 8	1.098 5	1.201 6	0
2011	1.284 5	1.096 4	1.503 7	1.186 7	1.321 0	0.500 0
2012	1.410 4	1.178 7	1.861 0	1.268 1	1.191 0	1.500 0
2013	1.174 8	0.560 7	3.634 0	1.051 8	0.677 5	4.500 0
2014	1.255 4	0.567 2	3.914 0	1.093 8	0.757 0	5.500 0
2015	1.351 9	0.547 3	4.315 0	1.161 7	0.605 0	5.500 0
2016	1.405 4	0.474 4	5.484 2	1.101 3	0.543 6	34.000 0
2017	1.458 6	0.444 5	6.805 2	1.084 1	0.436 0	27.000 0

计算天津市物流业碳排放量与油类能源消费量的关联系数。将分辨系数取为 0.05。表 3.18 给出了天津市 2008~2017 年物流业碳排放量与油类能源消费量初值像差的绝对值。

表 3.18 天津市 2008~2017 年物流业碳排放量与油类能源消费量初值像差的绝对值

年份	汽油	煤油	柴油	燃料油	液化石油气
2008	0	0	0	0	0
2009	0.015 5	0.049 4	0.034 7	0.026 5	0.078 9
2010	0.059 9	0.041 1	0.112 2	0.009 1	1.210 7
2011	0.188 1	0.219 2	0.097 8	0.036 5	0.784 5
2012	0.231 7	0.450 6	0.142 3	0.219 4	0.089 6
2013	0.614 1	2.459 2	0.123 0	0.497 3	3.325 2
2014	0.688 2	2.658 6	0.161 6	0.498 4	4.244 6
2015	0.804 6	2.963 1	0.190 2	0.746 9	4.148 1
2016	0.931 0	4.078 8	0.304 1	0.861 8	32.594 6
2017	1.014 1	5.346 6	0.374 5	1.022 6	25.541 4

由表 3.18 可以看出，初值像差的绝对值中最小为 0，最大为 32.594 6，所以式（3.16）中两级最小差为0，两级最大差为32.594 6。由此计算天津市 2008~2017 年物流业碳排放量与油类能源消费量关联系数，结果如表 3.19 所示。

表 3.19 天津市 2008~2017 年物流业碳排放量与油类能源消费量关联系数

年份	汽油	煤油	柴油	燃料油	液化石油气
2008	1.000 0	1.000 0	1.000 0	1.000 0	1.000 0
2009	0.990 6	0.970 6	0.979 2	0.984 0	0.953 9
2010	0.964 6	0.975 4	0.935 7	0.994 5	0.696 7
2011	0.896 7	0.881 6	0.943 5	0.978 1	0.883 4
2012	0.875 7	0.783 7	0.919 9	0.881 5	0.345 7
2013	0.726 6	0.399 0	0.929 9	0.766 5	0.274 0
2014	0.703 4	0.380 4	0.909 9	0.766 1	0.277 8
2015	0.669 8	0.355 2	0.895 7	0.686 1	0.047 6
2016	0.636 8	0.285 8	0.843 0	0.654 5	0.060 0
2017	0.616 8	0.233 9	0.813 4	0.614 8	0.528 1

根据表 3.19，计算天津市 2008~2017 年物流业碳排放量与油类能源消费量关联度，结果如表 3.20 所示。从表 3.20 可以看出，2008~2017 年柴油的消费量对天津市物流业碳排放量的影响相对最大，关联度在 0.90 以上；燃料油、汽油的消费量对天津市物流业的影响稍逊，但也均在 0.8 以上；煤油的消费量对天津市物流业碳排放量的影响程度次之，关联度为 0.626 6；液化石油气的消费量对天津市物流业碳排放量的影响程度相对最小，关联度为 0.506 7。

表 3.20　天津市 2008~2017 年物流业碳排放量与油类能源消费量关联度

油类能源消费量	汽油	煤油	柴油	燃料油	液化石油气
关联度	0.808 1	0.626 6	0.917 0	0.832 6	0.506 7

从表 3.20 还可以看出，各油类能源消费量相对于天津市物流业碳排放量的关联序依次如下：柴油、燃料油、汽油、煤油、液化石油气，说明柴油消费是天津市物流业碳排放的首要直接影响因素，其次是燃料油消费，汽油消费居于第三位。这是由于以柴油作为燃料的货车是天津市物流业的主要组成部分，同时，天津市充分发挥自己作为沿海城市的优势，大力发展海上物流业，天津港是我国北方国际航运中心和国际物流中心，因此，燃料油的消费成为影响天津市物流业碳排放的第二重要直接影响因素。对天津市而言，以汽油作为燃料的汽车运输比以煤油作为燃料的航空运输占比更大，这就导致了汽油消费比燃油消费更能影响天津市碳排放。液化石油气作为解决汽车尾气造成的大气污染问题的汽车代用燃料在天津市推广，成为较柴油、燃料油、汽油、煤油的影响程度最小的直接因素。

3. 河北省物流业碳排放直接影响因素的灰色关联分析

本节对河北省物流业碳排放量与直接影响因素进行灰色关联分析。以河北省 2008~2017 年物流业碳排放量作为参考数列，以相同时河北省油类能源（汽油、煤油、柴油、燃料油、液化石油气）消费量作为比较数列。

利用初值化处理方法对河北省物流业碳排放量与油类能源消费量进行无量纲化处理。采用式（3.3）进行计算，并将 2008 年数据固定为初值化变换的分母，河北省 2008~2017 年物流业碳排放量与油类能源消费量初值像的计算方法如下：每年河北省物流业碳排放量与油类能源消费量的原始数列除以对应数列 2008 年的数据。例如，计算 2009 年河北省物流业碳排放量初值像，就是用河北省 2009 年的物流业碳排放量 1 888.53 万吨除以 2008 年的物流业碳排放量 1 877.82 万吨，得到初值像 1.005 7。表 3.21 给出了河北省 2008~2017 年物流业碳排放量与油类能源消费量初值像。

表 3.21　河北省 2008~2017 年物流业碳排放量与油类能源消费量初值像

年份	碳排放量	汽油	煤油	柴油	燃料油	液化石油气
2008	1.000 0	1.000 0	1.000 0	1.000 0	1.000 0	1.000 0
2009	1.005 7	0.810 0	1.059 5	1.170 5	1.050 0	1.000 0
2010	1.190 0	0.806 8	1.134 9	1.163 1	11.350 0	4.000 0
2011	1.314 3	0.774 2	1.091 3	1.141 0	11.400 0	4.000 0
2012	1.369 8	0.866 8	1.269 8	1.334 6	23.175 0	4.750 0
2013	1.410 5	0.877 6	1.547 6	1.485 9	24.825 0	5.250 0

续表

年份	碳排放量	汽油	煤油	柴油	燃料油	液化石油气
2014	1.344 5	0.860 8	1.603 2	1.487 4	25.700 0	5.500 0
2015	1.351 9	0.824 7	5.226 2	1.457 7	50.125 0	59.500 0
2016	1.575 4	0.557 2	5.384 9	1.431 7	24.900 0	52.000 0
2017	1.517 6	0.669 4	10.845 2	1.409 0	47.475 0	2.250 0

计算河北省物流业碳排放量与油类能源消费量的关联系数。将分辨系数取为0.05，表3.22给出了河北省2008~2017年物流业碳排放量与油类能源消费量初值像差的绝对值。

表3.22　河北省2008~2017年物流业碳排放量与油类能源消费量初值像差的绝对值

年份	汽油	煤油	柴油	燃料油	液化石油气
2008	0	0	0	0	0
2009	0.195 7	0.053 8	0.164 8	0.044 3	0.005 7
2010	0.383 2	0.055 1	0.026 9	10.160 0	2.810 0
2011	0.540 1	0.223 0	0.173 3	10.085 7	2.685 7
2012	0.503 0	0.100 0	0.035 2	21.805 2	3.380 2
2013	0.532 9	0.137 1	0.075 4	23.414 5	3.839 5
2014	0.483 7	0.258 7	0.142 9	24.355 5	4.155 5
2015	0.527 2	3.874 3	0.105 8	48.773 1	58.148 1
2016	1.018 2	3.809 5	0.143 7	23.324 6	50.424 6
2017	0.848 2	9.327 6	0.108 6	45.957 4	0.732 4

由表3.22可以看出，初值像差的绝对值中最小为0，最大为58.148 1，所以式（3.16）中两级最小差为0，两级最大差为58.148 1。由此计算河北省2008~2017年物流业碳排放量与油类能源消费量关联系数，结果如表3.23所示。

表3.23　河北省2008~2017年物流业碳排放量与油类能源消费量关联系数

年份	汽油	煤油	柴油	燃料油	液化石油气
2008	1.000 0	1.000 0	1.000 0	1.000 0	1.000 0
2009	0.936 9	0.981 8	0.946 4	0.985 0	0.998 0
2010	0.883 6	0.981 4	0.990 8	0.222 5	0.508 5
2011	0.843 3	0.928 8	0.943 8	0.223 8	0.519 8
2012	0.852 5	0.966 8	0.988 1	0.117 6	0.462 4
2013	0.845 1	0.955 0	0.974 7	0.110 5	0.430 9
2014	0.857 4	0.918 3	0.953 2	0.106 6	0.411 6
2015	0.846 5	0.428 7	0.964 9	0.056 3	0.047 6

续表

年份	汽油	煤油	柴油	燃料油	液化石油气
2016	0.740 6	0.432 8	0.952 9	0.110 8	0.054 5
2017	0.774 2	0.237 6	0.964 0	0.059 5	0.798 8

根据表 3.23，计算河北省 2008~2017 年物流业碳排放量与油类能源消费量关联度，结果如表 3.24 所示。从表 3.24 可以看出，2008~2017 年柴油的消费量对河北省物流业碳排放量的影响相对最大，关联度在 0.95 以上；汽油的消费量对河北省物流业的影响稍逊，但也在 0.8 以上；煤油的消费量对河北省物流业碳排放量的影响程度次之，其关联度为 0.783 1；液化石油气的消费量对河北省物流业碳排放量的影响程度相对较小，其关联度为 0.523 2；燃料油的消费量对河北省物流业碳排放的影响程度最小，关联程度只有 0.299 3。

表 3.24　河北省 2008~2017 年物流业碳排放量与油类能源消费量关联度

油类能源消费量	汽油	煤油	柴油	燃料油	液化石油气
关联度	0.858 0	0.783 1	0.967 9	0.299 3	0.523 2

从表 3.24 还可以看出，各油类能源消费量相对于河北省物流业碳排放量的关联序依次如下：柴油、汽油、煤油、液化石油气、燃料油，说明柴油消费是河北省物流业碳排放的首要直接影响因素，其次是汽油消费，煤油消费居于第三位。这是由于河北省地处中原，东临天津市，环抱北京市，是首都北京市与各城市连接的必经之路，在陆运和港口方面有相对优势，且京津地区的商品供应很多来自河北省。因此以柴油作为燃料的货车和以汽油作为燃料的汽车，是影响河北省物流业碳排放最重要的两个因素。同时，河北省加快推动现代物流业态创新，积极承接京津产业转移，构建物流通道，快速推进物流业转型升级和集聚水平，中国民用航空局运输司发布《我国通用航空产业发展情况》的数据显示，截至 2017 年底，河北省拥有 6 个运输机场、3 个已取证通用机场、3 个未取证通用机场、4 个在建通用机场、18 个规划建设通用机场，拥有 1 个在建和规划建设航空产业园，因此，煤油的消费成为影响河北省物流业碳排放的第三重要直接影响因素。液化石油气作为解决汽车尾气造成的大气污染问题的汽车代用燃料同样在河北省推广，因此，液化石油气成为对河北省物流业碳排放量较小的直接因素。河北省虽是沿海省份，但海上物流业的发展有待推进，因此，燃料油是对河北省物流业碳排放影响最小的直接因素。

4. 京津冀物流业碳排放直接影响因素的灰色关联分析

本节对京津冀物流业碳排放量与直接影响因素进行灰色关联分析。以京津冀 2008~2017 年物流业碳排放量作为参考数列，以相同时期京津冀油类能源（汽油、煤油、柴油、燃料油、液化石油气）消费量作为比较数列。

利用初值化处理方法对京津冀物流业碳排放量与油类能源消费量进行无量纲化处理。采用式（3.3）进行计算，并将 2008 年数据固定为初值化变换的分母，京津冀 2008~2017 年物流业碳排放量与油类能源消费量初值像的计算方法如下：每年京津冀物流业碳排放量与油类能源消费量的原始数列除以对应数列2008年的数据。例如，计算 2009 年京津冀物流业碳排放量初值像，是用京津冀 2009 年的物流业碳排放量 5 085.53 万吨除以 2008 年的京津冀物流业碳排放量 4 951.87 万吨，得到初值像 1.027 0。表 3.25 给出了京津冀 2008~2017 年物流业碳排放量与油类能源消费量初值像。

表 3.25　京津冀 2008~2017 年物流业碳排放量与油类能源消费量初值像

年份	碳排放量	汽油	煤油	柴油	燃料油	液化石油气
2008	1.000 0	1.000 0	1.000 0	1.000 0	1.000 0	1.000 0
2009	1.027 0	0.908 2	1.076 6	1.102 7	1.104 7	0.938 5
2010	1.150 7	0.908 7	1.233 9	1.106 5	1.266 1	0.923 1
2011	1.255 7	0.895 3	1.325 9	1.125 0	1.389 7	0.784 6
2012	1.330 7	0.961 6	1.413 0	1.215 1	1.347 2	0.861 5
2013	1.267 2	0.819 7	1.594 4	1.268 6	0.853 4	1.000 0
2014	1.282 7	0.817 0	1.698 5	1.282 2	0.942 3	1.000 0
2015	1.316 8	0.784 0	1.853 0	1.262 7	0.944 2	4.415 4
2016	1.437 7	0.607 7	2.054 9	1.220 6	0.719 5	4.676 9
2017	1.458 8	0.664 6	2.302 7	1.198 9	0.755 3	2.769 2

计算京津冀物流业碳排放量与油类能源消费量的关联系数。将分辨系数取为 0.1，表 3.26 给出了京津冀 2008~2017 年物流业碳排放量与油类能源消费量初值像差的绝对值。

表 3.26　京津冀 2008~2017 年物流业碳排放量与油类能源消费量初值像差的绝对值

年份	汽油	煤油	柴油	燃料油	液化石油气
2008	0	0	0	0	0
2009	0.118 7	0.049 6	0.075 7	0.077 7	0.088 5
2010	0.242 0	0.083 2	0.044 1	0.115 5	0.227 6
2011	0.360 4	0.070 2	0.130 7	0.134 1	0.471 0
2012	0.369 1	0.082 3	0.115 6	0.016 4	0.469 2
2013	0.447 5	0.327 3	0.001 4	0.413 8	0.267 2

续表

年份	汽油	煤油	柴油	燃料油	液化石油气
2014	0.465 7	0.415 8	0.000 5	0.340 4	0.282 7
2015	0.532 8	0.536 2	0.054 1	0.372 6	3.098 6
2016	0.830 0	0.617 2	0.217 1	0.718 1	3.239 2
2017	0.794 2	0.844 0	0.259 9	0.703 5	1.310 4

由表 3.26 可以看出，初值像差的绝对值中最小为 0，最大为 3.239 2，所以式（3.16）中两级最小差为 0，两级最大差为 3.239 2。由此计算京津冀 2008~2017 年物流业碳排放量与油类能源消费量关联系数，结果如表 3.27 所示。

表 3.27　京津冀 2008~2017 年物流业碳排放量与油类能源消费量关联系数

年份	汽油	煤油	柴油	燃料油	液化石油气
2008	1.000 0	1.000 0	1.000 0	1.000 0	1.000 0
2009	0.731 8	0.867 2	0.810 6	0.806 5	0.785 4
2010	0.572 4	0.795 6	0.880 2	0.737 2	0.587 3
2011	0.473 3	0.821 9	0.712 5	0.707 2	0.407 5
2012	0.467 4	0.797 4	0.737 0	0.951 8	0.408 4
2013	0.419 9	0.497 4	0.995 7	0.439 1	0.548 0
2014	0.410 2	0.437 9	0.998 5	0.487 6	0.534 0
2015	0.378 1	0.376 6	0.856 9	0.465 1	0.094 6
2016	0.280 7	0.344 2	0.598 7	0.310 9	0.090 9
2017	0.289 7	0.277 3	0.554 8	0.315 3	0.198 2

根据表 3.27，计算京津冀 2008~2017 年物流业碳排放量与油类能源消费量关联度，结果如表 3.28 所示。由表 3.28 可以看出，2008~2017 年柴油的消费量对京津冀物流业碳排放量的影响相对最大，关联度在 0.8 以上；煤油和燃料油的消费量对京津冀物流业的影响稍逊，关联度在 0.62 左右；汽油的消费量对京津冀物流业的影响相对较小，关联度为 0.502 4；液化石油气对京津冀物流业的影响最小，关联度为 0.465 4。

表 3.28　京津冀 2008~2017 年物流业碳排放量与油类能源消费量关联度

油类能源消费量	汽油	煤油	柴油	燃料油	液化石油气
关联度	0.502 4	0.621 6	0.814 5	0.622 1	0.465 4

从表 3.28 还可以看出，各油类能源消费量相对于京津冀物流业碳排放量的关联序依次如下：柴油、燃料油、煤油、汽油、液化石油气，说明柴油消费是京津冀物流业碳排放的首要直接影响因素，其次是燃料油消费，煤油消费居于第三

位。这是由于京津冀一体化交通先行战略决策中，重点是要建设高效密集的轨道交通网，完善便捷顺畅的公路交通网，打通国家高速公路“断头路”，全面消除跨区域国省干线“瓶颈路段”，打造国际一流的航空枢纽，加快北京市新机场建设，加快构建现代化的津冀港口群，大力发展公交优先的城市交通，提升交通智能化管理水平，提升区域一体化运输服务水平等。交通运输网络的完善及大面积的覆盖使得各地交通更加便利、联系更加密集，以柴油为燃料的货车还是京津冀地区物流业的主要组成部分，柴油成为影响京津冀物流业碳排放的主要直接影响因素。在《全国民用运输机场布局规划》中，北京市将与天津市、河北省共同打造京津冀世界级机场群，在全国即将完善的六大机场群中，华北机场群将占有一席之地，因此，煤油的消费成为京津冀物流业碳排放影响因素中的第二重要因素。京津冀地区尤其是天津市可以充分发挥其沿海城市的优势，发展海上物流业，加大以燃料油为燃料的船舶的使用程度，使得燃料油的消费成为第三重要直接影响因素。为了延续 APEC（Asia-Pacific Economic Cooperation，亚太经济合作组织）蓝，京津冀各地区提出防治大气污染问题，减少私家车的使用次数，鼓励多乘城市常规公交和地铁，因此，以汽油为燃料、以液化石油气为代用燃料的汽车在京津冀物流业中所占比重较小，汽油、液化石油气的消费成为京津冀物流业碳排放最小影响因素。

3.2.3 间接影响因素的灰色关联分析

1. 北京市物流业碳排放间接影响因素的灰色关联分析

本节对北京市物流业碳排放量与间接影响因素进行灰色关联分析。以北京市 2008~2017 年物流业碳排放量作为参考数列，以相同时期北京市经济发展水平指标（人均 GDP、第一产业总值、第二产业总值、社会消费品零售总额）作为比较数列。

利用初值化处理方法对北京市物流业碳排放量与经济发展水平指标进行无量纲化处理。采用式（3.3）进行计算，并将 2008 年数据固定为初值化变换的分母，北京市 2008~2017 年物流业碳排放量与经济发展水平指标初值像的计算方法如下：每年北京市物流业碳排放量与经济发展水平指标的原始数列除以对应数列 2008 年的数据。例如，计算 2009 年北京市物流业碳排放量初值像，就是用北京市 2009 年的物流业碳排放量 2 232.05 万吨除以 2008 年的物流业碳排放量 2 179.63 万吨，得到初值像 1.024 0。表 3.29 给出了北京市 2008~2017 年物流业碳排放量与经济发展水平指标初值像。

表 3.29　北京市 2008~2017 年物流业碳排放量与经济发展水平指标初值像

年份	碳排放量	人均 GDP	第一产业总值	第二产业总值	社会消费品零售总额
2008	1.000 0	1.000 0	1.000 0	1.000 0	1.000 0
2009	1.024 0	1.034 9	1.048 5	1.081 4	1.143 0
2010	1.092 2	1.143 3	1.102 3	1.282 4	1.340 9
2011	1.193 3	1.291 2	1.207 4	1.420 7	1.485 4
2012	1.264 4	1.358 3	1.332 1	1.536 8	1.658 1
2013	1.181 6	1.470 2	1.434 5	1.662 8	1.909 8
2014	1.240 6	1.556 7	1.429 1	1.765 2	2.074 7
2015	1.272 2	1.658 2	1.260 3	1.764 2	2.225 4
2016	1.332 3	1.788 2	1.165 2	1.871 6	2.369 0
2017	1.408 2	1.951 6	1.081 0	2.016 3	2.491 7

计算北京市物流业碳排放量与经济发展水平指标的关联系数。将分辨系数取为0.5，表3.30给出了北京市2008~2017年物流业碳排放量与经济发展水平指标初值像差的绝对值。

表 3.30　北京市 2008~2017 年物流业碳排放量与经济发展水平指标初值像差的绝对值

年份	人均 GDP	第一产业总值	第二产业总值	社会消费品零售总额
2008	0	0	0	0
2009	0.010 9	0.024 5	0.057 4	0.119 0
2010	0.051 1	0.010 1	0.190 2	0.248 7
2011	0.097 9	0.014 1	0.227 4	0.292 1
2012	0.093 9	0.067 7	0.272 4	0.393 7
2013	0.288 6	0.252 9	0.481 2	0.728 2
2014	0.316 1	0.188 5	0.524 6	0.834 1
2015	0.386 0	0.011 9	0.492 0	0.953 2
2016	0.455 9	0.167 1	0.539 3	1.036 7
2017	0.543 4	0.327 2	0.608 1	1.083 5

由表 3.30 可以看出，初值像差的绝对值中最小为 0，最大为 1.083 5，所以式（3.16）中两级最小差为 0，两级最大差为 1.083 5。由此计算北京市 2008~2017 年物流业碳排放量与经济发展水平指标关联系数，结果如表 3.31 所示。

表 3.31 北京市 2008~2017 年物流业碳排放量与经济发展水平指标关联系数

年份	人均 GDP	第一产业总值	第二产业总值	社会消费品零售总额
2008	1.000 0	1.000 0	1.000 0	1.000 0
2009	0.980 3	0.956 9	0.904 2	0.819 9
2010	0.913 7	0.981 6	0.740 1	0.685 3
2011	0.846 9	0.974 7	0.704 4	0.649 7
2012	0.852 4	0.888 9	0.665 4	0.579 2
2013	0.652 5	0.681 8	0.529 6	0.426 6
2014	0.631 5	0.741 8	0.508 0	0.393 8
2015	0.583 9	0.978 6	0.524 1	0.362 4
2016	0.543 0	0.764 3	0.501 1	0.343 2
2017	0.499 3	0.623 5	0.471 1	0.333 3

根据表 3.31，计算北京市 2008~2017 年物流业碳排放量与经济发展水平指标关联度，结果如表 3.32 所示。从表 3.32 可以看出，2008~2017 年第一产业总值对北京市物流业碳排放量的影响相对最大，关联度在 0.85 以上；人均 GDP 对北京市物流业碳排放量的影响稍逊，但也在 0.75 以上；第二产业总值对北京市物流业碳排放量的影响程度相对较小，关联度为 0.654 8；社会消费品零售总额对北京市物流业碳排放量的影响程度最小，关联度只有 0.559 4。

表 3.32 北京市 2008~2017 年物流业碳排放量与经济发展水平指标关联度

经济发展水平指标	人均 GDP	第一产业总值	第二产业总值	社会消费品零售总额
关联度	0.750 4	0.859 2	0.654 8	0.559 4

从表 3.32 还可以看出，各经济发展指标相对于北京市物流业碳排放量的关联序依次如下：第一产业总值、人均 GDP、第二产业总值、社会消费品零售总额，说明第一产业的发展水平是北京市物流业碳排放量的首要间接影响因素，其次是人均 GDP，第二产业的发展水平居于第三位。第一产业的经济发展对物流业碳排放量的影响排名第一，说明北京市虽不是农业大省，但由于北京市是国际化大都市，农户更能接受新鲜事物，受传统观念的约束较小，将农产品通过物流业运送出去，将物流的潜在需求转化为实际市场需求，促进了北京市第一产业的发展；人均 GDP 是人们了解和把握一个国家或地区的宏观经济运行状况的有效工具，将一个地区核算期内（通常是一年）实现的地区生产总值与这个地区的常住人口（或户籍人口）相比进行计算，得到人均生产总值，这是衡量人民生活水平的一个标准，为了更加客观地衡量，经常与购买力平价结合，网络购物的快速发展为人们的生活带来便捷，越来越多的人在网上购买商品，就需要物流业进行线下配送，因此，不难理解人均 GDP 是影响物流业碳排放量第二重要的因素；北京市第

二产业的发展水平与物流业碳排放量的关联度位居第三，是因为北京市是我国的政治、文化中心，目前主要发展新兴经济，重工业在逐渐地移出北京市，如首钢就迁到了河北省唐山市的曹妃甸区，因此，北京市第二产业的发展水平对物流业碳排放量的影响相对较小；社会消费品零售总额与物流业碳排放量的关联度最小，主要是因为网上购物带动社会对城配物流和冷链物流的需求。

2. 天津市物流业碳排放间接影响因素的灰色关联分析

本节对天津市物流业碳排放量与间接影响因素进行灰色关联分析。以天津市 2008~2017 年物流业碳排放量作为参考数列，以相同时期天津市经济发展水平指标（人均 GDP、第一产业总值、第二产业总值、社会消费品零售总额）作为比较数列。

利用初值化处理方法对天津市物流业碳排放量与经济发展水平指进行无量纲化处理。采用式（3.3）进行计算，并将 2008 年数据固定为初值化变换的分母，天津市 2008~2017 年物流业碳排放量与经济发展水平指标初值像的计算方法如下：每年天津市物流业碳排放量与经济发展水平指标的原始数列除以对应数列 2008 年的数据。例如，计算 2009 年天津市物流业碳排放量初值像，是用天津市 2009 年的物流业碳排放量 964.95 万吨除以 2008 年的物流业碳排放量 894.42 万吨，得到初值像 1.078 9。表 3.33 给出了天津市 2008~2017 年物流业碳排放量与经济发展水平指标初值像。

表 3.33　天津市 2008~2017 年物流业碳排放量与经济发展水平指标初值像

年份	碳排放量	人均 GDP	第一产业总值	第二产业总值	社会消费品零售总额
2008	1.000 0	1.000 0	1.000 0	1.000 0	1.000 0
2009	1.078 9	1.066 8	1.051 4	1.074 9	1.169 4
2010	1.210 7	1.244 4	1.187 6	1.304 7	1.396 4
2011	1.284 5	1.452 8	1.302 6	1.598 0	1.633 3
2012	1.410 4	1.588 5	1.399 7	1.796 3	1.886 5
2013	1.174 8	1.706 6	1.537 5	1.969 9	2.150 6
2014	1.255 4	1.794 0	1.643 6	2.093 4	2.279 6
2015	1.351 9	1.841 2	1.703 1	2.076 7	2.529 1
2016	1.405 4	1.961 5	1.796 1	2.040 9	2.719 9
2017	1.458 6	2.027 8	1.378 1	2.046 9	2.756 4

计算天津市物流业碳排放量与经济发展水平指标的关联系数。将分辨系数 ρ 取值为 0.5，表 3.34 给出了天津市 2008~2017 年物流业碳排放量与经济发展水平指标初值像差的绝对值。

表 3.34 天津市 2008~2017 年物流业碳排放量与经济发展水平指标初值像差的绝对值

年份	人均 GDP	第一产业总值	第二产业总值	社会消费品零售总额
2008	0	0	0	0
2009	0.012 1	0.027 5	0.004 0	0.090 5
2010	0.033 7	0.023 1	0.094 0	0.185 7
2011	0.168 3	0.018 1	0.313 5	0.348 8
2012	0.178 1	0.010 7	0.385 9	0.476 1
2013	0.531 8	0.362 7	0.795 1	0.975 8
2014	0.538 6	0.388 2	0.838 0	1.024 2
2015	0.489 3	0.351 2	0.724 8	1.177 2
2016	0.556 1	0.390 7	0.635 5	1.314 5
2017	0.569 2	0.080 5	0.588 3	1.297 8

由表 3.34 可以看出，初值像差的绝对值中最小为 0，最大为 1.314 5，所以式（3.16）中两级最小差为 0，两级最大差为 1.314 5。由此计算天津市 2008~2017 年物流业碳排放量与经济发展水平指标关联系数，结果如表 3.35 所示。

表 3.35 天津市 2008~2017 年物流业碳排放量与经济发展水平指标关联系数

年份	人均 GDP	第一产业总值	第二产业总值	社会消费品零售总额
2008	1.000 0	1.000 0	1.000 0	1.000 0
2009	0.982 0	0.959 9	0.994 1	0.878 9
2010	0.951 2	0.966 0	0.874 9	0.779 7
2011	0.796 2	0.973 2	0.677 0	0.653 3
2012	0.786 8	0.984 0	0.630 1	0.579 9
2013	0.552 7	0.644 4	0.452 5	0.402 5
2014	0.549 6	0.628 7	0.439 6	0.390 9
2015	0.573 2	0.651 7	0.475 5	0.358 3
2016	0.541 7	0.627 2	0.508 4	0.333 3
2017	0.535 9	0.890 9	0.527 7	0.336 2

根据表 3.35，计算天津市 2008~2017 年物流业碳排放量与经济发展水平指标关联度，结果如表 3.36 所示。从表 3.36 可以看出，2008~2017 年第一产业总值对天津市物流业碳排放量的影响相对最大，关联度为 0.832 6；人均 GDP 对天津市物流业的影响稍逊，关联度为 0.726 9；第二产业总值对天津市物流业碳排放量的影响程度相对较小，关联度为 0.658 0；社会消费品零售总额对天津市物流业碳排放量的影响程度最小，关联度只有 0.571 3。

表 3.36　天津市 2008~2017 年物流业碳排放量与经济发展水平指标关联度

经济发展水平指标	人均 GDP	第一产业总值	第二产业总值	社会消费品零售总额
关联度	0.726 9	0.832 6	0.658 0	0.571 3

从表 3.36 还可以看出，各经济发展指标相对于天津市物流业碳排放量的关联序依次如下：第一产业总值、人均 GDP、第二产业总值、社会消费品零售总额，说明第一产业的发展水平是天津市物流业碳排放的首要间接影响因素，其次是人均 GDP，第二产业的发展水平居于第三位。第一产业的发展水平对物流业碳排放量的影响排名第一，是因为天津市地处海河流域下游，东临渤海，海岸线超过 150 千米，陆域总面积 1.19 万平方千米，水资源总量达到 13.3 亿立方米，是华北地区水产品集散地和渔业经济中心，渔业是天津市农业的优势主导产业，水产品的配送与冷链物流密切相关，因此天津市第一产业的发展水平对物流业碳排放量的影响最大；人均 GDP 是人们了解和把握一个国家或地区的宏观经济运行状况的有效工具，将一个地区核算期内（通常是一年）实现的地区生产总值与这个地区的常住人口（或户籍人口）相比进行计算，得到人均生产总值，是衡量人民生活水平的一个标准，为了更加客观地衡量，经常与购买力平价结合，网络购物的快速发展为人们的生活带来便捷，越来越多的人在网上购买商品，这就需要物流业进行线下配送，因此，不难理解人均 GDP 是影响天津市物流业碳排放量第二重要的因素；天津市第二产业的发展水平与物流业碳排放的关联度位居第三，这是因为天津市的定位是北方经济中心，滨海新区定位为现代制造业和研发转换基地，以装备制造、汽车制造、食品制造、电子制造为主导的制造业发展极大激发了社会化物流发展的潜能，促使以生产物流、干线物流为主的第三方物流企业获得发展先机，因此，天津市第二产业的发展水平对物流业碳排放量的影响相对较小；社会消费品零售总额与物流业碳排放量的关联度最小，主要是因为网上购物带动社会对城配物流和冷链物流的需求。

3. 河北省物流业碳排放间接影响因素的灰色关联分析

本节对河北省物流业碳排放量与间接影响因素进行灰色关联分析。以河北省 2008~2017 年物流业碳排放量作为参考数列，以相同时期河北省经济发展水平指标（人均 GDP、第一产业总值、第二产业总值、社会消费品零售总额）作为比较数列。

利用初值化处理方法对物流业碳排放量与经济发展水平指标进行无量纲化处理。采用式（3.3）进行计算，并将 2008 年数据固定为初值化变换的分母，河北省 2008~2017 年物流业碳排放量与经济发展水平指标初值像的计算方法如下：每年河北省物流业碳排放量与经济发展水平指标的原始数列除以对应数列 2008 年的数据。例如，计算 2009 年河北省物流业碳排放量初值像，就是用河北省 2009 年的物流业碳排放量 1 888.53 万吨除以 2008 年的物流业碳排放量 1 877.82 万吨，得到初值像 1.005 7。表 3.37 给出了河北省 2008~2017 年物流业碳排放量与经济发展水平指标初值像。

表 3.37 河北省 2008~2017 年物流业碳排放量与经济发展水平指标初值像

年份	碳排放量	人均 GDP	第一产业总值	第二产业总值	社会消费品零售总额
2008	1.000 0	1.000 0	1.000 0	1.000 0	1.000 0
2009	1.005 7	1.069 4	1.084 9	1.029 7	1.155 0
2010	1.190 0	1.247 2	1.259 6	1.230 6	1.366 8
2011	1.314 3	1.477 8	1.428 1	1.508 6	1.610 0
2012	1.369 8	1.591 6	1.566 3	1.609 4	1.854 1
2013	1.410 5	1.692 7	1.662 2	1.698 8	2.107 1
2014	1.344 5	1.739 5	1.694 4	1.725 4	2.368 3
2015	1.351 9	1.751 3	1.690 5	1.653 4	2.602 8
2016	1.575 4	1.873 4	1.716 7	1.753 4	2.878 1
2017	1.517 6	1.974 5	1.538 4	1.821 1	3.187 2

计算河北省物流业碳排放量与经济发展水平指标的关联系数。将分辨系数 ρ 取值为 0.5，表 3.38 给出了河北省 2008~2017 年物流业碳排放量与经济发展水平指标初值像差的绝对值。

表 3.38 河北省 2008~2017 年物流业碳排放量与经济发展水平指标初值像差的绝对值

年份	人均 GDP	第一产业总值	第二产业总值	社会消费品零售总额
2008	0	0	0	0
2009	0.063 7	0.079 2	0.024 0	0.149 3
2010	0.057 2	0.069 6	0.040 6	0.176 8
2011	0.163 5	0.113 8	0.194 3	0.295 7
2012	0.221 8	0.196 5	0.239 6	0.484 3
2013	0.282 2	0.251 7	0.288 3	0.696 6
2014	0.395 0	0.349 9	0.380 9	1.023 8
2015	0.399 4	0.338 6	0.301 5	1.250 9
2016	0.298 0	0.141 3	0.178 0	1.302 7
2017	0.456 9	0.020 8	0.303 5	1.669 6

由表 3.38 可以看出，初值像差的绝对值中最小为 0，最大为 1.669 6，所以式（3.16）中两级最小差为 0，两级最大差为 1.669 6。由此计算河北省 2008~2017 年物流业碳排放量与经济发展水平指标关联系数，结果如表 3.39 所示。

表 3.39　河北省 2008~2017 年物流业碳排放量与经济发展水平指标关联系数

年份	人均 GDP	第一产业总值	第二产业总值	社会消费品零售总额
2008	1.000 0	1.000 0	1.000 0	1.000 0
2009	0.929 1	0.913 4	0.972 0	0.848 3
2010	0.935 9	0.923 0	0.953 6	0.825 2
2011	0.836 2	0.880 0	0.811 2	0.738 4
2012	0.790 1	0.809 5	0.777 0	0.632 8
2013	0.747 3	0.768 3	0.743 3	0.545 1
2014	0.678 8	0.704 7	0.686 7	0.449 2
2015	0.676 4	0.711 4	0.734 6	0.400 2
2016	0.736 9	0.855 2	0.824 2	0.390 6
2017	0.646 3	0.975 7	0.733 4	0.333 3

根据表 3.39，计算河北省 2008~2017 年物流业碳排放量与经济发展水平指标关联度，结果如表 3.40 所示。从表 3.40 可以看出，2008~2017 年第一产业总值对河北省物流业碳排放量的影响相对最大，关联度为 0.854 1；第二产业对河北省物流业的影响稍逊，关联度为 0.823 6；人均 GDP 对河北省物流业碳排放量的影响程度相对较小，关联度为 0.797 7；社会消费品零售总额对河北省物流业碳排放量的影响程度最小，关联度只有 0.616 3。

表 3.40　河北省 2008~2017 年物流业碳排放量与经济发展水平指标关联度

经济发展水平指标	人均 GDP	第一产业总值	第二产业总值	社会消费品零售总额
关联度	0.797 7	0.854 1	0.823 6	0.616 3

从表 3.40 还可以看出，各经济发展指标相对于河北省物流业碳排放量的关联序依次如下：第一产业总值、第二产业总值、人均 GDP、社会消费品零售总额，说明第一产业的发展水平是河北省物流业碳排放的首要间接影响因素，其次是第二产业的发展水平，人均 GDP 居于第三位。第一产业的发展水平对物流业碳排放量的影响排名第一，是因为河北省是农业大省，粮食播种面积 619.1 万公顷，粮食总产量 3 508.0 万吨，其中，夏粮产量 1 474.7 万吨，秋粮产量 2 033.3 万吨，棉花播种面积 27.6 万公顷，总产量 30.1 万吨，油料播种面积 47.1 万公顷，总产量 159.0 万吨，蔬菜播种面积 123.3 万公顷，总产量 8 259.8 万吨。另外，河北省人口众多，劳动力富足，使得粮食及农副产品生产量也多，河北省东临天津市、环抱北京市的地理位置也导致河北省不仅要满足本省商品供应。同时也要保障京津地区的商品供应。河北省第二产业的发展水平与物流业碳排放的关联度位居第二，是因为为应对北京市作为世界特大城市的发展困扰，国家出台了京津冀一体化重大战略，将北京市非首都功能疏解这一议题放到了非常突出的位置上，河北省承

接了北京市一般制造业中的装备制造业疏解转移任务，河北省统计局2019年发布的统计数据显示，2018年河北省装备制造业增加值同比增速达到了8.3%，比规模以上工业总体增速高了 3.1 个百分点，对全省规模以上工业的贡献率达到了34.6%。2016年以来，装备制造业已经连续三年成为河北省规模以上工业的第一大产业，制造业的发展极大激发了社会化物流发展的潜能，促使以生产物流、干线物流为主的第三方物流企业获得发展先机，因此，河北省第二产业的发展水平对物流业碳排放量的影响仅次于第一产业。人均GDP是人们了解和把握一个国家或地区的宏观经济运行状况的有效工具，将一个地区核算期内（通常是一年）实现的地区生产总值与这个地区的常住人口（或户籍人口）相比进行计算，得到人均生产总值，是衡量人民生活水平的一个标准，为了更加客观地衡量，经常与购买力平价结合，网络购物的快速发展为人们的生活带来便捷，越来越多的人在网上购买商品，这就需要物流业进行线下配送，因此，不难理解人均 GDP 是影响河北省物流业碳排放量比较重要的因素。社会消费品零售总额与物流业碳排放量的关联度最小，主要是因为河北省现有的第三方物流企业的服务质量和服务能力无法满足电商物流等新型物流业态的需求，限制了物流市场需求活力的进一步释放。

4. 京津冀物流业碳排放间接影响因素的灰色关联分析

本节对京津冀物流业碳排放量与间接影响因素进行灰色关联分析。以京津冀物流业 2008~2017 年碳排放量作为参考数列，以相同时期京津冀经济发展水平指标（人均 GDP、第一产业总值、第二产业总值、社会消费品零售总额）作为比较数列。

利用初值化处理方法对京津冀物流业碳排放量与经济发展水平指标进行无量纲化处理。采用式（3.3）进行计算，并将 2008 年数据固定为初值化变换的分母，京津冀 2008~2017 年物流业碳排放量与经济发展水平指标初值像的计算方法如下：每年京津冀物流业碳排放量与经济发展水平指标的原始数列除以对应数列 2008 年的数据。例如，计算 2009 年京津冀物流业碳排放量初值像，就是用京津冀2009年的物流业碳排放量5 085.53万吨除以2008年的物流业碳排放量4 951.87万吨，得到初值像1.027 0。表3.41给出了京津冀2008~2017年物流业碳排放量与经济发展水平指标初值像。

表 3.41 京津冀 2008~2017 年物流业碳排放量与经济发展水平指标初值像

年份	碳排放量	人均 GDP	第一产业总值	第二产业总值	社会消费品零售总额
2008	1.000 0	1.000 0	1.000 0	1.000 0	1.000 0
2009	1.027 0	1.068 4	1.081 3	1.049 9	1.152 8

续表

年份	碳排放量	人均 GDP	第一产业总值	第二产业总值	社会消费品零售总额
2010	1.150 7	1.233 5	1.248 0	1.258 0	1.361 8
2011	1.255 7	1.440 3	1.410 5	1.515 2	1.564 7
2012	1.330 7	1.559 1	1.545 8	1.642 7	1.782 1
2013	1.267 2	1.682 1	1.644 3	1.759 3	2.036 6
2014	1.282 7	1.764 2	1.678 7	1.823 1	2.236 2
2015	1.316 8	1.824 8	1.670 1	1.777 2	2.440 1
2016	1.437 7	1.959 9	1.693 9	1.845 0	2.648 1
2017	1.458 8	2.077 8	1.507 3	1.911 0	2.835 0

计算京津冀物流业碳排放量与油类能源消费量的关联系数。将分辨系数取为0.1，表 3.42 给出了京津冀 2008~2017 年物流业碳排放量与经济发展水平指标初值像差的绝对值。

表 3.42　京津冀 2008~2017 年物流业碳排放量与经济发展水平指标初值像差的绝对值

年份	人均 GDP	第一产业总值	第二产业总值	社会消费品零售总额
2008	0	0	0	0
2009	0.041 4	0.054 3	0.022 9	0.125 8
2010	0.082 8	0.097 3	0.107 3	0.211 1
2011	0.184 6	0.154 9	0.259 6	0.309 0
2012	0.228 4	0.215 0	0.312 0	0.451 4
2013	0.414 9	0.377 1	0.492 1	0.769 4
2014	0.481 6	0.396 0	0.540 4	0.953 5
2015	0.508 0	0.353 3	0.460 4	1.123 3
2016	0.522 3	0.256 2	0.407 3	1.210 4
2017	0.619 0	0.048 5	0.452 2	1.376 2

由表 3.42 可以看出，初值像差的绝对值中最小为 0，最大为 1.376 2，所以式（3.16）中两级最小差为 0，两级最大差为 1.376 2。由此计算京津冀 2008~2017 年物流业碳排放量与经济发展水平指标关联系数，结果如表 3.43 所示。

表 3.43 京津冀 2008~2017 年物流业碳排放量与经济发展水平指标关联系数

年份	人均 GDP	第一产业总值	第二产业总值	社会消费品零售总额
2008	1.000 0	1.000 0	1.000 0	1.000 0
2009	0.943 3	0.926 9	0.967 7	0.845 4
2010	0.892 6	0.876 1	0.865 1	0.765 2
2011	0.788 5	0.816 3	0.726 1	0.690 1
2012	0.750 8	0.761 9	0.688 1	0.603 9
2013	0.623 9	0.646 0	0.583 0	0.472 1
2014	0.588 3	0.634 7	0.560 1	0.419 2
2015	0.575 3	0.660 8	0.599 1	0.379 9
2016	0.568 5	0.728 7	0.628 2	0.362 4
2017	0.526 4	0.934 2	0.603 4	0.333 3

根据表 3.43，计算京津冀 2008~2017 年物流业碳排放量与经济发展水平指标关联度，结果如表 3.44 所示。从表 3.44 可以看出，2008~2017 年第一产业总值对京津冀物流业碳排放量的影响相对最大，关联度近似 0.8；人均 GDP 和第二产业总值对京津冀物流业的影响稍逊，关联度都在 0.72 左右；社会消费品零售总额对京津冀物流业的影响最小，关联度为 0.587 1。

表 3.44 京津冀 2008~2017 年物流业碳排放量与经济发展水平指标关联度

经济发展水平指标	人均 GDP	第一产业总值	第二产业总值	社会消费品零售总额
关联度	0.725 8	0.798 5	0.722 1	0.587 1

从表 3.44 还可以看出，各经济发展水平指标相对于京津冀物流业碳排放量的关联序依次如下：第一产业总值、人均 GDP、第二产业总值、社会消费品零售总额，说明第一产业总值是京津冀物流业碳排放的首要间接影响因素，其次是人均 GDP 和第二产业总值，社会消费品零售总额居于第三位。这是由于京津冀第一产业协同发展过程中，对于北京市、天津市和河北省三地产业定位具有互补性，北京市为京津冀第一产业一体化发展提供创新和金融服务，天津市为京津冀第一产业一体化提供市场服务，而河北省借助发展机遇，从提供初级产品向深度加工转化，做大做强第一产业，这些都可以在一定程度上刺激物流业的需求，农产品具有保质期短、实效性高等特点，因此对快速及时的运输物流体系提出更高要求，能对京津冀物流业碳排放产生影响；人均 GDP 是了解和把握一个国家或地区的宏

观经济运行状况的有效工具，将一个地区核算期内（通常是一年）实现的地区生产总值与这个地区的常住人口（或户籍人口）相比进行计算，得到人均生产总值，其是衡量人民生活水平的一个标准，为了更加客观地衡量，经常与购买力平价结合，网络购物的快速发展为人们的生活带来便捷，越来越多的人在网上购买商品，这就需要物流业进行线下配送，且京津冀地区居民生活水平较其他地区高，因此，不难理解人均 GDP 是影响京津冀物流业碳排放比较重要的因素；天津市的滨海新区定位为现代制造业和研发转换基地，河北省承接了北京市一般制造业中的装备制造业疏解转移任务，这使得京津冀地区良好的第二产业发展为物流业提供了包括服务设备、原材料等所需的一系列工业品，因此，第二产业总值可以对京津冀物流业碳排放产生一定的影响；社会消费品零售总额与物流业碳排放量的关联度最小，主要是因为网上购物带动社会对城配物流和冷链物流的需求。

3.3 京津冀物流业碳排放与经济增长脱钩研究

3.3.1 脱钩理论及模型

脱钩（decoupling）最初是指在铁路交通运输车辆编组过程中，连接两节火车车厢的挂钩脱开，两节车厢由此进入分离状态，后来这一概念被进一步引申为事物联系的中断。脱钩理论最早由德国学者提出，在西方特别是欧洲国家被普遍使用（赵一平等，2006）。在英文中，“decoupling”一词是由“coupling”（耦合）演变而来的，“coupling”是指两个不同的个体或系统具有密切的相关性，在发展的过程中相互影响、相互制约、相互干预，彼此之间共同协调发展的现象。在物理领域中，脱钩理论被称为“解耦”，是指两个物理变量之间从相关到独立的发展过程（张立国，2015）。

1966年，脱钩理论被引入社会经济领域（Carter，1966）。20世纪末，OECD为探讨经济发展与环境污染之间的关联性，将脱钩理论应用到环境领域。脱钩理论与减物质化（dematerialization）理论和去污染化（depollution）理论具有一定的相似性，是指社会经济活动对环境的冲击逐渐变小的过程，其目的是要走出经济发展和环境污染并重的窘境，实现经济与环境的协调发展，构建生态文明体系。在能源-经济-环境三元系统中，经济发展必然会有能源消耗，同时给环境带来破坏。脱钩理论引入能源环境领域的目的就是让世人相信能源消耗和环境压力会随经济增长而不断降低，甚至“解耦”（于洋，2014）。

目前用于脱钩分析的模型主要有两种（彭佳雯等，2011），一种是 OECD 脱钩指数模型，另一种是 Tapio 脱钩指数模型。下面对这两种模型进行简要介绍。

1. OECD 脱钩指数模型

OECD 脱钩指数模型是基于期初值和期末值的指数计算模型。在 OECD 脱钩指数模型中，为了便于计算，OECD 定义了脱钩因子，计算方法如下：

$$D_f = \frac{T_0 - T_n}{T_0} \tag{3.18}$$

式中，D_f 为脱钩因子；T_0 和 T_n 分别为起始年和其后第 n 年的单位 GDP 碳排放量。T_0 和 T_n 分别由式（3.19）和式（3.20）计算得出，具体如下：

$$T_0 = \frac{Q_0}{G_0} \tag{3.19}$$

$$T_n = \frac{Q_n}{G_n} \tag{3.20}$$

式中，Q_0 和 Q_n 分别为起始年和其后第 n 年的碳排放量；G_0 和 G_n 分别为起始年和其后第 n 年的 GDP。将式（3.19）和式（3.20）代入式（3.18），有

$$D_f = 1 - \frac{Q_n / G_n}{Q_0 / G_0} \tag{3.21}$$

式（3.21）可以用来衡量碳排放与经济增长之间的关系。

2. Tapio 脱钩指数模型

Tapio 脱钩指数模型是一种基于增长弹性变化的脱钩状态分析模型（Tapio，2005）。Tapio 脱钩指数模型在时间段基期选择上减少了敏感性，避免了统计量的量纲干扰，对脱钩状态划分更为精细和精确，具有 OECD 脱钩指数模型难以比拟的优势（张耀华和李忠民，2011）。Tapio 脱钩指数模型在弹性分析的基础上提出了“Tapio 脱钩指数”及相应的脱钩状态分类判别标准。现将 Tapio 脱钩指数模型简要介绍如下：

$$E = \frac{\%\Delta CO_2}{\%\Delta GDP} \tag{3.22}$$

式中，E 为二氧化碳排放的 GDP 弹性系数；$\%\Delta CO_2$ 为二氧化碳排放量相对于基期二氧化碳排放量的变化率；$\%\Delta GDP$ 为 GDP 相对于基期 GDP 的变化率。根据弹性系数 E 值的不同，Tapio 将脱钩状态分为 8 种类型，即强脱钩、弱脱钩、扩张连接、扩张负脱钩、强负脱钩、弱负脱钩、衰退连接、衰退脱钩，具体如表 3.45 所示。

表 3.45　Tapio 脱钩指数模型的脱钩状态对照表

脱钩状态	弹性系数 E	ΔCO_2	ΔGDP
强脱钩	$E\leq 0$	≤ 0	>0
弱脱钩	$0<E<0.8$	>0	>0
扩张连接	$0.8\leq E\leq 1.2$	>0	>0
扩张负脱钩	$E>1.2$	>0	>0
强负脱钩	$E<0$	>0	<0
弱负脱钩	$0<E<0.8$	<0	<0
衰退连接	$0.8<E<1.2$	<0	<0
衰退脱钩	$E>1.2$	<0	<0

为了避免语义上带来的歧义，本书中的强脱钩状态是指物流业碳排放增长率为负，GDP 增长率为正；弱脱钩状态是指物流业碳排放增长率为正，且 GDP 增长率为正，同时物流业碳排放增长速度小于 GDP 增长速度。这两种状态表明物流业碳排放依赖程度减弱，最理想状态为经济稳定增长而物流业碳排放逐渐减少的情形，即强脱钩状态。

扩张连接状态是指物流业碳排放增长率为正，且 GDP 增长率为正，同时物流业碳排放增长速度与 GDP 增长速度大体相当；扩张负脱钩状态是指物流业碳排放增长率为正，且 GDP 增长率为正，同时物流业碳排放增长速度大于 GDP 增长速度。这种状态表明物流业碳排放依赖程度增强。

强负脱钩状态是指物流业碳排放增长率为正，GDP 增长率为负；弱负脱钩状态是指物流业碳排放增长率为负，且 GDP 增长率为负，同时物流业碳排放增长速度小于 GDP 增长速度。

衰退连接状态是指物流业碳排放增长率为负，且 GDP 增长率为负，同时物流业碳排放增长速度与 GDP 增长速度大体相当；衰退脱钩状态是指物流业碳排放增长率为负，且 GDP 增长率为负，同时物流业碳排放增长速度大于 GDP 增长速度。

3.3.2　北京市物流业碳排放与经济增长脱钩分析

本节基于 Tapio 脱钩指数模型，选取北京市物流业生产总值和物流业碳排放量作为衡量物流业增长与碳排放的主要指标，构建模型如下：

$$E_1=\frac{\%\Delta C_1}{\%\Delta I_1}=\frac{\Delta C_1/C_1}{\Delta I_1/I_1} \tag{3.23}$$

式中，E_1为北京市物流业碳排放与物流业生产总值的脱钩弹性系数；$\%\Delta C_1$为北京市物流业碳排放量相对于基期物流业碳排放量的变化率；$\%\Delta I_1$为北京市物流业生产总值相对于基期物流业生产总值的变化率；ΔC_1为北京市物流业碳排放量相对于基期物流业碳排放量的变化量；ΔI_1为北京市物流业生产总值相对于基期物流业生产总值的变化量；C_1为北京市物流业碳排放量；I_1为北京市物流业生产总值。

根据表2.32、表2.46及式（3.23）可以计算出北京市2004~2017年物流业碳排放与物流业生产总值的脱钩弹性系数，如表3.46所示。从表3.46可以看出，北京市2004~2017年物流业碳排放与物流业生产总值的脱钩状态普遍为弱脱钩，即物流业碳排放量增加、经济增加，同时物流业碳排放量增长速度小于经济发展增长速度；2007~2008年脱钩弹性系数达到69.636 7的峰值，为扩张负脱钩，其余时间段脱钩弹性系数均位于10以下；2012~2013年脱钩弹性系数为−0.961 3，表明北京市实现了物流业碳排放与经济增长的完美状态，即以物流业碳排放量下降、经济正增长为特征的强脱钩状态。

表3.46 北京市脱钩弹性系数E_1计算结果及状态判断表

时间段	ΔC_1	$\Delta C_1/C_1$	ΔI_1	$\Delta I_1/I_1$	E_1	状态判断
2004~2005年	77.95	0.074 2	46.50	0.130 3	0.569 4	弱脱钩
2005~2006年	359.64	0.318 7	51.90	0.128 7	2.476 5	扩张负脱钩
2006~2007年	334.37	0.224 7	42.30	0.092 9	2.418 0	扩张负脱钩
2007~2008年	357.14	0.196 0	1.40	0.002 8	69.636 7	扩张负脱钩
2008~2009年	52.42	0.024 0	57.70	0.115 7	0.207 9	弱脱钩
2009~2010年	148.47	0.066 5	155.40	0.279 2	0.238 2	弱脱钩
2010~2011年	220.45	0.092 6	97.00	0.136 2	0.679 7	弱脱钩
2011~2012年	155.04	0.059 6	7.30	0.009 0	6.605 9	扩张负脱钩
2012~2013年	−180.46	−0.065 5	55.60	0.068 1	−0.961 3	强脱钩
2013~2014年	128.39	0.049 8	76.50	0.087 7	0.568 2	弱脱钩
2014~2015年	68.93	0.025 5	36.00	0.038 0	0.671 6	弱脱钩
2015~2016年	130.99	0.047 2	76.60	0.077 8	0.607 1	弱脱钩
2016~2017年	165.45	0.057 0	147.40	0.138 9	0.410 1	弱脱钩

表 3.47 给出了北京市 2004~2017 年物流业碳排放与生产总值脱钩状态周期统计，根据表 3.46 及表 3.47 可以看出，北京市 2004~2017 年物流业碳排放与物流业生产总值之间呈现出三种脱钩状态，即扩张负脱钩、弱脱钩和强脱钩，出现各种状态的期数分别为 4、8、1，占 13 个统计样本年份比例分别为 30.77%、61.54%及 7.69%。图 3.1 给出了北京市脱钩弹性系数 E_1 变动轨迹图，从图 3.1 可以看出，脱钩弹性系数 E_1 曲线图呈现阶段性变化。依据脱钩系数状态判断表可以进一步划分为两个阶段。

表 3.47　北京市 2004~2017 年物流业碳排放与生产总值脱钩状态周期统计

脱钩状态	时间段	年份比例
扩张负脱钩	2005~2006 年，2006~2007 年，2007~2008 年，2011~2012 年	30.77%
弱脱钩	2004~2005 年，2008~2009 年，2009~2010 年，2010~2011 年，2013~2014 年，2014~2015 年，2015~2016 年，2016~2017 年	61.54%
强脱钩	2012~2013 年	7.69%

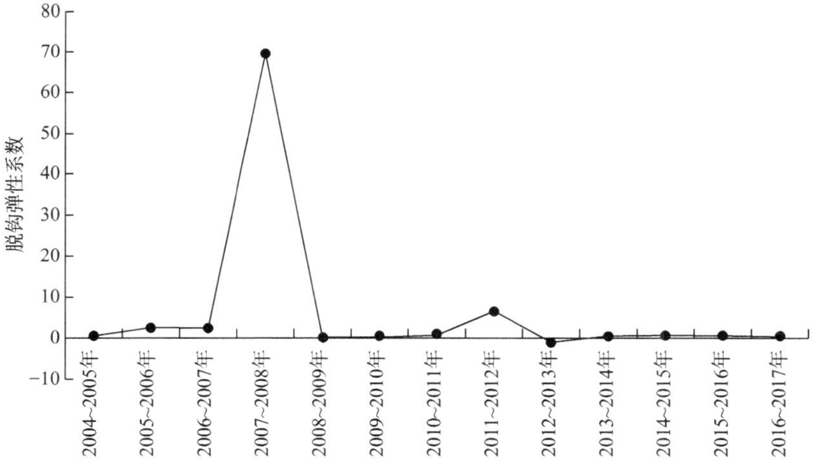

图3.1　北京市脱钩弹性系数 E_1 变动轨迹图

1. 第一阶段：2004~2008 年

这一阶段主要为扩张负脱钩状态，即北京市物流业碳排放量与生产总值同时增加，但物流业碳排放量增加速度大于生产总值增加速度。出现这一现象的原因可能是，这一时段国际、国内经济发展环境较好，北京市物流业的基础设施项目增多，进而物流业碳排放量加速增加。这表明北京市物流业的经济发展一直以牺牲环境为代价，物流业成为碳排放大户。

2. 第二阶段：2008~2017 年

这一阶段主要为弱脱钩状态，即北京市物流业碳排放量与生产总值同时增加，但物流业碳排放量增加速度小于生产总值增加速度。主要原因可能是，2008 年发生自然灾害、全球金融危机，由此国家推行积极的财政和货币政策，促进北京市物流业较快平稳增长，同时 2008 年我国在北京市举办奥运会，大力提倡环境保护理念，严格控制环境污染物排放。这表明北京市物流业在经济发展过程中，逐渐出现保护环境、低碳发展的思想，但低碳化发展仍然不够成熟，需要进一步加强低碳物流的发展。

根据表 2.32 与表 2.46 中北京市 2004 年和 2017 年物流业碳排放与物流业生产总值数据，结合式（3.23）可以计算出北京市物流业碳排放与生产总值的脱钩弹性系数，如表 3.48 所示。表 3.48 给出了北京市 2004~2017 年物流业碳排放与生产总值脱钩状态。虽然 2008~2017 年为弱脱钩状态，但由于 2004~2008 年北京市物流业碳排放量增加速度大于生产总值增加速度，所以 2004~2017 年北京市的脱钩状态为扩张连接，即物流业碳排放量与生产总值同时增加，且增加速度大致相当，说明北京市物流业低碳化发展仍有较大空间。

表 3.48 北京市 2004~2017 年物流业碳排放与生产总值脱钩状态

时间段	ΔC_1	$\Delta C_1 / C_1$	ΔI_1	$\Delta I_1 / I_1$	E_1	状态判断
2004~2017 年	2 018.78	1.921 7	851.6	2.386 8	0.805 1	扩张连接

3.3.3 天津市物流业碳排放与经济增长脱钩分析

本节基于 Tapio 脱钩指数模型，选取天津市物流业生产总值和物流业碳排放量作为衡量物流业增长和碳排放的主要指标，构建模型如下：

$$E_2 = \frac{\%\Delta C_2}{\%\Delta I_2} = \frac{\Delta C_2 / C_2}{\Delta I_2 / I_2} \tag{3.24}$$

式中，E_2 为天津市物流业碳排放与物流业生产总值的脱钩弹性系数；$\%\Delta C_2$ 为天津市物流业碳排放量相对于基期物流业碳排放量的变化率；$\%\Delta I_2$ 为天津市物流业生产总值相对于基期物流业生产总值的变化率；ΔC_2 为天津市物流业碳排放量相对于基期碳排放量的变化量；ΔI_2 为天津市物流业生产总值相对于基期物流业生产总值的变化量；C_2 为天津市物流业碳排放量；I_2 为天津市物流业生产总值。

根据表 2.36、表 2.51 及式（3.24）可以计算出天津市 2004~2017 年物流业碳排放与物流业生产总值的脱钩弹性系数，如表 3.49 所示。从表 3.49 可以看出，天津市 2004~2017 年物流业碳排放与物流业生产总值的脱钩状态普遍为弱脱钩，即物流业碳排放量增加，经济也增加，同时物流业碳排放量增长速度小于经济发展增长速度；在 2012~2013 年达到 13.368 0 的峰值，为衰退脱钩，其余时间段脱钩弹性系数均位于 10 以下。

表 3.49　天津市脱钩弹性系数 E_2 计算结果及状态判断表

时间段	ΔC_2	$\Delta C_2 / C_2$	ΔI_2	$\Delta I_2 / I_2$	E_2	状态判断
2004~2005 年	0.72	0.001 0	4.33	0.019 4	0.049 5	弱脱钩
2005~2006 年	32.16	0.042 9	25.70	0.113 1	0.379 4	弱脱钩
2006~2007 年	10.56	0.013 5	41.20	0.162 9	0.083 0	弱脱钩
2007~2008 年	102.54	0.129 5	26.57	0.090 4	1.433 1	扩张负脱钩
2008~2009 年	70.53	0.078 9	150.38	0.469 0	0.168 1	弱脱钩
2009~2010 年	117.93	0.122 2	114.36	0.242 8	0.503 4	弱脱钩
2010~2011 年	66.00	0.060 9	46.73	0.079 8	0.763 5	弱脱钩
2011~2012 年	112.59	0.098 0	51.46	0.081 4	1.203 8	扩张负脱钩
2012~2013 年	−210.68	−0.167 0	−8.54	−0.012 5	13.368 0	衰退脱钩
2013~2014 年	72.07	0.068 6	45.70	0.067 7	1.013 1	扩张连接
2014~2015 年	86.28	0.076 8	8.37	0.011 6	6.616 5	扩张负脱钩
2015~2016 年	47.89	0.039 6	−3.78	−0.005 2	−7.639 4	强负脱钩
2016~2017 年	47.59	0.037 9	55.09	0.076 0	0.498 4	弱脱钩

表 3.50 给出了天津市物流业碳排放与生产总值脱钩状态周期统计，根据表 3.49 及表 3.50 可以看出，天津市 2004~2017 年物流业碳排放与物流业生产总值之间呈现出五种脱钩状态，即弱脱钩、扩张连接、扩张负脱钩、强负脱钩和衰退脱钩，出现各种状态的期数分别为 7、1、3、1、1，占 13 个统计样本年份比例分别为 53.85%、7.69%、23.08%、7.69%及 7.69%。图 3.2 给出了天津市脱钩弹性系数 E_2 变动轨迹图，从图 3.2 可以看出，脱钩弹性系数 E_2 曲线图呈现阶段性变化。依据脱钩系数状态判断表可以进一步划分为两个阶段。

表 3.50　天津市 2004~2017 年物流业碳排放与生产总值脱钩状态周期统计

脱钩状态	时间段	年份比例
弱脱钩	2004~2005 年，2005~2006 年，2006~2007 年，2008~2009 年，2009~2010 年，2010~2011 年，2016~2017 年	53.85%
扩张连接	2013~2014 年	7.69%
扩张负脱钩	2007~2008 年，2011~2012 年，2014~2015 年	23.08%
强负脱钩	2015~2016 年	7.69%
衰退脱钩	2012~2013 年	7.69%

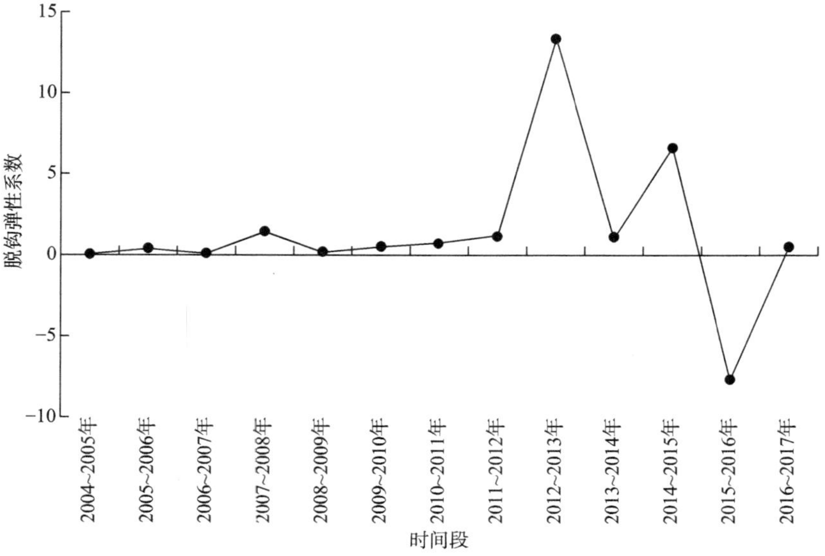

图3.2 天津市脱钩弹性系数 E_2 变动轨迹图

1. 第一阶段：2004~2011 年

这一阶段主要为弱脱钩状态，即天津市物流业碳排放量与生产总值同时增加，但物流业碳排放量增加速度小于生产总值增加速度。这可能是天津市物流业发展未形成规模，尚处于起步阶段，整体水平较低，物流业发展导致的碳排放的增加不明显。同时，这一阶段脱钩弹性系数不断升高，说明在天津市物流业碳排放量及其生产总值变化率为正的前提下，碳排放的增速正逐渐追赶乃至赶超经济发展的增速。

2. 第二阶段：2011~2017 年

这一阶段天津市物流业碳排放与生产总值经历了扩张负脱钩—衰退脱钩—扩张连接—扩张负脱钩—强负脱钩—弱脱钩状态变动，变动较为频繁，各状态出现周期较短。普遍出现物流业碳排放量增加速度大于生产总值增加速度的现象，可能是国内普遍经济发展形势好转，天津市物流业快速发展的同时，出现高耗能、高污染的基础设施项目集中投产的局面等原因造成的。表明这一阶段天津市物流业还没能很好平衡经济发展与环境保护之间的关系，低碳化发展任重而道远。

根据表 2.36 和表 2.51 中天津市 2004 年与 2017 年物流业碳排放与物流业生产总值数据，结合式（3.24）可以计算出天津市物流业碳排放与生产总值的脱钩弹性系数，如表 3.51 所示。天津市 2004~2017 年物流业碳排放和经济增长脱钩弹性系数为 0.297 0，脱钩状态为弱脱钩，即物流业碳排放量与生产总值同时增加，但物流业碳排放量增加速度远远小于生产总值增加速度。2011~2017 年天津市物流业经历了脱钩状态频繁变动，物流业碳排放量增加速度大于生产总值增加速度，说明天津市物流业应尽量协调经济发展和环境保护的关系，低碳化发展调整空间较大。

表 3.51　天津市 2004~2017 年物流业碳排放与生产总值脱钩状态

时间段	ΔC_2	$\Delta C_2 / C_2$	ΔI_2	$\Delta I_2 / I_2$	E_2	状态判断
2004~2017 年	556.18	0.743 1	557.57	2.502 2	0.297 0	弱脱钩

3.3.4　河北省物流业碳排放与经济增长脱钩分析

本节基于 Tapio 脱钩指数模型，选取河北省物流业生产总值和物流业碳排放量作为衡量物流业增长和碳排放的主要指标，构建模型如下：

$$E_3 = \frac{\%\Delta C_3}{\%\Delta I_3} = \frac{\Delta C_3 / C_3}{\Delta I_3 / I_3} \tag{3.25}$$

式中，E_3 为河北省物流业碳排放与物流业生产总值的脱钩弹性系数；$\%\Delta C_3$ 为河北省物流业碳排放量相对于基期碳排放量的变化率；$\%\Delta I_3$ 为河北省物流业生产总值相对于基期物流业生产总值的变化率；ΔC_3 为河北省物流业碳排放量相对于基期碳排放量的变化量；ΔI_3 为河北省物流业生产总值相对于基期物流业生产总值的变化量；C_3 为河北省物流业碳排放量；I_3 为河北省物流业生产总值。

根据表 2.40、表 2.56 及式（3.25）可以计算出河北省 2004~2017 年物流业碳排放与物流业生产总值的脱钩弹性系数，如表 3.52 所示。从表 3.52 可以看出，河北省 2004~2017 年物流业碳排放与物流业生产总值的脱钩状态普遍为弱脱钩，即物流业碳排放量增长，经济也增长，同时物流业碳排放量增长速度小于经济增长速度；在 2015~2016 年达到 38.315 8 的峰值，为扩张负脱钩，其余时间段脱钩弹性系数均位于 5 以下；同时，在 2013~2014 年和 2016~2017 年到达物流业碳排放与经济增长的完美状态，即以物流业碳排放量下降，经济增长为特征的强脱钩状态。

表 3.52　河北省脱钩弹性系数 E_3 计算结果及状态判断表

时间段	ΔC_3	$\Delta C_3 / C_3$	ΔI_3	$\Delta I_3 / I_3$	E_3	状态判断
2004~2005 年	1 012.14	1.582 4	204.82	0.349 9	4.522 3	扩张负脱钩
2005~2006 年	74.25	0.045 0	148.33	0.187 7	0.239 5	弱脱钩

续表

时间段	ΔC_3	$\Delta C_3 / C_3$	ΔI_3	$\Delta I_3 / I_3$	E_3	状态判断
2006~2007 年	126.44	0.073 3	217.10	0.231 3	0.316 7	弱脱钩
2007~2008 年	25.35	0.013 7	181.92	0.157 4	0.086 9	弱脱钩
2008~2009 年	10.71	0.005 7	154.38	0.115 4	0.049 4	弱脱钩
2009~2010 年	346.03	0.183 2	253.99	0.170 2	1.076 3	扩张连接
2010~2011 年	233.43	0.104 5	300.31	0.172 0	0.607 3	弱脱钩
2011~2012 年	104.19	0.042 2	166.71	0.081 5	0.518 2	弱脱钩
2012~2013 年	76.43	0.029 7	132.17	0.059 7	0.497 5	弱脱钩
2013~2014 年	−123.79	−0.046 7	51.30	0.021 9	−2.136 5	强脱钩
2014~2015 年	13.75	0.005 4	−37.31	−0.015 6	−0.349 8	强负脱钩
2015~2016 年	419.73	0.165 3	10.18	0.004 3	38.315 8	扩张负脱钩
2016~2017 年	−108.53	−0.036 7	128.61	0.054 3	−0.675 8	强脱钩

表 3.53 给出了河北省 2004~2017 年物流业碳排放与生产总值脱钩状态周期统计，根据表 3.52 及表 3.53 可以看出，2004~2017 年河北省物流业碳排放与物流业生产总值之间呈现出五种脱钩状态，即强脱钩、弱脱钩、扩张连接、扩张负脱钩和强负脱钩，出现各种状态的期数分别为 2、7、1、2、1，占 13 个统计样本年份比例分别为 15.38%、53.86%、7.69%、15.38%及 7.69%。图 3.3 给出了河北省脱钩弹性系数 E_3 变动轨迹图，从图 3.3 可以看出，脱钩弹性系数 E_3 曲线图呈现阶段性变化。依据脱钩系数状态判断表可以进一步划分为两个阶段。

表 3.53 河北省 2004~2017 年物流业碳排放与生产总值脱钩状态周期统计

脱钩状态	时间段	年份比例
强脱钩	2013~2014 年，2016~2017 年	15.38%
弱脱钩	2005~2006 年，2006~2007 年，2007~2008 年，2008~2009 年，2010~2011 年，2011~2012 年，2012~2013 年	53.86%
扩张连接	2009~2010 年	7.69%
扩张负脱钩	2004~2005 年，2015~2016 年	15.38%
强负脱钩	2014~2015 年	7.69%

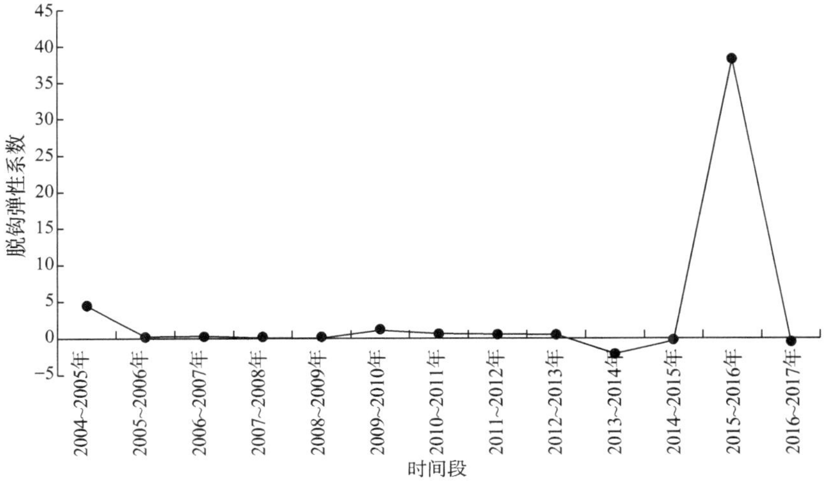

图3.3　河北省脱钩弹性系数 E_3 变动轨迹图

1. 第一阶段：2004~2014 年

这一阶段主要为弱脱钩状态，即河北省物流业碳排放量与生产总值同时增长，但物流业碳排放量增长速度小于物流业生产总值增长速度。物流业碳排放变化率、生产总值变化率及脱钩弹性系数均保持下降趋势，说明河北省物流业在顺应我国经济发展放缓趋势的同时，加大了碳减排力度，积极实施减排政策，低碳化发展初见成效。同时，2013~2014 年出现物流业碳排放与经济增长的强脱钩完美状态，也说明了河北省物流业在低碳物流上所做的努力。

2. 第二阶段：2014~2017 年

这一阶段经历了强负脱钩—扩张负脱钩—强脱钩三种状态的变化，状态变动较为频繁，且状态周期较短。在该时段河北省物流业总体上碳排放量增加速度大于生产总值增加速度，这可能是由于为了应对北京市作为世界特大城市的发展困扰，国家出台了京津冀一体化这一重大战略，将北京市非首都功能疏解这一议题放到了非常突出的位置上，河北省承接了北京市一些可能造成碳排放增加的项目产业。

根据表 2.40 和表 2.56 中河北省 2004 年与 2017 年物流业碳排放与物流业生产总值数据，结合式（3.25）可以计算出河北省物流业碳排放与生产总值的脱钩弹性系数，如表 3.54 所示。表 3.54 给出了河北省 2004~2017 年物流业碳排放与生产总值脱钩状态。河北省物流业碳排放和经济增长脱钩弹性系数为 1.057 6，脱钩状态为扩张连接，即物流业碳排放量与生产总值同时增加，且碳排放量增加速度与生产总值增加速度大体相当。然而，2014~2017 年河北省物流业经历了脱钩状态频繁变动，总体碳排放量增加速度大于生产总值增加速度，随初期低碳化发展有一定成效，但无法保证未来低碳化发展的目标，离实现强脱钩还有一定差距。

表 3.54 河北省 2004~2017 年物流业碳排放与生产总值脱钩状态

时间段	ΔC_3	$\Delta C_3 / C_3$	ΔI_3	$\Delta I_3 / I_3$	E_3	状态判断
2004~2017 年	2 210.13	3.455 3	1 912.51	3.267 2	1.057 6	扩张连接

3.3.5 京津冀物流业碳排放与经济增长脱钩分析

本节基于 Tapio 脱钩指数模型，选取京津冀物流业生产总值和物流业碳排放量作为衡量物流业增长和碳排放的主要指标，构建模型如下：

$$E_4 = \frac{\%\Delta C_4}{\%\Delta I_4} = \frac{\Delta C_4 / C_4}{\Delta I_4 / I_4} \tag{3.26}$$

式中，E_4 为京津冀物流业碳排放与物流业生产总值的脱钩弹性系数；$\%\Delta C_4$ 为京津冀物流业碳排放量相对于基期碳排放量的变化率；$\%\Delta I_4$ 为京津冀物流业生产总值相对于基期物流业生产总值的变化率；ΔC_4 为京津冀物流业碳排放量相对于基期碳排放量的变化量；ΔI_4 为京津冀物流业生产总值相对于基期物流业生产总值的变化量；C_4 为京津冀物流业碳排放量；I_4 为京津冀物流业生产总值。

根据表 2.44、表 2.61 及式（3.26）可以计算出京津冀 2004~2017 年物流业碳排放与物流业生产总值的脱钩弹性系数，如表 3.55 所示。从表 3.55 可以看出，京津冀 2004~2017 年物流业碳排放与物流业生产总值的脱钩状态普遍为弱脱钩，即物流业碳排放量增加，经济也增加，同时物流业碳排放量增长速度小于经济发展增长速度；在 2014~2015 年达到 15.231 9 的峰值，为扩张负脱钩，其余时间段脱钩弹性系数均在 5 以下；同时，在 2012~2013 年到达物流业碳排放与经济增长的完美状态，即以物流业碳排放量下降，经济发展增长为特征的强脱钩状态。

表 3.55 京津冀脱钩弹性系数 E_4 计算结果及状态判断表

时间段	ΔC_4	$\Delta C_4 / C_4$	ΔI_4	$\Delta I_4 / I_4$	E_4	状态判断
2004~2005 年	1 090.81	0.447 3	255.7	0.219 5	2.038 0	扩张负脱钩
2005~2006 年	466.05	0.132 0	225.9	0.159 0	0.830 5	扩张连接
2006~2007 年	471.37	0.118 0	300.6	0.182 6	0.646 2	弱脱钩
2007~2008 年	485.03	0.108 6	209.9	0.107 8	1.007 3	扩张连接
2008~2009 年	133.66	0.027 0	362.4	0.168 0	0.160 7	弱脱钩
2009~2010 年	612.43	0.120 4	523.8	0.207 9	0.579 3	弱脱钩
2010~2011 年	519.88	0.091 2	444.0	0.145 9	0.625 4	弱脱钩

续表

时间段	ΔC_4	$\Delta C_4 / C_4$	ΔI_4	$\Delta I_4 / I_4$	E_4	状态判断
2011~2012 年	371.82	0.059 8	225.5	0.064 7	0.924 8	扩张连接
2012~2013 年	−314.71	−0.047 8	179.2	0.048 3	−0.989 5	强脱钩
2013~2014 年	76.67	0.012 2	173.5	0.044 6	0.274 1	弱脱钩
2014~2015 年	168.96	0.026 6	7.1	0.001 7	15.231 9	扩张负脱钩
2015~2016 年	598.61	0.091 8	83.0	0.020 4	4.504 5	扩张负脱钩
2016~2017 年	104.51	0.014 7	331.1	0.079 7	0.184 2	弱脱钩

表 3.56 给出了京津冀物流业碳排放与生产总值脱钩状态周期统计。根据表 3.55 及表 3.56 可以看出，京津冀 2004~2017 年物流业碳排放与物流业生产总值之间呈现出四种脱钩状态，即强脱钩、弱脱钩、扩张连接和扩张负脱钩，出现各种状态的期数分别为 1、6、3、3，占 13 个统计样本年份比例分别为 7.69%、46.15%、23.08%及 23.08%。图 3.4 给出了京津冀脱钩弹性系数 E_4 变动轨迹图，从图 3.4 可以看出，京津冀脱钩弹性系数 E_4 曲线图呈现波动变化。

表 3.56　京津冀物流业碳排放与生产总值脱钩状态周期统计

脱钩状态	时间段	年份比例
强脱钩	2012~2013 年	7.69%
弱脱钩	2006~2007 年，2008~2009 年，2009~2010 年，2010~2011 年，2013~2014 年，2016~2017 年	46.15%
扩张连接	2005~2006 年，2007~2008 年，2011~2012 年	23.08%
扩张负脱钩	2004~2005 年，2014~2015 年，2015~2016 年	23.08%

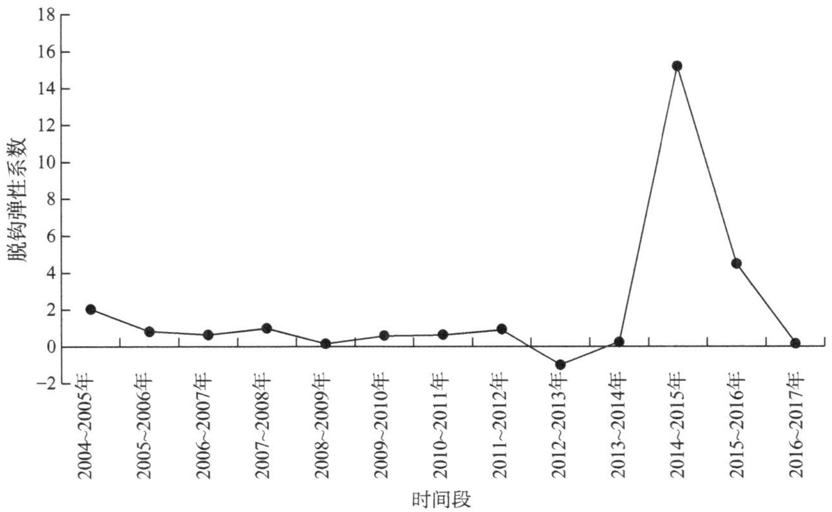

图3.4　京津冀脱钩弹性系数 E_4 变动轨迹图

2004~2017 年这一阶段主要为弱脱钩状态，即京津冀物流业碳排放量与物流业生产总值同时增加，但物流业碳排放量增加速度小于物流业生产总值增加速度。在2004~2005年、2014~2015年及2015~2016年出现扩张负脱钩状态，且碳排放量与经济增长变化率为正的前提下，碳排放增长速度大于经济增长速度，其余时间段不管变化率是否为正，碳排放速度都小于或大致等于经济增长速度。说明京津冀物流业总体上在经济增长和环境保护协调方面有些许成果。

根据表2.44、表2.61中京津冀2004年和2017年物流业碳排放与物流业生产总值数据，结合式（3.26）可以计算出京津冀物流业碳排放与生产总值的脱钩弹性系数，如表3.57所示。从表3.57可以看出，京津冀物流业碳排放和经济增长脱钩弹性系数为 0.688 2，脱钩状态为弱脱钩，物流业碳排放量与生产总值同时增加，但物流业碳排放量增加速度小于生产总值增加速度。北京市和河北省物流业碳排放和经济增长脱钩弹性系数分别为 0.805 1 和 1.057 6，脱钩状态为扩张连接，物流业碳排放量与生产总值同时增加，且物流业碳排放量增加速度与生产总值增加速度大体相当。天津市物流业碳排放和经济增长脱钩弹性系数为 0.297 0，脱钩状态为弱脱钩，物流业碳排放量与生产总值同时增加，但物流业碳排放量增加速度小于生产总值增加速度。从脱钩弹性系数数值来看，河北省物流业碳排放与生产总值脱钩弹性系数最大，其次是北京市，最后是天津市，说明河北省物流业距离实现强脱钩目标还有一定差距，低碳化发展过程中仍需要进一步加强；相比而言，天津市在低碳物流的发展中表现出众，起到示范作用，但也需要继续发展，早日实现强脱钩的目标。各地产业基础不同，享受的发展政策、各类资源各不相同。因而，造成三地发展总量和特征方面的差异。

表 3.57　京津冀 2004~2017 年物流业碳排放与生产总值脱钩状态

地区	ΔC	$\Delta C / C$	ΔI	$\Delta I / I$	E	状态判断
北京市	2 018.78	1.921 7	851.6	2.386 8	0.805 1	扩张连接
天津市	556.18	0.743 1	557.57	2.502 2	0.297 0	弱脱钩
河北省	2 210.13	3.455 3	1 912.51	3.267 2	1.057 6	扩张连接
京津冀	4 785.09	1.962 2	3 321.7	2.851 2	0.688 2	弱脱钩

通过以上对京津冀物流业碳排放与生产总值脱钩指数的分析，进一步明确了我国京津冀地区物流业低碳发展存在瓶颈，实现低碳化发展任重而道远。

3.4　本 章 小 结

本章对京津冀物流业的碳排放影响因素进行了如下研究：①分析了京津冀物

流业碳排放的影响因素，将京津冀物流业的碳排放影响因素分为直接影响因素和间接影响因素。其中，直接影响因素包括油类能源消费中的汽油、煤油、柴油、燃料油、液化石油气五项指标；间接影响因素涉及京津冀的经济发展水平指标，主要包括人均 GDP、第一产业总值、第二产业总值、社会消费品零售总额四项指标。②通过灰色关联分析法研究了京津冀物流业碳排放与影响因素的相关关系。结果表明，直接影响因素中，柴油消费、汽油消费和煤油消费是北京市物流业碳排放的前三位影响因素；柴油消费、燃料油消费和汽油消费是天津市物流业碳排放的前三位影响因素；柴油消费、汽油消费和煤油消费是河北省物流业碳排放的前三位影响因素；柴油消费是京津冀物流业碳排放的首要影响因素，其次是燃料油消费，煤油消费居于第三位。间接影响因素中，第一产业总值、人均 GDP 和第二产业总值是北京市和天津市物流业碳排放的前三位影响因素；第一产业总值、第二产业总值和人均 GDP 是河北省物流业碳排放的前三位影响因素；第一产业总值是京津冀物流业碳排放的首要影响因素，其次是人均 GDP 和第二产业总值，社会消费品零售总额居于第四位。③通过脱钩指数模型分析了京津冀物流业碳排放与经济增长的脱钩关系。结果表明，北京市和河北省处于扩张连接状态，天津市处于弱脱钩状态，而京津冀总体上也处于弱脱钩状态；河北省物流业碳排放与生产总值脱钩弹性系数最大，其次是北京市，最后是天津市。

第 4 章 京津冀物流业碳排放预测研究

4.1 SVM

SVM（support vector machine，支持向量机）是 Vapnik 于 1995 年首先提出的，它在解决小样本、非线性及高维模式识别中具有很多独特的优势，并能推广应用到函数拟合等其他机器学习问题中。SVM 是建立在统计学习理论（statistical learning theory，SLT）的 VC（Vapnik-Chervonenkis）维理论和结构风险最小化原理基础上的，根据有限样本信息在模型的复杂性与学习能力之间寻求最佳平衡，以期获得优良的推广能力。SVM 具有较强的理论基础，它能保证找到的极值解是全局最优解而非局部最小值，这也就决定了 SVM 方法对未知样本有较好的泛化能力，正因为这些优点，SVM 能良好地应用到模式识别、概率密度函数估计、时间序列预测、回归估计等领域，也被广泛应用到模式识别中的手写数字识别、文本分类、图像分类与识别等众多领域中。

4.1.1 VC 维理论与结构风险最小化原理

1. VC 维理论

SVM 是基于统计学习理论的新型机器学习方法。机器学习主要研究的是计算机如何模拟或实现人类的学习能力，以获取新的知识和技能，重新组织已有的知识结构，使之不断改善自身的性能。机器学习的实现方法主要有以下三种：统计预测方法、经验非线性方法、统计学习理论。

统计学习理论是一种专门研究小样本情况下机器学习规律的理论，该理论针对小样本统计问题建立了一套新的理论体系，在这种体系下的统计推理规则不但考虑了对渐进性能的要求，而且追求在现有有限信息条件下能够得到最优结果。

SVM 是建立在统计学习理论的 VC 维理论和结构风险最小原理基础上的。关于VC维理论的定义如下：对一个指示函数集，如果存在h个样本能够被一个函数集中的函数按所有可能的 2^h 种形式分开，称这个函数集能够把 h 个样本打散，函数集的 VC 维就是它能打散的最大样本数目 h。VC 维本质上可以理解为问题的复杂程度，VC维数越高，该函数集的机器学习越复杂。关于结构风险最小原理，统计学习理论引入了泛化误差界的概念，该理论指出，机器学习的实际误差由经验风险和置信风险两部分组成。泛化误差界的公式如下：

$$R(\omega) \leqslant \mathrm{remp}(\omega) + \varphi\left(\frac{n}{h}\right) \tag{4.1}$$

式中，$R(\omega)$为实际风险；$\mathrm{remp}(\omega)$为经验风险；$\varphi\left(\frac{n}{h}\right)$为置信风险。置信风险与以下两个量相关。

（1）样本数量。样本数量越大，机器学习结果越有可能正确，置信风险也就越小。

（2）分类函数的 VC 维。VC 维的维数越大，泛化能力越差，置信风险就会越大。

统计学习的目标是从寻求经验风险最小化转变为寻求经验风险与置信风险的和最小，即结构风险最小。SVM 正是这样一种使结构风险最小的算法。

2. 结构风险最小化原理

统计学习理论中关于经验风险和实际风险之间关系的结论，即推广性的界（陈果，2007），是分析学习机器性能和发展新的学习算法的重要基础。从推广性的界可以得出以下结论。

（1）当样本数较小时（通常小于 20），用经验风险近似真实风险就有较大的误差，用经验风险最小化取得的最优解可能具有较差的推广能力；当样本数较多时，置信范围就会很小，经验风险最小化的最优解就接近实际的最优解。

（2）对于一个特定的样本数，学习机器（分类器）的 VC 维越高（即复杂性越高），置信范围就越大，导致真实风险与经验风险之间可能的差就越大。

传统机器学习方法中普遍采用的经验风险最小化原理是，首先确定分类器模型，其次最小化经验误差。由于缺乏对模型推广能力的认识，这种选择往往是依赖先验知识和经验进行的，造成了神经网络法对使用者“技巧”的过分依赖。

结构风险最小化思想是把函数集分解为一个函数子集序列，使各个子集能够按照复杂性大小排列，也就是按照 VC 维大小排列，这样在同一个子集中置信范围就相同；在每个子集中寻找最小经验风险，通常它随着子集复杂度的增加而减少。选择最小经验风险与置信范围之和最小的子集，就可以达到期望风险的最小，这个子集中使经验风险最小的函数就是要求的最优函数。

结构风险最小化原理为我们提供了一种不同于经验风险最小化的更科学的学习机器设计原理，但是实施这一原理却非常困难，关键是如何构造函数子集结构。遗憾的是，目前尚无关于如何构造预测函数子集结构的一般性理论。SVM 是一种比较好地实现了结构风险最小化思想的方法。

4.1.2 SVM 原理

1. SVM 分类原理

SVM 理论的初衷是寻求一种处理两类数据分类问题的方法。SVM 旨在寻找一个超平面，使得训练样本集中不同类别的点正好落在超平面的两侧，同时还要求超平面两侧的空白区域达到最大。对于二维两类线性可分数据，SVM 理论上是能够实现最优分类的，推广到高维空间，最优分类线就成为最优超平面。对于二维两类数据分类来说，给定的训练样本 $D_i=(x_i,y_i)$ ， $i=1,2,\cdots,l$, $y_i\in\{+1,-1\}$ ，其中， x_i 为输入样本； y_i 为两类的类别值，其超平面为 $\omega x+b=0$ ，样本点到超平面的间隔为

$$\theta=\frac{1}{\|\omega\|}\left|g(x_i)\right| \tag{4.2}$$

式中， ω 为权重向量。为使训练样本能正确分开，又要保证间隔最大，这个两类分类问题被转换成了一个带约束的最小值问题：

$$\min\frac{1}{2}\|\omega\|^2 \tag{4.3}$$

$$y_i\left[(\omega x_i)-b\right]-1\geqslant 0,\ i=1,2,\cdots,l\ （l\text{ 是样本数}） \tag{4.4}$$

本章把式（4.3）和式（4.4）的问题叫作二次规划，由于它的可行域是一个凸集，也叫作凸二次规划。在线性不可分的情况下，需要在式（4.4）中加入一个松弛变量 $\xi_i\geqslant 0$ 、惩罚因子 C，则上面所述凸二次规划问题就变成：

$$\min\frac{1}{2}\|\omega\|^2+C\sum_{i=1}^{l}\xi_i \tag{4.5}$$

$$y_i\left[(\omega x_i)+b\right]\geqslant 1-\xi_i,\ i=1,2,\cdots,l\left(l\text{是样本数}\right);\ \ \xi_i\geqslant 0 \tag{4.6}$$

式中，$C>0$ 为一个常数，其大小决定了对错分样本惩罚的程度。

下面是上述二次规划问题的求解问题，为了求解，引入 Lagrange 函数：

$$L=\frac{1}{2}\|\omega\|^2-\sum_{i=1}^{l}\alpha_i y_i(\omega\cdot x_i+b)+\sum_{i=1}^{l}\alpha_i \tag{4.7}$$

式中，$\alpha_i>0$，为 Lagrange 系数，求解上述问题后得出的最优分类函数为

$$f(x)=\text{sgn}\left\{\left[\sum_{j=1}^{l}\alpha_j^* y_i\left(x_j\cdot x_i\right)\right]+b^*\right\} \tag{4.8}$$

也可以将上述问题转化为对偶问题：

$$\max\sum_{i=1}^{l}\alpha_i-\frac{1}{2}\sum_{i,\ j=1}^{l}\alpha_i\alpha_j y_i y_j\left(x_i\cdot x_j\right) \tag{4.9}$$

$$\sum_{i=1}^{l}\alpha_i y_i-0,\ \alpha_i\geqslant 0,\ \ i=1,2,\cdots,l \tag{4.10}$$

式（4.9）、式（4.10）是一个二次规划问题，存在唯一解，且解中只有少部分 α_i 不为零，其对应的样本就是支持向量。最终得到的最优分类函数为

$$f(x)=\text{sgn}\left[(\omega\cdot x)+b\right]=\text{sgn}\left[\sum_{i=1}^{n}\alpha_i y_i\left(x_i\cdot x\right)+b\right] \tag{4.11}$$

式中，$n<l$ 为输入样本个数；x_i 为输入样本；α_i 为对应的 Lagrange 系数；b 为分类阈值，可用两类中任意一对支持向量取中值求得。

对于非线性分类问题，SVM 通过非线性变换将其转化为某个高维空间中的线性分类问题，然后在这个高维空间寻求最优分类面。由式（4.9）~式（4.11）可知，只有样本间的内积运算 $\left(x_j\cdot x_i\right)$ 被涉及，因此在高维空间只需进行内积运算，而内积运算可通过原空间中的函数实现。只要核函数 $K\left(x_i\cdot x\right)$ 满足 Mercer 条件，它就对应高维空间中的内积。因此，利用满足 Mercer 条件的核函数 $K\left(x_i\cdot x\right)$ 代替式（4.11）中的内积，就可以实现非线性最优分类，其分类函数变为

$$f(x)=\text{sgn}\left\{\left[\sum_{i=1}^{l}a_i y_i K\left(x_i\cdot x\right)\right]+b\right\} \tag{4.12}$$

总之，SVM 就是通过某种事先选择的非线性映射，将输入向量映射到某个高维特征空间，在这个特征空间中构造最优分类超平面。式（4.11）所表示的 SVM 结构如图 4.1 所示。图 4.1 中，输入样本 $x=\left(x_1,x_2,\cdots,x_m\right)$，$m$ 为输入样本维数；中间层有 n 个节点，n 为输入样本的个数，且 $m\neq n$。

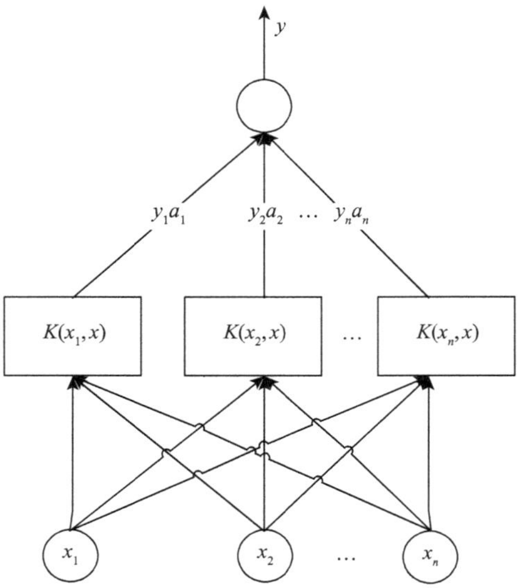

图4.1　用于分类的SVM结构图

由图 4.1 可知，SVM 分类函数与神经网络很相似，其输出是中间节点的线性组合，每个中间节点对应一个支持向量。不同之处是，神经网络的中间节点数要靠经验确定或实验试凑得到，如果选择不当会对网络性能产生很大影响；SVM 的中间节点数通过求解一个凸优化问题得到，理论上是最优的。

2. SVM 回归原理

在 SVM 回归机中，SVM 首先选择一个非线性映射 $\Phi(\cdot)$ 把原始空间中的数据映射到一个高维特征空间中，再在高维特征空间中进行线性估计。假定一个训练样本集 $\{x_i, y_i\} N_i$，其中输入数据 $x_i \in R_n$ 和输出数据 $\beta \in R$，在高维特征空间中构造最优线性函数

$$f(x) = \omega^{\mathrm{T}} \Phi(x) + b \tag{4.13}$$

式中，ω 为权重；b 为偏置项。SVM 回归机引入一个 ε 不敏感损失函数作为损失函数（Vapnik，1998，1999）：

$$\left|\beta - f(x)\right|_{\varepsilon} = \begin{cases} 0, & \text{if} \left|\beta - f(x)\right| \leqslant \varepsilon \\ \left|\beta - f(x)\right| - \varepsilon, & \text{otherwise} \end{cases} \tag{4.14}$$

SVM 通过采用 ε 不敏感损失函数在高维特征空间完成线性回归，同时通过最小化 $\|\omega\|^2$ 来减小模型的复杂度。为了度量 ε 不敏感带外的训练样本的偏离程度，引入非负的松弛变量 ξ_i 和 ξ_i^*。SVM 回归机优化的目标函数为

$$\min_{\omega,b,\xi,\xi^*} J\left(\omega,\xi,\xi^*\right)=\frac{1}{2}\omega^{\mathrm{T}}\omega+C\sum_{i=1}^{N}\left(\xi_i+\xi_i^*\right) \tag{4.15}$$

约束条件为

$$\begin{cases}\beta_i-\omega^{\mathrm{T}}\Phi\left(x_i\right)-b\leqslant\varepsilon+\xi_i\\ \omega^{\mathrm{T}}\Phi\left(x_i\right)+b-\beta_i\leqslant\varepsilon+\xi_i^*\\ \xi_i,\ \ \xi_i^*\geqslant 0\end{cases} \tag{4.16}$$

式中，ε 为不敏感损失函数参数，ε 取值大小影响支持向量的数目；C 为惩罚因子，控制对超出误差的样本的惩罚程度。根据优化条件可以得到 SVM 回归机的对偶问题：

$$\begin{aligned}\operatorname*{Max}_{\alpha,\alpha^*} Q\left(\alpha,\alpha^*\right)=&\sum_{i=1}^{N}\beta_i\left(\alpha_i-\alpha_i^*\right)-\frac{1}{2}\sum_{i,\ l=1}^{N}\left(\alpha_i-\alpha_i^*\right)\left(\alpha_l-\alpha_l^*\right)K\left(x_i,x_l\right)\\&-\varepsilon\sum_{i=1}^{N}\beta_i\left(\alpha_i-\alpha_i^*\right)\end{aligned} \tag{4.17}$$

满足约束条件：

$$\begin{cases}\sum_{i=1}^{N}\left(a_i-a_i^*\right)=0\\ 0\leqslant a_i,a_i^*\leqslant C,i=1,2,\cdots,N\end{cases} \tag{4.18}$$

最后，得到 SVM 的回归估计公式为

$$f\left(x\right)=\sum_{i=1}^{N}\left(\alpha_i-\alpha_i^*\right)K\left(x,x_i\right)+b \tag{4.19}$$

式中，$K\left(x,x_i\right)$ 为核函数。仅有 $\alpha_i\neq\alpha_i^*$ 对应的数据点定义为机器的支持向量，SVM 因此得名。

4.1.3　SVM 算法

SVM 研究的主要问题是凸二次规划的求解，传统的 SVM 算法在计算上存在许多问题，包括训练算法速度慢、算法复杂而难以实现、测试阶段运算量大、抗击噪声及孤立点能力差等，所以在 SVM 算法的研究中，如何提高训练速度、减少训练时间、建立实用的学习算法是亟待解决的问题。

为了优化凸二次规划求解问题，很多学者提出了相应算法，典型的算法有选块算法（chunking algorithm）、分解算法（decomposition algorithm）、序列最小优化（sequential minimal optimization，SMO）算法，另外还有模糊支持向量机（fuzzy support vector machines，FSVM）学习算法、采用光滑化技巧的学习算法、基于标准 SVM 的变形算法。近年来比较热门的还有多分类 SVM 等。

1. 选块算法

选块算法是由 Boser 等（1992）提出来的。它的主要思想是去掉核矩阵中 Lagrange 系数为零的样本对应的行和列，这样得到的结果与用之前矩阵计算得到的结果相同，这就使得大型复杂的二次规划问题转换为一系列小的子问题。选块算法的核心是预测样本集中哪些样本的 Lagrange 系数是零，为零的被丢弃，那些非零（支持向量）的则需要保留下来。然而实际的支持向量是未知的，于是引入 KKT（Karush-Kuhn-Tucker）条件进行逐步迭代，最终得到全局最优解。选块算法将矩阵规模由训练样本数目的平方减少到非零 Lagrange 系数的样本数的平方，在很大程度上降低了训练过程对存储容量的要求，因此能够大大提高训练速度。然而这也只是在一定程度上解决了大数据集的二次规划问题，选块算法的最终目的是找出所有的支持向量，因而需要存储相应的核函数矩阵。所以选块算法在本质上还是受支持向量数目的影响，并未从根本上解决内存不足的问题。

2. 分解算法

分解算法是由 Osuna 等（1997a）提出的，它的主要思想是把大型的二次规划问题分解成一系列小的子问题，但是它与选块算法又是不同的，它是活动集（active set）方法的一个变形。它的算法过程如下：在每次迭代中，把 Lagrange 系数 α_i 分为工作集和非工作集，非工作集在本次迭代中保持不变；工作集为自由变量，在本次迭代中对这些自由变量进行优化，这个过程一直进行下去，直到满足停止条件为止。这个算法的关键在于选择最优工作集来提高该算法的收敛性和收敛速度，但在实际的过程中工作集的选取是随机的，所以限制了其收敛速度。

对于上述算法中的不足，Joachims 对 Osuna 的方法进行了一系列的改进，提出了选择工作集及其他的一些策略与技术，并实现了这一算法，最终形成了软件 SVM_{light}。在选择工作集方面，其思想是从全部变量中挑选出 q 个变量，这些变量应满足下述条件：不等于零且与目标函数可行的最速下降方向对应，这个可以通过求解一个简单的线性优化问题解决。

SVM_{light} 算法还引入了 shrinking 技术、caching 技术、梯度增量修正技术等。它对大规模问题，尤其是支持向量比例较小或者多数支持向量在边界上的情况效果明显。

3. SMO 算法

SMO 算法是分解算法的一种特殊情况，它是由 Platt 提出来的，这个算法的主要特点是其工作集中只有两个样本，减少到两个的原因是等式线性约束的存在要求至少有两个 Lagrange 系数发生变化。由于只有两个变量，迭代中这样的二次规划子问题都能用解析方法得到最优解，从而避开了复杂的求解优化过程，也提高了算法的收敛速度，又不需要大的矩阵存储空间。SMO 算法对于工作集的选择采用的是启发式策略，具体的办法可以参考 Platt（1999）的研究。SMO 算法对线性核的情况最有效，而对于非线性问题则达不到满意的结果，原因是在线性情形下，每次最小优化后的重置都是简单运算，但是在非线性情形下，误差的重置必须对全部支持向量逐个地计算核函数，而核函数的计算比较复杂，也就需要占有较多的时间。

之后 Platt 对 SMO 算法进行了一些改进，如借鉴 SVM_{light} 对 SMO 算法进行优化，引入 shrinking 技术和 caching 技术来提高收敛速度。shrinking 技术一般都是在优化迭代即将结束时才使用，并且 shrinking 技术中不完全包含集合的最优非边界系数，重构目标函数的梯度需要花费很大的代价，所以基于 shrinking 技术优化还是有其局限性的。

由于 Platt 启发式策略存在不确定性，人们将重心转移到可行性方向方法上。Keerthi 和 Gilbert（2002）在后来的研究中提出了利用双阈值优化条件来确定工作集的优化算法，并提出了基于 violating pair 和 τ-violating pair 的 GSMO（generalized sequential minial optimization，广义序列最小优化）算法的概念，证明了 GSMO 算法在任何迭代停止标准和停止容忍范围内可以在有限步骤停止并收敛。Keerthi 等（2001）提出的两种优化改进都是 GSMO 算法的特殊情况。

在核函数占主要地位的 SMO 算法中，合适的缓存替换策略在算法的性能改进中扮演了非常重要的角色，但是大多数 SMO 算法中工作集的选择（如 Platt 的启发式、Keerthi 的改进和可行方向方法），目的都是使目标函数尽可能多地下降，最快找到目标函数的最小值。孙剑等（2002）利用边界支持向量数据变化平缓、缓存更新带来的计算小于重复计算 BSV 核函数的特征，提出了一种针对非线性可分样本的高效缓存策略，并把它推广到 SMO 算法之外的分解算法中。李建民等（2003）在可行性方向策略的基础上考虑 caching 技术的利用效率，给出了一种收益代价平衡的工作集选择方法。周晓剑等（2010）提出了 SMO 算法工作集选择算法的通用框架模型，即选取与最大违反对呈一定函数关系的乘子为工作集，并提出了基于未定的 Q 矩阵的分解算法。Fan 等（2005）提出了一种基于目标函数二阶展开 SMO 算法的工作集选择法。翟永杰等（2008）提出了基于微粒群优化的 SMO 算法的双层优化原理，并通过仿真进行了应用研究，验证了其有效性。王越等（2013）对 SMO 算法进行改进的办法是在选取工作集时，选取优化步长最大的违反 KKT 条件的样本和其配对样本，并且对求解过程进行简化，从而使训练过程速度更快。朱齐丹等（2007）从变量优化和变量选择等多个方面对 SMO 算法进行改进，并且基于改进后的算法进行了仿真实验，取得了满意的效果。

4.1.4 SVM 类型

1. FSVM

在进行数据挖掘的时候，数据集中会存在很多的噪声，也称为模糊信息，这些信息在用 SVM 算法进行预测的时候，使得其性能不能得到好的发挥，甚至无能为力，在这种情况下，Lin 和 Wang（2002）提出了 FSVM。FSVM 将模糊数学与 SVM 相结合，用于处理训练样本中的噪声数据，其核心思想是用异常数据检测方法对训练数据集中的数据进行检测，检测出来异常数据并赋予它很小的隶属度，这些异常数据就是噪声或孤立点；对支持向量赋予较大的隶属度，这样做的目的是把噪声或孤立点从有效样本中分离出去。

FSVM 能够提高分类精度，又能解决异常数据造成的过学习问题，但是在实际的应用中也存在一些不足之处，如异常数据可能会有很多，或者这些异常数据服从某种分布，在这种情况下如果还按上述算法并分离出这些异常数据，就会造成信息的丢失，从而使 SVM 的泛化能力受到影响。另外，FSVM 还存在核函数计算量大、所需内存大、训练时间长等问题，所以如何优化 FSVM 的训练速度也是至关重要的。

针对上述问题，很多学者对 FSVM 进行了改进，邬啸等（2011）针对 FSVM 普遍存在训练时间过长的难题，提出了使用截集 C-均值聚类的方法对训练样本进行聚类处理，以聚类中心作为新的样本进行训练，并用数值进行了实验，实验结果证明，与一般的 FSVM 相比，这种改进的 FSVM 有效提高了分类速度和精度。刘三阳和杜喆（2007）针对 Lin 和 Wang（2002）提出的基于类中心距离的模糊隶属度设计方法不能有效区分噪声或孤立点，而且可能降低支持向量的隶属度等不足，通过引入一个半径控制因子，提出了一种改进的隶属度函数设计方法，这种方法在不增加时间复杂度的情况下能够有效提高 FSVM 的分类精度。杜喆等（2009）针对传统 FSVM 对非球形分布数据不合理的现象，使用类内超平面代替类中心，提出了基于样本到超平面距离的新隶属度函数设计方法，该方法克服了传统方法的不足，降低了隶属度函数对样本集几个形状的依赖，提高了 FSVM 的泛化能力。

2. 拉格朗日支持向量机

拉格朗日支持向量机（Lagrangian support vector machines，LSVM）算法是由 Mangasarion 和 Musicant（2001）提出来的，它的算法思想是对对偶问题进行分析，先得出对偶问题的解，再由对偶问题的解求出原问题的解。它主要用来处理线性分类问题，可以由以下优化问题来刻画：

$$\min \frac{1}{2}\left(\|\omega\|^2 + b^2\right) + \frac{C}{2}\sum_{i=1}^{l}\xi_i^2 \tag{4.20}$$

$$y_i\left\{\left[\omega, \varphi(x_i)\right] + b\right\} \geqslant 1 - \xi_i,\ i = 1, 2, \cdots, l;\ \ \xi_i \geqslant 0 \tag{4.21}$$

与 LSSVM 算法相比，LSVM 目标函数中增加了 $b^2/2$，这相当于在每个样本中增加了一个常数特征 1，然后求经过原点的最优超平面。这对高维空间来说是比较弱的条件，这样目标函数就是强凸的，其对偶问题中的约束条件消失了，其对偶问题是

$$\max_{\alpha}\ e^{\mathrm{T}}\alpha - \frac{1}{2}\alpha^{\mathrm{T}}Q\alpha \tag{4.22}$$

$$\text{Subject to } \alpha \geqslant 0 \tag{4.23}$$

式中，e 为全为 1 的列向量；$Q = \frac{I}{C} + HH^{\mathrm{T}}$；$I$ 为单位方阵；H 为 $l \times (d+1)$ 矩阵，其第 i 行为 $(y_i x_i, -y_i)$，d 为样本维数。因为 $0 \leqslant a \perp b \geqslant 0 \Leftrightarrow a = (a - \beta b)_+, \beta > 0$，根据 KKT 条件，可得到 LSVM 算法的迭代公式为

$$\alpha^{i+1} = Q^{-1}\left\{e + \left[\left(Q\alpha^i - e\right) - \beta\alpha^i\right]_+\right\},\ i = 0, 1, \cdots, l \tag{4.24}$$

LSVM 算法在线性分类的应用中，对于大样本集的分类处理相比其他算法（如 SMO 算法）收敛速度要快很多，也相对简易，但是在推广到非线性问题中时就只能处理中等规模的样本集。

3. 多分类 SVM

SVM 的研究初期主要是针对两类问题的分类，但是在现实生活的应用中却普遍是多分类问题，怎样将 SVM 有效地应用到多分类问题中一直是许多学者近年来研究的热点与难点。多分类 SVM 是将 SVM 从两分类算法推广到多分类的算法。目前多分类 SVM 算法的思路主要有两种。

（1）在经典 SVM 的基础上对其目标函数进行优化，构造多分类模型，进而解决多分类问题。这种方法为一次性求解法，由于其计算复杂度比较高，在实际应用中效率低，所以并不常用。

（2）将多分类问题归结为多个两分类问题，将一个复杂的问题转换为若干个简单的问题，正因为这个优点，这一思想下的算法研究得到了极大的发展。常用的算法主要有一对多、一对一、导向无环图、二叉树四种。薛宁静（2011）对这四种算法分别进行了详细的描述，在训练复杂度、测试复杂度和分类准确率方面做了理论分析，并利用数据对分析结果进行了验证。分析得出，导向无环图的分类性能最优，一对一的分类性能次之，二叉树的分类性能较差，一对多的分类性能最差；在训练和测试耗时方面，二叉树耗时最短，导向无环图次之，一对一

和一对多的耗时相对较长。

此外，很多学者还对上述算法进行了改进。李雷等（2012）提出了一种新的基于几何分布二叉树 SVM 多分类算法。该方法是考虑到二叉树分类向量机分类的效果与二叉树的结构密切相关。若要获得更好的效果和更高的效率，就要使得二叉树高度尽量小而两个子类尽量易分。实验表明这种新的方法具有较高的分类准确率和效率。单玉刚等（2012）针对一对一多分类算法因在分类时存在不可分区域而影响了其分类效果的问题，提出了一种一对一与基于紧密度判决相结合的多分类方法。这种方法可以基于紧密度解决不可分区域问题，使用样本到类中心之间的距离和基于 KNN（K-nearest neighbor，K 最邻近）分类算法的样本分布情况相结合的方式构建判别函数来确定类别归属，并用数据进行了测试，其结果表明，该方法能有效地解决不可分区域问题，并且表现出比其他算法更好的性能。

4. 孪生支持向量机

孪生支持向量机（twin support vector machines，TWSVM）又称为双分界面 SVM，在形式上类似于传统的 SVM，不但具有传统 SVM 的优点，而且对大规模数据具有更好的处理能力。TWSVM 为两个类各自得到一个分类平面，属于每个类的数据尽量围绕在与之相对应的分类平面周围，然后 TWSVM 通过优化一对分类平面来构建分类超平面。也就是说，TWSVM 需要解决一对二次规划问题，SVM 则是解决一个二次规划问题，但是，在 TWSVM 中，其中一个类的数据要作为另一个二次规划问题的约束条件，反之亦然。尽管 TWSVM 相比较于 SVM 具有更为快速的训练速度，但如今信息时代面临的是“数据海量，知识匮乏”，对于机器学习是一个很大的挑战，同样，对 TWSVM 而言，训练速度也非常重要。尽管目前传统 SVM 已有许多成熟的学习算法，并且可以推广到孪生模型，但这些算法并没有考虑到孪生模型的具体区别，因而有必要提出基于具体孪生模型的高效学习算法，以体现 TWSVM 的具体特性。另外，现有的孪生模型并不具有类似于传统 SVM 的特性，即间隔。因此，如果能将孪生模型与传统 SVM 的优点成功结合在一起，可以得到既具有较快训练速度又具有较好理论基础的 TWSVM 模型。有了好的模型、好的算法之后，可以考虑将孪生模型推广到一些具体问题上，如半监督学习问题、模糊或区间数据的学习问题、回归问题，并将该模型推广到各类实际问题，特别是生物信息学方面的应用，如基因调控网络预测。

5. 排序支持向量机

排序学习是当前信息检索和机器学习领域的热点问题，广泛应用于各个领域，其包括文档检索、协同过滤、关键字提取、定义发现等。排序学习问题大致分为基于回归的排序学习和基于分类的排序学习两类。从上面的介绍可以看出，SVM 的排序学习模型既可以基于分类又可以基于回归，所以排序支持向量机（ranking support vector machines，RSVM）提出以来，排序学习方法便得到了很大的发展。

Ding 等（2010）认为 RSVM 在应用中大部分用于信息检索，其中最主要的问题是，如何针对检索问题建立适用于具体应用的损伤函数。可以与基本的 SVM 一样，两类数据使用相同的代价函数，也可以针对两类数据分别建立不同的代价函数，对某些应用会大大提高排序的精确度。

Yajima 和 Kuo（2006）将 RSVM 用于推荐系统，文中使用 1-SVM 对给定数据的相关度顺序进行预测，通过使用图核处理数据集，取得了很好的效果。SVM 的回归排序模型也能用于推荐系统，与传统的使用启发式的推荐系统相比，该方法在大样本下的性能是相当高效的。

在实际应用中，速度永远是人们追求的目标。传统的 RSVM 都是使用 2-SVM 进行学习，Yu 等（2009）使用 1-SVM 学习排序，该方法可以使用更少的支持向量，大大提高训练速度。参数选择对于 SVM 的训练速度有着至关重要的作用，将正则化路径方法用于核方法可以加速 RSVM 中的参数选择并使该过程自动化，从而提高训练速度。在分子测序中，由于数据为结构数据，RSVM 的训练速度很块，将粒度计算与 RSVM 结合，使用粒度计算进行属性约简和问题分割，在保证学习质量的情况下提高训练速度。

传统的 RSVM 在应用中有其局限性，即模型过于简单而不能用于复杂的排序，而且很难将先验知识加入模型中。为了克服这些局限，一种新的 RSVM（Thuy et al.，2009）被提出，它将一般 RSVM 输出的打分函数映射为一个概率 Sigmoid 函数，该函数用交叉检验进行训练，实际上该函数就是输入数据集的后验概率，可以用其进行一些后处理的工作，避免传统 RSVM 的应用局限性。

4.1.5　SVM 应用

SVM 在理论基础上有较强的优势，它能够保证找到的极值解就是全局最优解而非局部最小值，这就决定了 SVM 方法对未知样本有较好的泛化能力。正因为这些优点，SVM 在应用方面得到了很多领域相关学者的广泛重视，在回归估计、概率密度函数估计、模式识别等领域均有其应用成果，其中模式识别是 SVM 方法的主要应用领域。在模式识别方面，SVM 方法主要应用于手写数字识别、语音识别、人脸检测与识别、文本分类等方面。

1. 手写数字识别

手写数字识别是模式识别学科的传统研究领域，是光学字符识别技术的一个分支，它主要研究的问题是如何让计算机自动辨认手写在纸张上的阿拉伯数字。SVM 方法应用在现实世界的第一个例子就是手写数字识别问题。Boser 等用多种方法对美国邮政手写数字库识别进行实验（边肇祺和张学工，2000），结果表明，人工识别错误率是 2.5%，5 层神经网络错误率是 5.1%，三种 SVM 方法的错误率分别是 4.0%、4.1%和 4.2%。这个实验的成功使得 SVM 方法成为数字识别领域的新工具。

SVM 方法对手写数字识别的研究主要集中在预处理、特征提取和分类器三个方面。马立权等（2001）针对预处理技术中二值化准确度的问题进行研究，为预处理中笔画丢失与断开和小内孔问题的解决提供了依据。陈军胜（2013）针对自由手写体书写风格差异大、上下文无关及识别准确度要求高等原因导致其识别难度大的问题，提出了一种基于组合结构特征的自由手写体数字识别新算法，通过扩展的字符结构特征识别算法自动、鲁棒地提取手写体数字字符端点、分叉点、横线等多种结构特征，并组合应用这些结构特征构造决策树完成手写体字符的自动识别。双小川和张克（2012）针对目前手写数字识别精度不高的问题，提出了基于手写数字图像的空间、旋转、层次和结构特性的特征提取方法，这种新的方法是把手写数字的统计和结构特征结合起来，以特征提取方法为基础，利用 LIBSVM 算法对手写数字特征进行训练和识别。

2. 语音识别

语音识别技术是人机接口应用的前沿技术之一，目的是使计算机听懂人类的语言，能够实现人类与计算机语言上的互通信息。

在语音识别技术中，大多数在有背景噪声或训练和测试环境不同的情况下效果大打折扣，所以某种程度上来说它们只适合于识别“干净”的语音。SVM 方法由于具有能较好地解决小样本、非线性、高维数和局部极小点等实际问题的优点，比隐马尔可夫模型（hidden Markov models，HMM）、ANN 等方法具有更好的泛化能力和分类精确性，更适合于语音识别。

国内早期将 SVM 方法用于语音识别是在汉语数字和孤立词的语音识别方面，实验的效果与 HMM 的基本相同，但是在这个实验中，SVM 方法所用的核函数是最基本的，并没有对它们进行描述。而且，这些实验也是在“干净”（即非噪声干扰）的环境中完成的。Liu 等（2007）介绍了一种混合系统，它将 SVM 与段长分布 HMM 结合起来，并用于普通话数字语音识别实验中，效果虽有所改善，但并不理想，并且算法复杂。王欢良等（2006）提出了一种使用 SVM 在 HMM 系统基础上进行二次识别来提高易混淆语音识别率的方法，这个方法通过引入置信度估计环节来提高系统的效率和性能。通过实验，这种方法在对识别速度影响较小的情况下，可使识别率比采用 SVM/HMM 混合结构模型的识别率有明显提高。白静等（2013）针对语音识别系统在噪声环境中识别率差的问题，提出了一种基于生境共享机制的并行结构人工鱼群算法优化 SVM 参数的方法，并用实验证明了其有效性。

3. 人脸检测与识别

人脸检测与识别的基本思想是用知识的或统计的方法对人脸建模，比较所有可能的待检测区域与人脸模型的匹配度，从而得到可能存在人脸的区域。

Osuna 等（1997b）最早将 SVM 方法用在人脸检测技术中，方法是训练非线性的 SVM 分类器将人脸与非人脸进行分类，并取得了良好的效果，但是这个方法仍有以下不足之处。

（1）SVM 方法本身的训练就需要大量的存储空间，而人脸检测需要收集大量的非人脸样本，这样就会影响分类器的性能。

（2）非线性SVM分类器需要大量的支持向量，这就导致分类器的速度很慢。

为了解决这些问题，马勇和丁晓青（2003）提出了一种基于层次型 SVM 的正面直立人脸检测方法，这个新型的分类器由一个线性 SVM 组合和一个非线性 SVM 组成，由前者在保证检测率的情况下快速排除图像中绝大部分非人脸区域，后者再对人脸候选区域进行进一步的确认。实验证明，这个方法不但有较高的检测率和较低的误检率，而且具有较小的计算量。人脸检测的技术一般都能很好地解决正面端正情况下的检测问题，但是对于姿态变化下的检测技术还没有得到很好的解决。叶航军等（2003）针对上述问题提出了基于 SVM 的人脸姿态判定算法，将人脸姿态划分为六类，从一个多姿态人脸库中手工标定出 1 800 幅人脸图像作为训练样本集，分别训练基于支持向量分类（support vector classification，SVC）和基于支持向量回归（support vector regression，SVR）两种分类器；另外标定出 300 幅人脸图像作为测试样本，实验结果表明，SVM 方法对于解决姿态判定问题是很有效的。傅由甲等（2011）提出了一种多姿态人脸特征定位方法，这种方法是让 SVM 先经过大量多姿态人脸五官样本的训练，然后再用它在搜索区域中辨别候选的眼、鼻及嘴区域，实现多姿态人脸五官的精确定位。实验证明，这种方法有良好的鲁棒性和精确性。

4. 文本分类

文本分类是根据给定文本的内容，将其判别为事先确定的若干个文本类别中的某一类或某几类的过程。

最先将 SVM 方法用于文本分类中的是 Joachims（1998），他在不同的语料库中进行了反复的实验，实验结果表明，SVM 方法在文本分析中的应用比其他方法（如贝叶斯、决策树）更有效，也有较好的泛化能力，并且解决了高维特征空间运算时存在的“维数灾难”问题。这一研究结果引起了很多相关学者的注意，他们对 SVM 方法应用在文本分类中进行了很多研究。Tong 和 Koller（2002）提出了 SVM 主动学习策略，并将其应用在文本分类中。卢增祥和李衍达（1999）针对文本过滤过程中训练样本少的问题，研究了一种交互式 SVM。Joachims（1999）提出了训练直推式 SVM 的方法，以解决在混合文本训练集上训练 SVM 的问题。陈毅松等（2003）在训练直推式 SVM 的基础上提出了基于 SVM 的渐进直推式分类学习算法，并取得了良好的效果。庄东和陈英（2005）针对大规模文档的高效分类，提出了一种基于加权近似 SVM 文本分类算法，这种方法是在近似 SVM 的基础上增加权值从而得到了改进。实验结果证明，这种算法的分类质量和速度都有所改进。赖苏等（2012）在多项式核函数 SVM 的基础上，将条件正定核混合多项式改进为一种混合型核函数，并用实验证明了其优越性。

4.2 LSSVM

4.2.1 LSSVM 原理

LSSVM 最早是由 Suykens 和 Vandewalle（1999）提出的，是一种改进型 SVM。SVM 能将优化问题转化成一个二次寻优求解问题，得到全局最优解，从而解决神经网络中无法避免的全局最小值问题。通过数据分析与学习，SVM 在处理数据量小的样本集、数据之间呈非线性关系及低维度向高维度映射等问题中具有优异的性能表现，同时在缓解维数难题和过度学习上起到了推动作用，已成功应用于分类、回归和时间序列预测等领域。SVM 中的“支持向量”是指支持平面上将两类数据划分开来的超平面的训练样本点，“机”是指机器学习领域中的算法。SVM 的计算基础是保证结构风险最小化，在解决高维度非线性分类与回归等问题时，利用非线性映射的方法，将原样本空间的数据转化到高维或者无穷维的特征空间中，并且在映射回来的特征平面中以最优划分或者回归线性超平面作为分类决策面。由于 SVM 具有稀疏性——其决策函数所需的支持向量较少，它可以很好地解决以往学习方法中存在非线性、局部极小、过学习、维数过高等问题，且计算过程相对简单。

SVM 的训练过程本质上为对偶优化的二次型寻优问题，此类问题的传统解法有对偶方法和内点算法等。当训练样本集规模扩大至一定程度时，SVM 容易出现的“维数灾难”现象，或者因内存的限制，将导致计算机上的数据处理受到极大限制。此外，对于回归问题，SVM 训练未知变量的个数比同等规模的分类问题增加了一倍，从而增加了大样本学习问题的求解难度。

LSSVM 同样基于结构风险最小化原则，利用最小二乘法将 SVM 中的不等式约束条件用等式约束条件来代替，在其优化问题的目标函数中使用误差平方和作为损失函数，使得优化问题的求解转变为一组线性方程组的计算，避免了 SVM 中对偶空间求解的二次规划问题，明显降低了算法的复杂程度，提高了运算速度，适合于求解大规模问题，更能适应于一般的应用。LSSVM 最初用于小样本、非线性的模式识别分类问题，近年来，由于其良好的非线性拟合能力，常用于非线性回归问题。

LSSVM 与 SVM 的区别主要在于以下几点。一是优化问题的构造。LSSVM 目标函数采用了误差的一次项与二次项，同时采用了等式约束替代了 SVM 的非等式约束，这就导致了在求解过程中两种算法的差异性。二是优化问题的求解。SVM 在求二次规划时，由于变量维数与训练样本个数相等，在运算矩阵中，元素的个数等于样本数量的二次方，当运算的规模越来越大时，SVM 的计算时间及空间复杂程度会明显提高，直接提高 SVM 算法的求解难度。LSSVM 通过求解线性方程组大大简化了算法的运算复杂程度，虽然不一定能获得全局最优解，但也可获得较高的准确度。三是解的稀疏性。通过求解二次问题，在标准 SVM 中，从理论上可以求出全局最优解，并使求出的全局最优解只依赖于少数支持向量，这就是 SVM 解的稀疏性。在 LSSVM 中，优化问题的目标函数使用了误差二次项和等式约束，使得最终结果与全部样本相关，因而失去了解的稀疏性。但是，LSSVM 通过修剪算法，可以缩减支持向量的个数，仍可在一定程度上保持解的稀疏性。

1. LSSVM 分类原理

设样本集为 $\left[\left(x_i, y_i\right)\right], i=1,2,\cdots,n, x_i \in R^d, y_i \in\{-1,+1\}$。分类型 LSSVM 就是决策函数：

$$f(x)=\operatorname{sgn}[\omega \bullet \Phi(x)+b] \tag{4.25}$$

求解 $f(x)$ 就是求解如下优化问题：

$$\begin{cases}\min J(\omega, e)=\dfrac{1}{2}\|\omega\|+\dfrac{C}{2} \sum\limits_{i=1}^n e_i^2 \\ \text{s.t. } y_i\left[\omega \bullet \Phi\left(x_i\right)+b\right]=1-e,\ i=1,2,\cdots,n\end{cases} \tag{4.26}$$

把约束优化问题变成无约束优化问题，建立 Lagrange 函数：

$$L(\omega,b,e;a)=J(\omega,e)-\sum_{i=1}^{n}a_i\{y_i[\omega\cdot\Phi(x_i)+b]-1+e_i\} \tag{4.27}$$

根据 KKT 条件，有

$$\begin{cases}\dfrac{\partial L}{\partial\omega}=0\rightarrow\omega=\sum_{i=1}^{n}a_iy_i\Phi(x_i)\\ \dfrac{\partial L}{\partial b}=0\rightarrow\sum_{i=1}^{n}a_iy_i=0\\ \dfrac{\partial L}{\partial e_i}=0\rightarrow a_i=Ce_i\\ \dfrac{\partial L}{\partial a_i}=0\rightarrow y_i[\omega\cdot\Phi(x_i)+b]-1+e_i=0\end{cases} \tag{4.28}$$

消去式（4.28）中的 e_i、ω 后得到线性方程组：

$$\begin{bmatrix}0 & y_n^{\mathrm{T}}\\ y_n & \Omega_n+C^{-1}I\end{bmatrix}\begin{bmatrix}b\\ a_n\end{bmatrix}=\begin{bmatrix}0\\ \vec{1}\end{bmatrix} \tag{4.29}$$

式中，$y_n=(y_1,y_2,\cdots,y_n)^{\mathrm{T}}$；$\vec{1}=(1,1,\cdots,1)^{\mathrm{T}}$；$a_n=(a_1,a_2,\cdots,a_n)^{\mathrm{T}}$；$\Omega_{n,ij}=y_iy_j\cdot[\Phi(x_i)\cdot\Phi(x_j)]=y_iy_j\cdot k(x_i,x_j)$，$i,j=1,2,\cdots,n$，$k(x_i,x_j)$为满足 Mercer 条件的核函数；$I$ 为相应维数的单位矩阵。记 $H_n=\Omega_n+C^{-1}I$，因为以 $k(x_i,x_j)$ 为元素构成的核矩阵半正定，故 Ω 半正定，H_n 正定，因此 H_n 可逆，则式（4.29）的解为

$$\begin{cases}b=\dfrac{y_n^{\mathrm{T}}H_n^{-1}\vec{1}}{y_n^{\mathrm{T}}H_n^{-1}y_n}\\ a_n=H_n^{-1}(\vec{1}-y_nb)\end{cases} \tag{4.30}$$

利用式（4.30）中等式最终获得分类函数为

$$f(x)=\operatorname{sgn}[\omega\cdot\Phi(x)+b]=\operatorname{sgn}\left[\sum_{i=1}^{n}a_iy_iK(x_i,x)+b\right] \tag{4.31}$$

为避免求 H_n^{-1}，可设 $H_n^{-1}\vec{1}=\gamma$、$H_n^{-1}y_n=\varepsilon$，因 H_n 对称正定，可用 Cholesky 分解法分别解方程 $H_n\gamma=\vec{1}$、$H_n\varepsilon=y_n$，得出 γ 和 ε，故有

$$\begin{cases}b=\dfrac{y_n^{\mathrm{T}}\gamma}{y_n^{\mathrm{T}}\varepsilon}\\ a_n=\gamma-\varepsilon b\end{cases} \tag{4.32}$$

2. LSSVM 回归原理

Suykens 和 Vandewalle（1999）在 SVM 的基础上提出了 LSSVM 回归算法，通过等式约束以替代 SVM 中的凸二次优化问题，并引入平方误差成本函数。LSSVM 相比一般 SVM 模型具有更好的优化效率及泛化性能。

假设训练集$\left[(x_i,y_i)\right], i=1,2,\cdots,n,\ x_i\in R^d, y_i\in R$，LSSVM 回归模型可以表示为如下形式：

$$f(x)=\omega\bullet\Phi(x)+b \tag{4.33}$$

式中，$\Phi(\bullet)$为将原始数据转化为高维数据的非线性函数，权重向量$\omega\in R^d$，偏置$b\in R$。b 的值通过最小化结构风险计算得到，因此模型的求解过程可以转化为如下优化问题：

$$\begin{cases}\min J(\omega\bullet e)=\dfrac{1}{2}\|\omega\|+\dfrac{C}{2}\sum\limits_{i=1}^{n}e_i^2\\ \text{s.t. } y_i=\omega\bullet\Phi(x_i)+b+e_i,\ i=1,2,\cdots,n\end{cases} \tag{4.34}$$

式中，误差变量$e=\left[e_1,\cdots,e_i\right]^{\mathrm{T}}$；$C$ 为惩罚参数，用于控制超出误差样本的惩罚度，以权衡模型复杂度及估计精确性。通过 Lagrange 函数求解优化问题：

$$L(\omega,b,e;a)=J(\omega,e)-\sum_{i=1}^{n}a_i a_i\left[\omega\bullet\Phi(x_i)+b+e_i-y_i\right] \tag{4.35}$$

根据 KKT 条件，有

$$\begin{cases}\dfrac{\partial L}{\partial\omega}=0\rightarrow\omega=\sum\limits_{i=1}^{n}a_i\Phi(x_i)\\ \dfrac{\partial L}{\partial b}=0\rightarrow\sum\limits_{i=1}^{n}a_i=0\\ \dfrac{\partial L}{\partial e_i}=0\rightarrow a_i=Ce_i\\ \dfrac{\partial L}{\partial a_i}=0\rightarrow\omega\bullet\Phi(x_i)+b+e_i-y_i=0\end{cases} \tag{4.36}$$

消去式（4.36）中e_i、ω后得到线性方程组：

$$\begin{bmatrix}0 & \vec{1}^{\mathrm{T}}\\ \vec{1} & \Omega_n+C^{-1}I\end{bmatrix}\begin{bmatrix}b\\ a_n\end{bmatrix}=\begin{bmatrix}0\\ y_n\end{bmatrix} \tag{4.37}$$

式中，$y_n=(y_1,y_2,\cdots,y_n)^{\mathrm{T}}$；$\vec{1}=(1,1,\cdots,1)^{\mathrm{T}}$；$a_n=(a_1,a_2,\cdots,a_n)^{\mathrm{T}}$；$\Omega_n=\left[\Phi(x_i)\bullet\Phi(x_j)\right]=k(x_i,x_j)$，$i,j=1,2,\cdots,n$，$k(x_i,x_j)$为满足 Mercer 条件的核函数；$I$ 为相应维数的单位矩阵。记$H_n=Q_n+C^{-1}I$，因为Q_n为核矩阵，故Q_n半正定，

因此 H_n 正定、可逆，则式（4.36）的解为

$$\begin{cases} b = \dfrac{\vec{1}^{\mathrm{T}} H_n^{-1} y_n}{\vec{1}^{\mathrm{T}} H_n^{-1} \vec{1}} \\ a_n = H_n^{-1}\left(y_n - \vec{1} b\right) \end{cases} \tag{4.38}$$

利用式（4.38）中等式将回归函数化为

$$f(x) = \omega \cdot \Phi(x) + b = \sum_{i=1}^{n} a_i K(x_i, x) + b \tag{4.39}$$

类似于分类情形，为避免求 H_n^{-1}，可设 $H_n^{-1}\vec{1} = \gamma$、$H_n^{-1} y_n = \varepsilon$，因 H_n 对称正定，可用 Cholesky 分解法解方程 $H_n \gamma = \vec{1}$、$H_n \varepsilon = y_n$，得出 γ，ε，故有

$$\begin{cases} b = \dfrac{\vec{1}^{\mathrm{T}} \varepsilon}{\vec{1}^{\mathrm{T}} \gamma} = \dfrac{\sum_{i=1}^{n} \varepsilon_i}{\sum_{i=1}^{n} \gamma_i} \\ a_n = \varepsilon - \gamma b \end{cases} \tag{4.40}$$

证明LSSVM回归与分类求解问题可以相互转换，因此现有的针对LSSVM回归（分类）设计的求解算法可以用来求解 LSSVM 分类（回归）。分类问题可看成 y_i 只取 ±1 的回归问题，并从上可知，计算式（4.39）中 Q_n 的元素比式（4.31）中 Ω_n 的元素要少做两次乘法运算，因此将分类问题转化为回归问题求解较快。

4.2.2　LSSVM 核函数选择

由 LSSVM 回归算法可知，对于非线性回归分析，LSSVM 通过非线性函数 $\Phi(\cdot)$ 将输入数据从非线性空间映射到线性空间，需要引入核函数，这也是核函数在LSSVM中所起作用之一。在LSSVM的计算中，无须计算出数据样本特征空间的维数、$\Phi(\cdot)$ 的表达式及其映射形式，只需求出数据样本在当前特征空间的内积，然后再通过核函数转换到高维特征空间，使其转变为线性回归，这样只需将高维特征空间的内积用当前数据样本的内积代替，不必关注数据样本被映射到几维空间。同时在 LSSVM 中，需要计算的数据向量是以内积形式出现的，核函数能起到简化映射空间中内积运算的作用，进而简化 LSSVM 的计算复杂度，将非线性回归问题变为线性回归估计。所以，核函数的选择对于 LSSVM 非常重要，选择适当的核函数是回归分析的重要步骤。

理论上讲，只要满足 Mercer 条件的函数均可以作为核函数，但核函数的选取不同，LSSVM 获得的性能也有所不同，因而核函数的选择也是改善 LSSVM 性能

的一个重要方面。常用的核函数有线性核函数、多项式核函数、径向基核函数、多层感知机核函数、傅里叶核函数。

（1）线性核函数：

$$K\left(x,x_i\right)=x^{\mathrm{T}}x_i \tag{4.41}$$

（2）多项式核函数：

$$K\left(x,x_i\right)=\left(x^{\mathrm{T}}x_i+\theta\right)^d \tag{4.42}$$

式中，$\theta \geqslant 0$ 为截距；d 为多项式的阶数，可取任意的正整数。

（3）径向基核函数：

$$K\left(x,x_i\right)=\exp\left(-\frac{\left\|x-x_i\right\|^2}{2\gamma^2}\right) \tag{4.43}$$

式中，γ^2 为核参数。

（4）多层感知机核函数：

$$K\left(x,x_i\right)=\left[z\bullet\left(x^{\mathrm{T}}x_i\right)+\theta\right] \tag{4.44}$$

式中，$z>0$ 为斜率；$\theta>0$ 为截距。

（5）傅里叶核函数：

$$K\left(x,x_i\right)=\frac{1-q^2}{2\left[1-2q\cos\left(x-x_i\right)+q^2\right]},\quad 0<q<1 \tag{4.45}$$

此外，还可以根据现有的核函数构造更复杂的核函数，常用的核函数构造方法如下。

（1）设 $K_x\left(x,x_i\right)$ 是 R^m 上的核函数，若 $\mu(x)$ 是从 R^m 到 R^N 的映射，则 $K_\mu\left(\mu(x),\mu\left(x_i\right)\right)$ 是 R^N 上的核函数。

（2）若 f 为 R^N 上的实函数，则

$$K_1\left(x,x_i\right)=f\left(x\right)f\left(x_i\right) \tag{4.46}$$

为核函数。

（3）设 F_1 和 F_2 是 R^N 上的核函数，常数 $a\geqslant 0$，则下列函数都是核函数：

$$K_1\left(x,x_i\right)=F_1\left(x,x_i\right)+F_2\left(x,x_i\right) \tag{4.47}$$

$$K_1\left(x,x_i\right)=a\times F_1\left(x,x_i\right) \tag{4.48}$$

$$K_1\left(x,x_i\right)=F_1\left(x,x_i\right)\times F_2\left(x,x_i\right) \tag{4.49}$$

（4）设 $K_1\left(x,x_i\right)$ 是 R^N 上的核函数，有系数全为正的多项式 $P(x)$，则

$$K_1\left(x,x_i\right)=P\times\left[K_1\left(x,x_i\right)\right] \tag{4.50}$$

为核函数。

径向基核函数是目前得到广泛应用的一种核函数，具有参数少、计算简单等

特点。通过核参数的选择，径向基核函数在理论上可以适用于任意分布的数据样本，因此本书选取径向基核函数作为 LSSVM 的核函数。

4.2.3 LSSVM 参数选择

1. 参数影响

基于径向基核函数的 LSSVM 有两个参数需要确定：正则化参数 ρ 和核参数 γ ，由这两个参数组成的参数组合对 LSSVM 的预测性能有重要影响。

1）正则化参数 ρ 的影响

正则化参数 ρ 在 LSSVM 复杂程度与训练误差之间取平衡，以使 LSSVM 有较好的推广能力。不同的数据子空间，其最优的 ρ 值也有所不同。在确定的数据子空间中，ρ 值设置得越大，超平面对已知训练样本分类错误的容忍度越低，意味着算法对分类错误越重视，但由此确定的分类超平面对未知测试样本的泛化推广能力变低，可能出现“过学习”现象。如果 ρ 值无穷大，表示超平面必须对已知训练样本完全准确地分类。同样的，ρ 值设置得越小，超平面对已知训练样本分类错误的容忍度越高，从而对训练误差的惩罚越小，导致 LSSVM 的复杂程度小而训练误差大，可能出现“欠学习”现象。因此，每个数据子空间至少存在一个合适的 ρ 值，使得 LSSVM 具备良好的推广能力。

2）核参数 γ 的影响

核参数 γ 反映了训练数据样本的分布或范围特性，它确定了局部邻域的宽度。如果 γ 值设置得小于已知训练样本点间的间隔，那么参数 γ 值将近似于零，核函数值趋近于零，导致 LSSVM 对已知训练样本完全正确分类，出现“过学习”现象，使得 LSSVM 对未知测试样本的泛化推广能力低，分类能力差。同样的，当 γ 值设置得比已知训练样本间的距离大得多时，γ 值将趋近于无穷，核函数值趋近于 1，导致 LSSVM 将整个样本归为样本数多的强类，同样会造成泛化推广能力变低。因此，核函数参数 γ 的不同选取会直接导致 LSSVM 分类准确度的变化。

2. 参数选择方法

从上面分析可知，LSSVM 的优良推广性能与其参数 ρ 和 γ 联系紧密。因此，为确保 LSSVM 的推广性能，根据训练样本数据选择合适的参数成为构建 LSSVM 的关键。由于 LSSVM 自身无法选择参数值，需借助适当的方法实现参数选择。传统的 LSSVM 参数选择方法包括网格搜索法、k-折交叉验证方法和贝叶斯学习方法。

1）网格搜索法

网格搜索法将自变量在取值区域内，由步距决定的网格作为依据进行分组，在一定的空间范围中划分网格，逐一计算各个网格点上的约束函数值。对符合约束条件的网格点再计算目标函数值，若无约束条件，则直接计算所有网格点的目标函数值，然后从中挑出使目标函数值最优（最大值或最小值）的那组自变量作为问题的解（吕中亮等，2016）。网格搜索法的优点是算法简单、容易实现且可同时搜索所需要的多个参数值，并可保证所得的搜索解基本是划定网格中的全局最优解。由于训练数据会影响参数组合的性能评价，对于同一组参数(ρ,γ)，拟合性能会随着训练数据改变而改变，尤其对于小样本训练，样本随机性对参数优选的影响较大，不利于模型的泛化和推广（韩晓慧等，2014）。

具体流程如下（郭超等，2014）：

（1）设定网格搜索中ρ值和γ值的范围及相对应的搜索步长。

（2）将数据集中训练样本分为i组，其中，任意$i-1$组作为训练样本，其余一组作为预测样本。使用 Libsvm 软件对选取的i组样本进行训练，然后对一组样本进行预测，记录下预测准确率。

（3）重复步骤（2），直到所有的参数都训练一遍。

（4）最后绘制预测准确率曲线图，据此确定最佳参数组合值。

（5）用训练好的模型解决实际问题。

2）*k*-折交叉验证方法

k-折交叉验证方法是普遍应用的 LSSVM 参数选择方法之一，它为计算成本和可靠的参数估计之间提供了最好的折中方案，该方法可能是目前 SVM 模型推广性能表现最好的办法之一。*k*-折交叉验证方法描述如下：将训练样本集随机地分成k个互不相交的子集，每个折的大小大致相等。利用$k-1$个训练子集，对给定的一组参数建立回归模型，利用剩下的最后一个子集的均方差评估参数的性能。根据以上过程重复K次，因此每个子集都有机会进行测试，根据K次迭代后得到的均方差的平均值来估计期望泛化误差，最后选择一组最优的参数。当$K=N$时，其中，N为训练样本数，每次迭代只留下一个样本作为测试，因此称为留一法（leave-one-out，LOO）。一般来说，K的选择是 5 或 10。如果学习曲线在给定训练容量的情况下有相当大的斜率，5 或 10-折交叉验证将过分估计真实预测误差。这种偏倚在实际当中是否是缺点取决于目标。而且，留一法交叉验证有较低的偏倚，但有较高的方差。总之，5 或 10-折交叉验证已被推荐为较好的折中方案。Duan 等（2003）建议采用 5-折交叉验证比较合适。

3）贝叶斯学习方法

利用贝叶斯定理，对 LSSVM 的超参数进行寻优，是通过最大化超参数的后验概率来获得最优解，主要框架分为 3 个准则的推断，其基本思想为最大化参数分布的后验，LSSVM 最优参数是在参数分布后验最大化情况下得到的。

（1）准则 1。

对于模型空间 H，训练样本数为 N 的样本集 D 和给定的超参数 $\lambda = 1/\rho$，由贝叶斯准则可得权值参数 w 的后验概率：

$$P(w|,D,\lambda,H) \propto P(D|,w,\lambda,H)P(w|\lambda,H) \quad (4.51)$$

假设训练样本独立同分布，且参数 w 的先验分布 $P(w|\lambda,H)$ 服从高斯分布，可得 w 的后验概率：

$$P(w|,D,\lambda,H) \propto \exp\left(-\frac{\lambda}{2}w^{\mathrm{T}}w - \sum_{i=1}^{N}e_i^2\right) \quad (4.52)$$

式中，e_i 为 LSSVM 对训练样本 i 的回归误差。通过式（4.52）可得权值参数 w 的最优解 w^b。

（2）准则 2。

令 $E_1 = \frac{1}{2}w^{\mathrm{T}}w$，$E_2 = \sum_{i=1}^{N}e_i^2$ 可得 λ 的后验概率：

$$P(\lambda|D,H) \propto \frac{(2\pi\lambda)^{k/2}\exp\left(-\lambda E_1^b - E_2^b\right)}{(\det A)^{1/2}} \quad (4.53)$$

$$A = \frac{\partial^2(\lambda E_1 + E_2)}{\partial w^2} = \lambda\nabla^2 E_1 + \nabla^2 E_2 \quad (4.54)$$

式中，E_1^b、E_2^b 分别为 E_1、E_2 在 w^b 处的值；通过最大化 $\ln P(\lambda|D,H)$ 可得最优解 λ^b，从而得到正则化参数 ρ 的最优解 ρ^b。

（3）准则 3。

假设 $P(H|D)$ 在所有训练样本上服从平坦分布，可得 H 的后验概率：

$$P(H|D) \propto \frac{p(D|\lambda^b,H)}{\sigma} \quad (4.55)$$

通过最大化 $\ln P(H|D)$ 可得到核参数 γ 的最优解 γ^b。

在 LSSVM 中，准则 1 可以推断参数 w 的值；准则 2 可用于推断参数 ρ 的值，通过计算参数的有效数和 Gram 矩阵的特征值来自动选择 ρ；准则 3 可用来估计核参数 γ。贝叶斯学习方法在 LSSVM 应用中得到了重视和发展，但针对特定问题，如何选择最优的核函数和最优的一组参数仍是一个难以解决的问题。

4.3 PSO 算法

4.3.1 基本 PSO 算法

优化所研究的问题是在众多方案中寻找最优方案。20 世纪 80 年代以来，一些新颖的优化算法得到了迅速发展。在一定程度上模拟了人脑的组织结构的 ANN；借鉴了自然界优胜劣汰的进化思想的遗传算法；受启发于自然界蚂蚁寻径方式的蚁群算法；源于物理学中固体物质的退火过程思路的模拟退火（simulated annealing，SA）；模拟了人类有记忆过程的智力过程的禁忌搜索（tabu search，TS）。这些算法有个共同点，都是通过模拟或揭示某些自然界的现象和过程得到发展，在优化领域称之为智能优化算法（intelligent optimization algorithms，IOA）。Eberhart 和 Kennedy 于 1995 年提出的 PSO（particle swarm optimization，粒子群优化）算法是源于群智能和人类认知的学习过程而发展起来的一种智能优化算法。PSO 算法非常适合于求解连续函数的优化问题，目前其应用已扩展到组合优化问题和离散型优化等问题。由于 PSO 算法原理简单，具有通用性强、所需参数较少、易于实现的优势，已经得到了众多学者的重视和研究，其应用领域非常广泛，主要包括训练 ANN、跟踪动态系统、多目标优化问题、求解约束满足问题、与控制工程问题的结合、动力系统方面应用、数据挖掘、参数估计等。PSO 算法是非线性连续优化问题、组合优化问题和混合整数非线性优化问题的有效优化工具，其在训练神经网络方面的应用已初具规模，现在已扩展到参数估计问题，多用户检测和离散问题等领域。总的来说，其他进化算法能够求解的问题或者能够转化为优化的问题，PSO 算法均能够求解。

PSO 算法是基于群体的演化算法，其思想来源于人工生命和演化计算理论。设想这样一个场景：一群鸟在随机搜寻食物，在这个区域里只有一块食物，所有的鸟都不知道食物在哪里，但是它们知道当前的位置距离食物还有多远。那么找到食物的最简单有效的策略就是搜寻目前距离食物最近的鸟的周围区域。PSO 算法就是从这种生物碱种群行为特性中得到启发并用于求解优化问题。在 PSO 算法中，每个优化问题的潜在可能解都可以想象成 d 维搜索空间上的一个点，我们称之为“粒子”（particle）。所有的粒子都有一个被目标函数决定的适应值，在每次迭代中，通过跟踪两个极值来更新自己：第一个就是粒子本身所找到的最好解，称为个体极值点（用pbest 表示其位置），另一个是整个种群目前找到的最好解，称为全局极值点（用 gbest 表示其位置）。粒子的速度和位置更新方程为

$$v_{id}^{(k+1)} = v_{id}^{(k)} + c_1 \times \mathrm{diag}\left[e_1, e_2, \cdots, e_R\right]_{id_1} \times \left(\mathrm{gbest} - p_{id}^{(k)}\right) + c_2 \times \mathrm{diag}\left[e_1, e_2, \cdots, e_R\right]_{id_2} \times \left(\mathrm{pbest} - p_{id}^{(k)}\right) \tag{4.56}$$

$$p_{id}^{(k+1)} = p_{id}^{(k)} + v_{id}^{(k)} \tag{4.57}$$

式中，$v_{id}^{(k+1)}$为粒子i的速度矢量；e_R为值在区间的随机矢量；c_1、c_2为加速系数（或称学习因子），分别调节向全局最好粒子和个体最好粒子方向飞行的最大步长，通常，令$c_1 = c_2 = 2$。PSO 算法流程图见图 4.2。

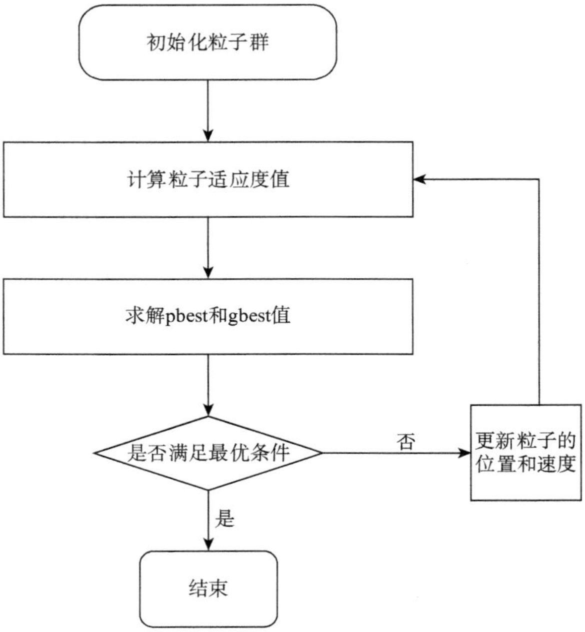

图4.2 PSO算法流程图

PSO 算法步骤如下。

第一步：初始化粒子群。设定加速系数c_1和c_2、最大进化代数、初始搜索点的位置及其速度，每个粒子的 pbest 值为当前位置。

第二步：计算粒子适应度值。已知各粒子的位置，根据适应度函数（如最小均方误差函数）求解各粒子的适应度值。

第三步：求解 pbest 和 gbest 值。如果粒子的适应度值好于该粒子当前的个体极值，则将pbest设置为该粒子的位置，且更新个体极值。如果所有粒子的个体极值中最好的好于当前的全局极值，则将gbest设置为该粒子的位置，记录该粒子的序号，并更新全局极值。

第四步：判别是否满足最优条件。若按照适应度函数最优判别原则已达到最优化条件，或当前迭代次数达到了最大进化代数，则停止迭代，输出最优解。否则更新粒子。

第五步：更新粒子的位置和速度。用式（4.56）和式（4.57）对每一个粒子的速度和位置进行更新。再转到第二步，进行新一轮迭代。

在以上算法描述中，粒子跟踪两个极值、自身极值和种群全局极值，称为全局版本 PSO 算法。另一种为局部版本 PSO 算法，粒子除了追随自身极值外，不跟踪全局极值而是追随拓扑近邻粒子当中的局部极值 lbest。两者收敛速度和跳出局部最优的能力有所差异。全局版本 PSO 算法通常收敛到最优点的速度较局部结构快，但更易陷入局部极小。在实际应用中，可以先用全局版本 PSO 算法找到大致的结果，再用局部版本 PSO 算法进行搜索。

4.3.2　PSO 算法的改进与发展

正如其他新生的事物一样，PSO 算法初始时也不可能非常完善，在实际应用时，往往出现早熟收敛和全局收敛性能差等缺点。在 PSO 算法中 gbest 将信息传给其他粒子，是单向的信息流动，多数情况下，所有的粒子可能更快地收敛于最优解，且每个粒子在算法结束时仍然保持着其个体极值。PSO 算法对种群大小不十分敏感，收敛快，但也存在着精度较低、易发散等缺点。当加速系数、最大速度等参数太大时，粒子群可能错过最优解，算法不收敛；在收敛的情况下，所有的粒子都向最优解方向飞去，粒子趋向同一化，失去了多样性，使得后期收敛速度明显变慢，同时算法收敛到一定精度时，无法再继续优化。

1. 标准 PSO 算法

1）惯性权重（inertia weight）的引入

为了更好地控制算法的寻优能力，Shi 和 Eberhart（1998）在式（4.56）中引入惯性权重 δ，则为

$$\begin{aligned} v_{id}^{(k+1)} = \delta \times v_{id}^{(k)} + c_1 \times \operatorname{diag}\left[e_1, e_2, \cdots, e_R\right]_{id_1} \times \left(\text{gbest} - p_{id}^{(k)}\right) \\ + c_2 \times \operatorname{diag}\left[e_1, e_2, \cdots, e_R\right]_{id_2} \times \left(\text{pbest} - p_{id}^{(k)}\right) \end{aligned} \tag{4.58}$$

用 δ 来控制前面的速度对当前速度的影响，较大的 δ 可以加强 PSO 算法的全局搜索能力，较小的 δ 能加强 PSO 算法的局部搜索能力。张丽平（2005）导出了惯性权重 PSO 算法的收敛性条件，当 $\delta>1/2\left(c_1+c_2\right)-1$，$\delta<1$，$c_1+c_2>0$ 时，粒子必定收敛到极值点。初始时，Shi 将 δ 取值为常数，但后来的试验发现，动态惯性权重能够获得比定值更好的寻优结果，出现了许多动态权重 PSO 算法方法，如线性

递减权重、模糊惯性权重（Shi and Eberhart，2001）、自适应权重等。目前采用较多的惯性权重是 Shi 建议的线性递减权重，即

$$\delta^{(k)}=\left(\delta_{\text{int}}-\ \delta_{\text{fin}}\right)\left(K_{\max}-k\right)/+\delta_{\text{fin}} \tag{4.59}$$

这样使得 PSO 算法在开始时探索较大的区域，较快地定位最优解的大致位置，随着权重的减小，粒子速度减慢，开始精细的局部搜索。当待解问题很复杂时，该法使得 PSO 算法在迭代后期全局搜索能力不足，导致不能找到最优解，这时可以用自适应调节权重来克服这一问题。

2）收缩因子的引入

Clerc 建议采用收缩因子来保证 PSO 算法收敛。这种方法的速度更新方程为

$$\begin{aligned}v_{id}{}^{(k+1)}=\chi\times\Big[&v_{id}{}^{(k)}+c_1\times\operatorname{diag}\left(e_1,e_2,\cdots,e_R\right)_{id_1}\times\left(\text{gbest}-p_{id}^{(k)}\right)\\&+c_2\times\operatorname{diag}\left(e_1,e_2,\cdots,e_R\right)_{id_2}\times\left(\text{pbest}-p_{id}^{(k)}\right)\Big]\end{aligned} \tag{4.60}$$

式中，$\chi=2\Big/\left|2-\varPhi-\left(\varPhi^2-4\varPhi\right)^{\frac{1}{2}}\right|$为压缩因子，$\varPhi=c_1+c_2$，且$\varPhi>4$。

收缩因子法可使粒子轨迹最终收敛，且可以有效搜索不同的区域，能得到高质量的解，若同时将每维的最大速度设置为一维搜索空间的大小，则可得到更好效果。

2. 复合 PSO 算法

与其他进化算法类似，PSO 算法也有一些控制自身特性的参数，它们与被优化的问题相关，其设置将严重影响算法的寻优和收敛特性。这些参数的确定需由用户选定，但尚无成熟规则可循，只能凭借研究经验做出选择，十分困难。复合 PSO 算法将 PSO 算法控制参数的选取作为一个优化问题，在搜索过程中逐代优选。张丽平（2005）提出引入简单遗传算法，组合为复合 PSO 算法。实验结果表明，这种复合 PSO 算法的搜索精度有明显提高，但其计算时间有所增加，收敛速度也有所下降。

3. 自适应 PSO 算法

PSO 算法在应用当中碰到的一个主要问题就是种群多样性的损失过快。对这个问题，提出的方法有空间邻域法、邻域拓扑法、社会趋同法等。这些不同的方法可归结为两类思路，即前馈和反馈。直接控制 PSO 算法的参数来保持种群多样性为前馈策略，根据种群进化过程多样性测度函数来保持种群多样性为反馈策略。由于反馈策略可以随时监控进化信息，对复杂的系统通过引入反馈来保持种群多样性更为有效。

1）权重的自适应调节

寻优初期，为了增加算法的全局搜索能力，惯性权重应随种群多样性的增加而递增 k 寻优后期，为了增加算法的局部搜索能力，惯性权重则应随种群多样性的减少而递减。按上述原则设计的方法具有自动适应粒子在搜索过程中不同分布情况而调整搜索方向的功能。基于上述理念，取惯性权重为平均粒距的线性函数：

$$\delta(k) = A \times D(k) + B \tag{4.61}$$

通过惯性权重与平均粒距的函数关系，自适应地调节惯性权重，使之动态地适应进化过程，提高计算精度和收敛速度。

2）序列生境技术

最初是用在遗传算法中的序列生境技术可以系统地访问每一个全局极。其思想是在找到每一个极值后，都用下降函数来自适应地改变适应值函数，如此算法就不会再回到该极值。虽然将序列生境技术引入 PSO 算法会引起参数选择和更多局部极值等问题，但该方法能够枚举所有全局极值，在多目标优化问题上具有一定意义。

3）自适应改变目标函数

为了减少定位所有全局极值的花费，将自适应改变目标函数方法应用到 PSO 算法中。提出一个两步的转化过程来改变目标函数，以防止 PSO 算法返回已经找到的局部极值。自适应改变目标函数方法虽然增加了计算量，但能跳出局部最优，有效定位全局最优点，有助于 PSO 算法稳定收敛，但自适应改变目标函数方法不能枚举全部最优。

4）自适应比例项

为原始 PSO 算法的速度限制中添加一比例项来控制最大速度限制。若 $v_{id} > \left(1-(k/K)^h\right)V_{\max}$，则 $v_{id}=\left(1-(k/K)^h\right)V_{\max}$。若 $v_{id} < -\left(1-(k/K)^h\right)V_{\max}$，则 $v_{id} = -\left(1-(k/K)^h\right)V_{\max}$。

比例项的存在使算法搜索范围逐渐减小。自适应比例项方法不但加快了收敛速度，而且提高了最优解的可靠性，但增加了算法陷入局部最优的可能性。

4. 混合 PSO 算法

借鉴遗传算法的思想，研究者们提出了混合 PSO 算法的概念。由于 PSO 算法搜索过程在很大程度上依赖 pbest 和 gbest 这两个极值的限制，选择机制的引入将会减弱其影响。混合 PSO 算法就是将基本 PSO 算法和选择机制相结合而得到的。混合 PSO 算法主要应用 PSO 算法的基本机制及演化计算所采用的自然选择机制，该法提高了 PSO 算法的局部搜索能力，但同时削弱了全局搜索能力。研究者们提出一个利用梯度信息的混合 PSO 算法，其主要思想是利用梯度信息使算法搜索到局部最优点，该方法的最大特点是不需要邻居结构，可节省标准 PSO 算法需要比较的计算量，加快收敛速度；也有人提出将 Powell 方法嵌入 PSO 算法中，以提高解的精度。混合 PSO 算法由于局部搜索能力增强，可找到最优点，且可克服早熟收敛问题，但其是以计算时间的增加为代价的。

5. 二进制 PSO 算法

PSO 算法最初是从解决连续优化问题发展起来的，后来经过研究，研究人员提出离散二进制 PSO 算法。限制每一维位置和 pbest 为 1 或者为 0，速度不做这样的限制，当用速度来更新位置时，如果速度高一些，粒子的位置更有可能选 1，速度低一点则选 0，阈值在[0,1]，则二进制 PSO 算法的公式为

$$\begin{aligned}&\text{if}\ \ p_{id}^{k+1} < \operatorname{sig}\left(\text{vel}_{id}^{k+1}\right),\ \text{then}\ p_{id}^{k+1}\ \text{else}\\ &p_{id}^{k+1} = 0\end{aligned} \tag{4.62}$$

式中，$\operatorname{sig}(x)=1/\left(1+\exp(-x)\right)$；$p_{id}^{k+1}$ 的各个分量是[0,1]的随机数。为了防止 Sigmoid 函数饱和，可将其速度限制在[−4,+4]，其他部分与基本连续 PSO 算法类似。

6. 异步 PSO 算法

对 PSO 算法的改进，上述算法的实现基本上都集中在同步处理上，即各个粒子的每一次搜索行为都处在同一个迭代步中进行。粒子在很大程度上失去了独立性，以至最优粒子的信息不能及时地共享。张丽平（2005）提出 PSO 算法的异步模式，采用 Java 的多线程技术实现，把每个粒子的行为看成一个独立的线程或进程，运行中的粒子充分表现出高度的独立性，而在种群层次上表现为异步性。实验表明，这种异步模式的收敛速度较同步模式有显著提高。

7. 其他 PSO 算法

1）协同 PSO 算法

Bergh 和 Engelbrecht（2002）提出了协同 PSO 算法，其基本思想是用 K 个相互独立的粒子群分别在 D 维目标搜索空间中的不同维度方向上进行搜索。在每一步迭代中，这 K 个粒子群相互独立地进行状态更新，粒子群之间不共享信息。当计算适应值时，将每个粒子群中最优粒子的位置向量拼接起来，组成 D 维向量，并代入适应函数计算适应值。协同 PSO 算法有明显的“启动延迟”现象，在迭代初期，适应值下降缓慢，收敛速度慢，但比基本 PSO 算法易于调出局部极小点，达到较高的收敛精度。

2）分层 PSO 算法

在分层 PSO 算法中，粒子位置和速度的改变仅受到其自身当前最好位置和自身直接上层粒子的影响。所有粒子都被安排成树形，并且树的每个节点只有一个粒子，粒子在自己节点和父节点可以互相调换，更好位置的粒子向上移动。这种比较首先从最高层开始，其次按照宽度优先原则直到底层。分层 PSO 算法性能要优于标准 PSO 算法（Janson and Middendorf，2003）。

3）保收敛 PSO 算法

若粒子当前位置恰好是全局最好位置，将导致早熟，Bergh 和 Engelbrecht（2002）提出对全局最好粒子用一个新的更新方程，方程将该粒子的位置复位到全局极值点，并且使其在全局最好位置附近产生一个随机搜索，其他粒子仍用原方程更新。该方法确保 PSO 算法收敛到局部最优，较基本 PSO 算法在收敛速度上有很大提高，但不能保证算法收敛到全局最优。

4.4　基于 LSSVM-PSOTVAC 模型的京津冀物流业碳排放预测

4.4.1　LSSVM-PSOTVAC 模型

1. PSOTVAC 算法

加速系数 c_1 和 c_2 是 PSO 算法中另一重要的控制参数，其合理设置可以提高算法收敛速度且不易陷入局部极值。PSO 算法在运行过程中，希望粒子初期的运动能力增强，增加粒子自身的经验信息，进行全局搜索，避免陷入局部极值；到了后期，希望粒子的运动能力减弱，加强粒子的社会经验信息的交流，进行局部精细搜索，改善收敛性。为此，Chaturvedi 等（2009）提出了 PSOTVAC 算法，通过调节加速系数增加粒子的多样性和全局收敛能力，改善算法的搜索性能。PSOTVAC 算法在算法搜索初期，采用较大的 c_1 值和较小的 c_2 值，使粒子尽量发散到搜索空间，即增强粒子自身的经验，较少受到其他粒子经验信息的影响，以增加群内粒子的多样性；随着迭代次数的增加，c_1 线性递减、c_2 线性递增，从而加强粒子向全局最优点的收敛能力。加速系数 c_1 和 c_2 的更新公式为

$$c_1 = c_{1,\mathrm{ini}} + \left(c_{1,\mathrm{fin}} - c_{1,\mathrm{ini}}\right)k / k_{\max} \tag{4.63}$$

$$c_2 = c_{2,\mathrm{ini}} + \left(c_{2,\mathrm{fin}} - c_{2,\mathrm{ini}}\right)k / k_{\max} \tag{4.64}$$

式中，k 为当前迭代次数；$k_{\max}$ 为最大迭代次数；$c_{1,\mathrm{ini}}$、$c_{2,\mathrm{ini}}$ 分别为 c_1 和 c_2 的初始

值；$c_{1,\text{fin}}$、$c_{2,\text{fin}}$分别为c_1和c_2的最终值，$c_1+c_2\leqslant 4$。在迭代过程中，当c_1和c_2为常数且$c_1=c_2$时，自身经验与社会经验对粒子搜索过程具有相同程度的影响；当c_1和c_2为对称的线性变化关系，即$c_{1,\text{ini}}=c_{2,\text{inf}}$且$c_{2,\text{ini}}=c_{1,\text{inf}}$时，自身经验与社会经验对粒子搜索过程起完全互补的作用；当c_1和c_2为非对称的线性变化关系，即$c_{1,\text{ini}}\neq c_{2,\text{inf}}$且$c_{2,\text{ini}}\neq c_{1,\text{inf}}$时，自身经验与社会经验对粒子搜索过程具有不同程度的影响。

采用适应度函数指导最优参数的搜索，从训练样本集 L（共 N 组数据）中选出 l 组数据形成训练样本子集 U 建立并训练 LSSVM 模型，L 中其他数据作为检验样本子集 V 检验模型。适应度函数定义如下：

$$F=\frac{1}{l}\sum_{j=1}^{l}\left[y_j^U-f\left(x_j^U\right)\right]^2+\frac{1}{N-l}\sum_{s=1}^{N-l}\left[y_s^V-f\left(x_s^V\right)\right]^2 \tag{4.65}$$

式中，第一项与第二项分别为 LSSVM 的训练误差和检验误差；y_j^U 与 $f\left(x_j^U\right)$ 分别为第 j 组训练样本的实际值和预测值；y_s^V 与 $f\left(x_s^V\right)$ 分别为第 s 组检验样本的实际值和预测值。

PSOTVAC 算法的主要计算步骤如下。

步骤 1：随机初始化粒子群参数及各粒子的位置和速度。

步骤 2：评价每个粒子的适应度，将当前各粒子的位置和适应度值存储在各粒子的 pbest 中，将所有 pbest 中适应度值最优个体的位置和适应度值存储在各粒子的 gbest 中。

步骤 3：根据式（4.58）更新粒子的速度和位移，式（4.63）和式（4.64）更新加速系数，式（4.59）更新惯性权重。

步骤 4：将每个粒子的适应度值与其经历过的最好位置做比较，若更优，则将其作为当前的最好位置；比较当前所有 pbest 和 gbest 的值，若更优，则更新 gbest。

步骤 5：判断是否达到预设的迭代次数或期望误差，若是，则停止搜索，输出结果；否则，返回步骤 2，继续搜索。

2. PSOTVAC 优化 LSSVM 参数

PSOTVAC 算法优化选择 LSSVM 最优参数（记作 LSSVM-PSOTVAC 模型），相当于将 LSSVM 的构建及预测过程融入 TOOPSO 算法的寻优过程中。基本思路是每个粒子代表一组参数组合(γ,σ)，在参数组合(γ,σ)上构成的二维搜索空间中搜索全局最优解，将 LSSVM 的预测精度设为适应度函数，计算每个粒子对应的适应度值，通过适应度值来寻找粒子群的全局最优位置。LSSVM-PSOTVAC 模型构建及预测的步骤具体如下。

步骤 1：预处理数据。对原始数据样本（N 组数据样本）进行归一化处理，再将归一化后的数据样本分为两部分：训练样本集 L 和验证样本集 Z。

步骤 2：初始化粒子群。设置粒子群参数，包括种群规模数 m，初始、最终加速系数 $c_{1,\text{ini}}$ 、 $c_{2,\text{ini}}$ 和 $c_{1,\text{fin}}$ 、 $c_{2,\text{fin}}$ ，最大、最小惯性权重 $\delta_{\max}$ 和 $\delta_{\min}$ ，最大迭代次数 $k_{\max}$ 。随机产生一组参数组合 (γ,σ) 作为粒子的初始速度和位置，将每个粒子的当前位置设为个体最优位置，并分别设定速度和位置的范围。

步骤 3：定义适应度函数。按式（4.65）定义适应度函数。

步骤 4：更新粒子最优位置。取 $l=(3/4)N$，按式（4.65）计算各粒子的适应度值，更新粒子的个体最优值位置为最优适应度值所对应的位置，更新粒子的全局最优位置为所有粒子最优适应度值所对应的位置。加速系数 c_1 、 c_2 按式（4.63）、式（4.64）更新，惯性权重 δ 按式（4.59）更新。

步骤 5：判断终止条件。若所有粒子的最优位置适应值或迭代次数满足要求，则停止计算，此时全局最优位置 gbest 为 LSSVM 的最优参数组合 (γ^*,σ^*) ；否则，$k=k+1$，转到步骤 3。

步骤 6：建立 LSSVM 模型。通过最优参数组合 (γ^*,σ^*) 获得系数 $\alpha_i\ (i=1,2,\cdots,N)$ 和 b 后，建立LSSVM模型并进行物流需求预测，再将获得的预测值逆归一化为原物流需求的预测值。

4.4.2　京津冀物流业碳排放预测

1. 指标选取

利用LSSVM-PSOTVAC模型预测京津冀物流业碳排放指标，包括京津冀物流业碳排放量、京津冀物流业碳排放强度和京津冀物流业人均碳排放量三项指标。以2009~2017年以上指标进行LSSVM-PSOTVAC模型的训练与验证，再通过验证的 LSSVM-PSOTVAC 模型预测未来京津冀物流业碳排放三项指标。

2. LSSVM-PSOTVAC 模型构建与预测

京津冀 2009~2017 年物流业碳排放量数据见表 2.61，京津冀 2009~2017 年物流业碳排放强度数据见表 2.63，京津冀 2009~2017 年物流业人均碳排放量数据见表 2.65。首先，将京津冀物流业碳排放量、京津冀物流业碳排放强度和京津冀物流业人均碳排放量三项指标的全部数据样本归一化到[0,1]，结果如表 4.1 所示。

表 4.1　京津冀 2009~2017 年物流业碳排放指标数据归一化结果

年份	碳排放量	碳排放强度	人均碳排放量
2009	0	1.000 0	0
2010	0.286 4	0.568 3	0.304 7
2011	0.529 6	0.449 5	0.596 6
2012	0.703 5	0.523 0	0.782 5
2013	0.556 3	0.146 0	0.516 5
2014	0.592 1	0.056 3	0.517 2
2015	0.671 2	0.101 5	0.592 3
2016	0.951 1	0.185 7	0.951 4
2017	1.000 0	0	1.000 0

其次，通过归一化后的数据样本构建 LSSVM-PSOTVAC 模型。在 LSSVM-PSOTVAC 模型中，PSOTVAC 算法的自身控制参数分别设置如下：群体规模 m=20，最大迭代次数 $k_{\max}$=30，两对加速系数 $c_{1,\text{ini}}=2.5$、$c_{1,\text{fin}}=0.5$；$c_{2,\text{ini}}=0.5$、$c_{2,\text{fin}}=2.5$，最大、最小惯性权重分别为 $\delta_{\max}$、$\delta_{\min}$。当利用 PSOTVAC 算法选择 LSSVM 参最优数时，将仿真多次的最优结果对应的参数作为最优参数组合 (γ^*,σ^{2*})，基于最优参数组合 (γ^*,σ^{2*}) 构建 LSSVM。

最后，利用 LSSVM 分别预测京津冀 2010~2017 年物流业碳排放量、京津冀物流业碳排放强度和京津冀物流业人均碳排放量三项指标，将获得的预测值逆归一化为原始数据的预测值。

3. LSSVM-PSOTVAC 模型验证

采用两种不同的评价标准验证LSSVM-PSOTVAC模型的样本内预测性能。第一种方法是利用预测相对误差（forecasting relative error，FRE）检验模型的预测精度，计算公式如下：

$$\text{FRE}=\frac{\hat{y}_\tau-y_\tau}{y_\tau}\times 100\% \tag{4.66}$$

式中，y_τ 与 $\hat{y}_\tau$ 分别为京津冀物流业碳排放指标的实际值与预测值，$\tau=1,2,\cdots,T$，T 为预测样本数。FRE 的绝对值越小，模型的预测精度越高。FRE 为正值，表示模型的预测值高于实际值；FRE 为负值，表示模型的预测值低于实际值；FRE 为零，表示模型的预测值与实际值相等。

第二种方法是利用四个评价指标，包括均方根误差（root mean squared error，RMSE）、平均绝对误差（mean absolute error，MAE）、平均绝对百分比误差（mean absolute percentage error，MAPE）、西尔（Theil）统计量，综合验

证模型的预测性能。另外，通过时间（Time）指标分别记录算法搜索 LSSVM 最优参数所需的时间。Time 指标值越小，表明算法的搜索能力越强。RMSE、MAE、MAPE、Theil 的计算公式如下：

$$\text{RMSE}=\left[T^{-1}\sum_{\tau=1}^{T}\left(\hat{y}_{\tau}-y_{\tau}\right)^{2}\right]^{1/2} \tag{4.67}$$

$$\text{MAE}=T^{-1}\sum_{\tau=1}^{T}\left|\hat{y}_{\tau}-y_{\tau}\right| \tag{4.68}$$

$$\text{MAPE}=T^{-1}\sum_{\tau=1}^{T}\left|\hat{y}_{\tau}-y_{\tau}/y_{\tau}\right| \tag{4.69}$$

$$\text{Theil}=\frac{\text{RMSE}}{\left(T^{-1}\sum_{\tau=1}^{T}\left(\hat{y}_{\tau}\right)^{2}\right)^{1/2}+\left(T^{-1}\sum_{\tau=1}^{T}\left(y_{\tau}\right)^{2}\right)^{1/2}} \tag{4.70}$$

式中，y_{τ} 和 $\hat{y}_{\tau}$ 分别为京津冀物流业碳排放指标的实际值和预测值，$\tau=1,2,\cdots,T$，T 为预测样本数。RMSE、MAE、MAPE、Theil 值越小，模型的预测性能越好。

为便于比较LSSVM-PSOTVAC模型的有效性，基于相同的数据样本集，分别利用LSSVM-PSO模型和LSSVM-CV模型预测京津冀物流业碳排放量、京津冀物流业碳排放强度和京津冀物流业人均碳排放量三项指标。其中，LSSVM-PSO 模型通过 PSO 算法优化 LSSVM 最优参数，PSO 算法的自身控制参数设置如下：群体规模 M=30，两加速系数 $c_1=c_2=2$，最大、最小惯性权重 $\delta_{\max}$、$\delta_{\min}$，最大迭代次数为 $k_{\max}$；LSSVM-CV 模型采用 5-折交叉验证法（five-fold cross validation，5-CV）确定 LSSVM 的最优参数。最后，将三个模型的预测结果与 LSSVM-PSOTVAC 模型进行比较。

4. 验证结果分析

表 4.2 列出了京津冀 2010~2017 年物流业碳排放量预测结果，图 4.3 给出了京津冀 2010~2017 年物流业碳排放量预测值曲线图。由表 4.2 和图 4.3 可知，在所考察的样本期内，相比于LSSVM-PSO模型和LSSVM-CV模型，LSSVM-PSOTVAC模型更准确地预测出了京津冀物流业碳排放量的增长趋势，预测值更接近于实际值。LSSVM-PSOTVAC 模型的最大、最小 FRE 值为−6.75%和−0.01%，分别小于 LSSVM-PSO 模型和 LSSVM-CV 模型的最大、最小 FRE 值，表明 LSSVM-PSOTVAC 模型对京津冀物流业人均碳排放量的预测精度高于 LSSVM-PSO 模型和 LSSVM-CV 模型。此外，LSSVM-PSOTVAC 模型 2010~2017 年的 FRE 值呈波动性变化趋势，2010~2011 年的 FRE 值相对较小，分别为−0.01%和 0.11%，2012~2016 年的 FRE 值相对较大，其绝对值除 2015 年外均超过了 1.00%，从 2012 年的−1.57%波动增加到 2016 年的−6.75%，2017 年又减少到−0.26%，但仍大

于 2010 年和 2011 年的 FRE 值，说明 LSSVM-PSOTVAC 模型适合于京津冀物流业碳排放量的短期预测。

表 4.2 京津冀 2010~2017 年物流业碳排放量预测结果

年份	碳排放量/万吨	LSSVM-PSOTVAC		LSSVM-PSO		LSSVM-CV	
		预测值/万吨	FRE	预测值/万吨	FRE	预测值/万吨	FRE
2010	5 697.96	5 697.18	−0.01%	5 717	0.33%	5 737	0.69%
2011	6 217.84	6 224.88	0.11%	6 181	−0.59%	6 143	−1.20%
2012	6 589.66	6 486.48	−1.57%	6 477	−1.71%	6 490	−1.51%
2013	6 274.95	6 681.62	6.48%	6 711	6.95%	6 737	7.36%
2014	6 351.62	6 512.51	2.53%	6 510	2.49%	6 528	2.78%
2015	6 520.58	6 548.81	0.43%	6 555	0.53%	6 579	0.90%
2016	7 119.19	6 638.88	−6.75%	6 663	−6.41%	6 691	−6.01%
2017	7 223.70	7 205.14	−0.26%	7 182	−0.58%	7 090	−1.85%

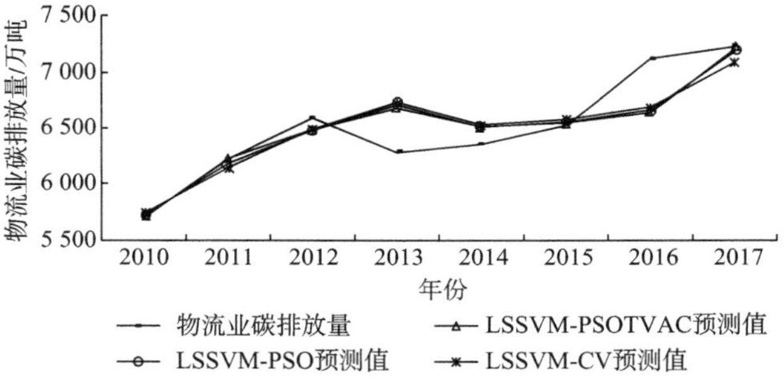

图4.3 京津冀2010~2017年物流业碳排放量预测值曲线图

表 4.3 列出了京津冀 2010~2017 年物流业碳排放强度预测结果，图 4.4 给出了京津冀 2010~2017 年物流业碳排放强度预测值曲线图。由表 4.3 和图 4.4 可知，在所考察的样本期内，相比于 LSSVM-PSO 模型和 LSSVM-CV 模型，LSSVM-PSOTVAC 模型更准确地预测出了京津冀物流业碳排放强度的波动下降的变动特征，预测值更接近于实际值。LSSVM-PSOTVAC 模型 2010~2017 年的 FRE 值明显小于 LSSVM-PSO 模型和 LSSVM-CV 模型的对应值，其最大、最小 FRE 值均比较小，仅为−0.26%和 0，表明 LSSVM-PSOTVAC 模型对京津冀物流业碳排放强度的预测精度高于 LSSVM-PSO 模型和 LSSVM-CV 模型。此外，LSSVM-PSOTVAC 模型 2010~2017 年的 FRE 值呈波动性变化趋势，2014~2016 年的 FRE 值相对较大，绝对值均超过了 0.10%；2010~2013 年、2017 年的 FRE 值相对较小，先从 2010 年的 0 减少到 2011 年的−0.06%，再减少到 2012 年的−0.04%，之后增加到 2013 年的 0.09%，2017 年又减少为−0.07%，高于 2010~2012 年的 FRE 值，表明 LSSVM-PSOTVAC 模型适合于京津冀物流业碳排放强度的中短期预测。

表 4.3　京津冀 2010~2017 年物流业碳排放强度预测结果

年份	碳排放强度/（吨/万元）	LSSVM-PSOTVAC		LSSVM-PSO		LSSVM-CV	
		预测值/（吨/万元）	FRE	预测值/（吨/万元）	FRE	预测值/（吨/万元）	FRE
2010	6.473 2	6.473 2	0	6.479 9	0.10%	6.526 9	0.83%
2011	6.238 9	6.235 4	−0.06%	6.108 3	−2.09%	6.059 1	−2.88%
2012	6.383 9	6.381 1	−0.04%	5.956 8	−6.69%	5.930 1	−7.11%
2013	5.640 5	5.645 5	0.09%	6.051 6	7.29%	6.010 0	6.55%
2014	5.463 6	5.477 4	0.25%	5.580 1	2.13%	5.600 2	2.50%
2015	5.552 8	5.558 8	0.11%	5.489 7	−1.14%	5.502 6	−0.90%
2016	5.718 7	5.703 8	−0.26%	5.533 4	−3.24%	5.551 8	−2.92%
2017	5.352 6	5.349 0	−0.07%	5.624 4	5.08%	5.643 4	5.43%

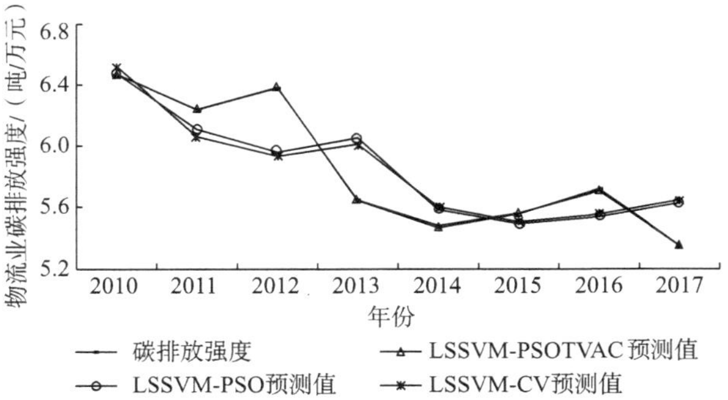

图4.4　京津冀2010~2017年物流业碳排放强度预测值曲线图

表 4.4 列出了京津冀 2010~2017 年物流业人均碳排放量预测结果，图 4.5 给出了京津冀 2010~2017 年物流业人均碳排放量预测值曲线图。由表 4.4 和图 4.5 可知，相较于 LSSVM-PSO 模型和 LSSVM-CV 模型，LSSVM-PSOTVAC 模型更准确地预测出了京津冀物流业人均碳排放量的波动变化特征，预测值更接近于实际值。LSSVM-PSOTVAC 模型的最大、最小 FRE 值为−6.04%和−0.07%，分别小于 LSSVM-PSO 模型和 LSSVM-CV 模型的最大、最小 FRE 值，表明 LSSVM-PSOTVAC 模型对京津冀物流业人均碳排放量的预测精度高于 LSSVM-PSO 模型和 LSSVM-CV 模型。此外，LSSVM-PSOTVAC 模型 2010~2017 年的 FRE 值呈波动性变化趋势，2010~2011 年的 FRE 值相对较小，分别为−0.07%和 0.20%，2012~2017 年的 FRE 值相对较大，其绝对值均超过了 1.00%，从 2012 年的−2.40%波动减少到 2017 年的−1.65%，但仍高于 2010~2011 年的 FRE 值，说明 LSSVM-PSOTVAC 模型适合于京津冀物流业人均碳排放量的短期预测。

表 4.4　京津冀 2010~2017 年物流业人均碳排放量预测结果

年份	人均碳排放量/（吨/人）	LSSVM-PSOTVAC		LSSVM-PSO		LSSVM-CV	
		预测值/（吨/人）	FRE	预测值/（吨/人）	FRE	预测值/（吨/人）	FRE
2010	0.545 0	0.544 6	−0.07%	0.546 2	0.22%	0.552 1	1.30%
2011	0.585 8	0.587 0	0.20%	0.583 1	−0.46%	0.576 3	−1.62%
2012	0.611 8	0.597 1	−2.40%	0.598 4	−2.19%	0.599 5	−2.01%
2013	0.574 6	0.607 2	5.60%	0.610 2	6.20%	0.614 1	6.87%
2014	0.574 7	0.595 1	3.55%	0.594 6	3.46%	0.593 1	3.20%
2015	0.585 2	0.595 1	1.69%	0.594 7	1.62%	0.593 2	1.37%
2016	0.635 4	0.597 0	−6.04%	0.598 2	−5.85%	0.599 1	−5.71%
2017	0.642 2	0.631 6	−1.65%	0.629 3	−2.01%	0.627 3	−2.32%

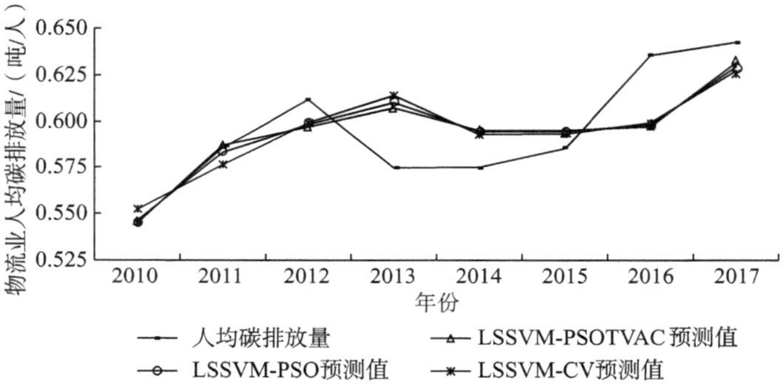

图4.5　京津冀2010~2017年物流业人均碳排放量预测值曲线图

表 4.5 列出了三模型京津冀 2010~2017 年物流业碳排放指标预测性能比较结果。由表 4.5 可知，在所考察的样本期内，LSSVM-PSOTVAC 模型对京津冀物流业碳排放三项指标的预测性能优于 LSSVM-PSO 模型和 LSSVM-CV 模型，体现在 LSSVM-PSOTVAC 模型上的 RMSE、MAE、MAPE 和 Theil 值均小于 LSSVM-PSO 模型和 LSSVM-CV 模型的对应值。根据 LSSVM-PSO 模型和 LSSVM-CV 模型的 RMSE、MAE、MAPE 和 Theil 值可知，LSSVM-PSO 模型的预测性能优于 LSSVM-CV 模型。由 Time 可知，PSOTVAC 算法和 PSO 算法搜索 LSSVM 最优参数的时间只有 5~7 秒，显著少于 5-折交叉验证法的 46~56 秒。这主要是由于 PSOTVAC 算法和 PSO 算法具备较强的搜索能力，提高了搜索 LSSVM 最佳参数的速度，而 5-折交叉验证法由于计算工作量比较大，增加了搜索 LSSVM 最优参数的时间。通过比较 PSOTVAC 算法和 PSO 算法的搜索时间可知，除了京津冀物流业碳排放强度外，PSOTVAC 算法搜索 LSSVM 最优参数所用时间均少于 PSO 算法，说明 PSOTVAC 算法通过改变加速系数获得了比 PSO 算法更强

的搜索能力。在京津冀物流业碳排放强度预测中，PSOTVAC 算法搜索 LSSVM 最优参数所用时间为 6.828 1 秒，虽稍大于 PSO 算法的 5.875 0 秒，但获得了明显高于 PSO 算法的预测精度。因此，从总体上，通过 PSOTVAC 算法优化选择 LSSVM 最优参数，在提高 LSSVM 的预测精度的同时，加快了计算速度，减少了 LSSVM 建模与预测时间。

表 4.5　三模型京津冀 2010~2017 年物流业碳排放指标预测性能比较结果

京津冀物流业碳排放指标	模型	RMSE	MAE	MAPE	Theil	Time
碳排放量	LSSVM-PSOTVAC	232.863 3	150.706 2	0.022 7	0.017 9	5.453 1
	LSSVM-PSO	235.752 9	166.829 7	0.025 3	0.018 1	5.671 9
	LSSVM-CV	241.380 4	183.878 4	0.027 9	0.018 5	50.078 1
碳排放强度	LSSVM-PSOTVAC	0.008 0	0.006 2	0.001 1	0.000 7	6.828 1
	LSSVM-PSO	0.248 6	0.201 5	0.034 7	0.021 2	5.875 0
	LSSVM-CV	0.252 8	0.212 7	0.036 4	0.021 6	55.218 8
人均碳排放量	LSSVM-PSOTVAC	0.020 6	0.016 0	0.026 6	0.017 3	5.750 0
	LSSVM-PSO	0.020 9	0.016 6	0.027 5	0.017 6	5.875 0
	LSSVM-CV	0.021 8	0.018 3	0.030 5	0.018 3	46.234 4

注：Time 的单位为秒

5. 外推预测

上述验证结果表明，LSSVM-PSOTVAC 模型可以有效预测京津冀物流业碳排放。本节利用 LSSVM-PSOTVAC 模型分别预测 2022~2025 年京津冀物流业碳排放量、碳排放强度、人均碳排放量三项指标。

表 4.6 列出了京津冀 2022~2025 年物流业碳排放指标预测值。图 4.6~图 4.8 给出了京津冀 2022~2025 年物流业碳排放指标预测值曲线图。由表 4.6 和图 4.6~图 4.8 可知，2022~2025 年京津冀物流业碳排放三项指标将呈现不同的变化趋势，其中，京津冀物流业碳排放量预计呈现波动性变化趋势，将从 2022 年的 12 569.41 万吨减少为 2023 年的 9 098.56 万吨，2024 年增加到 12 105.75 万吨之后，再减少为 2025 年的 9 716.76 万吨，仍低于 2022 年的物流业碳排放量。京津冀物流业碳排放强度预计整体上出现波动性下降的变化趋势，将从 2022 年的 5.720 9 吨/万元减少到 2024 年的 4.322 8 吨/万元，之后又增加到 2025 年的 5.011 4 吨/万元，但仍低于 2022~2023 年的物流业碳排放强度。京津冀物流业人均碳排放量预计出现逐年稳步增长的变化趋势，将从 2022 年的 0.652 4 吨/人逐年增加到 2025 年的 0.787 5 吨/人。

表 4.6 京津冀 2022~2025 年物流业碳排放指标预测值

京津冀物流业碳排放指标	2022 年	2023 年	2024 年	2025 年
碳排放量/万吨	12 569.41	9 098.56	12 105.75	9 716.76
碳排放强度/（吨/万元）	5.720 9	5.349 3	4.322 8	5.011 4
人均碳排放量/（吨/人）	0.652 4	0.663 2	0.690 4	0.787 5

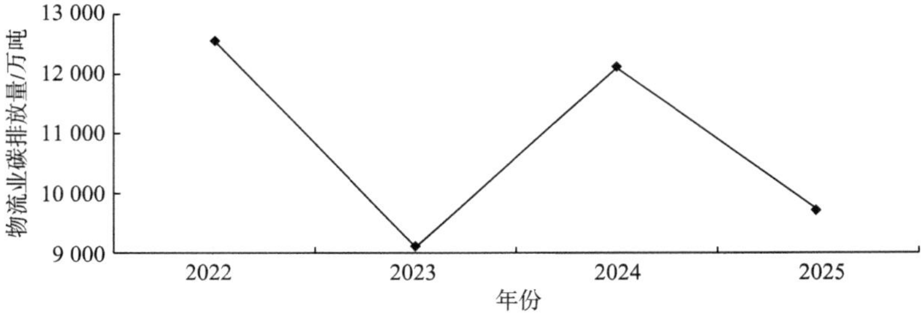

图4.6 京津冀2022~2025年物流业碳排放量预测值曲线图

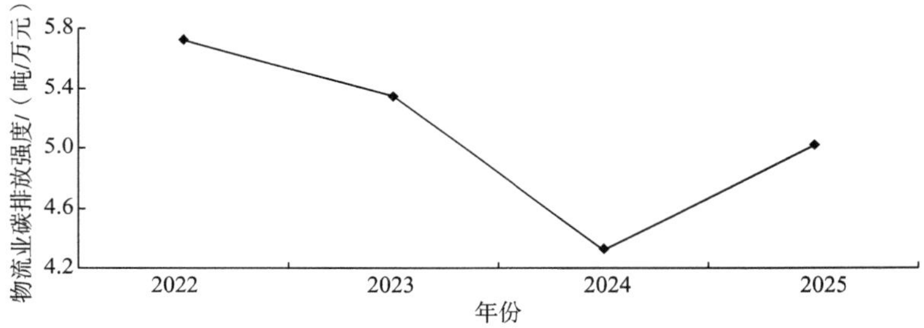

图4.7 京津冀2022~2025年物流业碳排放强度预测值曲线图

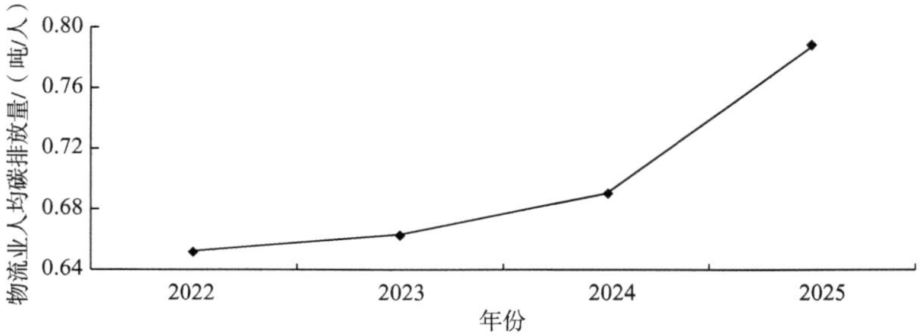

图4.8 京津冀2022~2025年物流业人均碳排放量预测值曲线图

4.5 本章小结

本章对京津冀物流业碳排放未来发展趋势进行了预测。第一，在介绍 SVM、

PSO 算法、LSSVM 的基础上，构建了 LSSVM-PSOTVAC 模型，通过 PSOTVAC 算法优化调整 LSSVM 最优参数，设计了使用 LSSVM-PSOTVAC 模型进行预测的具体步骤。利用 LSSVM-PSOTVAC 模型预测了京津冀物流业碳排放指标（碳排放量、碳排放强度和人均碳排放量），依据预测性能检验标准 FRE、RMSE、MAE、MAPE、Theil 和 Time 验证了 LSSVM-PSOTVAC 模型的预测性能。结果证实，相比于 LSSVM-PSO 模型和 LSSVM-CV 模型，LSSVM-PSOTVAC 模型能更准确地预测出京津冀物流业的碳排放量、碳排放强度和人均碳排放量变化趋势，预测精度与预测效率更高，可用于京津冀物流业碳排放指标的外推预测。第二，利用 LSSVM-PSOTVAC 模型预测了 2022~2025 年京津冀物流业的碳排放量、碳排放强度和人均碳排放量。结果表明，2022~2025 年京津冀物流业碳排放三项指标将呈现不同的变化趋势。其中，京津冀物流业碳排放量预计呈现波动性变化趋势，京津冀物流业碳排放强度预计整体上出现波动性下降的变化趋势，京津冀物流业人均碳排放量预计出现逐年稳步增长的变化趋势。

第5章　基于协同发展的京津冀物流业低碳发展对策研究

5.1　京津冀物流业碳排放制约因素分析

5.1.1　京津冀物流业碳排放产生原因

京津冀物流业的规模对碳排放具有拉动作用，物流业的能源效率和能源结构对碳排放有较弱的抑制作用，物流业的碳排放强度对碳排放的抑制作用有限。京津冀物流业碳排放产生的原因，主要有以下几方面。

1. 以油类为主的能源消费结构是根本原因

油类消费在京津冀物流业能源消费总量中一直占较大比重。由于油类碳排放系数较大，京津冀物流业的油类碳排放量占总的碳排放量一半以上，故京津冀物流业低碳发展、调整能源结构任重而道远。改善京津冀物流业的能源结构，扩大对风电、核电等清洁能源的使用比率和范围，使用清洁能源和可再生能源是京津冀物流业低碳化的重要途径。

2. 生产规模扩大是主要原因

近年来，京津冀物流需求不断增长，强劲的物流需求推动了京津冀物流业资源的消耗，包括矿物资源，如煤炭、石油、天然气等。这些资源都会产生碳排放，而且物流需求增长越快，碳排放就越多。由于物流业刚性需求的存在和扩大，京津冀未来物流业生产规模的扩大会继续拉动该地区碳排放的增长。同时，过去几十年，京津冀各地政府重视发展经济，京津冀各地区经济也取得了较好发展，但却忽视了生态环境的负面影响。

3. 缺乏有效协调机制是重要原因

以物流基础设施为例，整个京津冀地区的物流节点及网络布局由京津冀三地各自规划设计，难免存在重复和盲目性建设的情况。物流节点的衔接没有打破行政区域规划的限制，网络布局的畅通主要体现在本市或本省内。京津冀三地轨道运输、港口和机场等方面缺乏协调，直接导致运输环节多、能源消耗严重、能源利用率低下、碳排放量高等问题。

5.1.2　京津冀物流业低碳发展制约因素

1. 物流业务量增加

2015 年 4 月 30 日，中央政治局会议审议并通过《京津冀协同发展规划纲要》，提出了交通一体化、环保一体化、产业一体化、物流一体化、检验检疫一体化的细则。据财政部测算，京津冀一体化未来几年需要投入 42 万亿元，这将给房地产、建材、交通运输、环保等方面带来确定性投资机会，京津冀地区将成为区域经济发展的新增长点。京津冀经济的增长将会带来物流业业务量的增加，随之而来的是物流业碳排放量的增加，这将成为京津冀物流业低碳发展的主要制约因素。

2. 能源效率低下

交通条件是物流产业发展的基础条件，京津冀地区是全国路网密度最高、交通运输最繁忙的地区之一，但也是最不均衡的地区之一。三地中的河北省在路网密度、路面等级、建设水平、推进力度等方面都远低于京津，甚至还存在不少“断头路”“瓶颈路”。这种运输方式的不均衡、运输效率低下，加上物流管理水平不高等原因导致了京津冀物流业能源效率低下。能源效率低下直接影响着京津冀物流业的低碳发展水平。

3. 物流技术装备水平不高

低碳物流离不开低碳技术的掌握和应用。京津冀的技术水平和低碳物流的要求还有差距，物流装备技术水平较低，各种运输方式之间装备标准不统一。物流器具标准不配套，物流包装标准与物流设施标准之间缺乏有效的衔接，在一定程度上延缓了物流器械化和自动化水平的提高，影响了运输工具的装载率、装卸设备的荷载率及仓储设施的空间利用率。京津冀地区企业物流信息管理水平和技术手段比较落后，缺乏必要的公共物流信息平台，订单管理、货物跟踪、库存查询等物流信息服务功能比较弱，制约了物流运输效率的和服务质量的提高。总之，京津冀地区没有先进物流技术的发展，就没有低碳物流的进一步发展。

4. 绿色物流、低碳物流观念有待加强

社会对于绿色物流、低碳物流观念的缺失和漠视也是京津冀不可忽视的物流业低碳发展制约因素。通常，物流活动的主要目的是实现企业的盈利、满足顾客的需求、扩大市场占有率等，这些目标最终是为了实现某一主体的经济利益。绿色物流、低碳物流除了实现上述的经济利益外，还追求节约资源、保护环境等既具经济属性又具有社会属性的目标。从宏观和长远的利益来看，尽管节约资源、保护环境和经济利益的目标是一致的，但对某一特定时期、某一特定主体却是相互矛盾的，所以一些企业和个人选择将物流业的发展建立在碳排放逐年增加的基础之上。

5.2 京津冀物流业低碳发展对策

5.2.1 京津冀物流全过程碳排放控制对策

物流系统包括运输、仓储、包装、流通加工等诸多个环节。要实现京津冀物流业的低碳化发展，只有每个环节都实现低碳化，整个物流系统的效率和碳排放得以改善，才能真正实现京津冀物流业的低碳化发展。所以，京津冀三地需分别从碳排放的源头、过程、末端来实现物流业的低碳发展，即实现物流业全过程的低碳发展。

1. 物流源头的碳排放控制

1）发挥市场机制，推进碳税征收

市场具有调节稀缺资源、实现资源优化配置的作用。市场机制是物流企业低碳运营的根本动力，碳污染物是生产中的不经济产物。因此，减少物流业碳排放属于环境外部不经济性问题。一方面，由于碳减排和环境保护正外部效应很强，政府在其中发挥着不可或缺的作用。另一方面，企业作为一个个独立经济体，政府法律法规对企业只是一个强制的作用，没有触动企业的根本碳减排意愿。实践表明，要实现节能减排、降低碳排放量仅仅凭借政府和企业还远远不够，政府的强制和企业的自觉都不能长久。

为破解这一困局，西方制度经济学家提出了“排污权交易”理论，从而奠定了碳排放市场交易制度的基础。经过几十年的努力，以西欧为主的国家建立欧洲碳排放权交易体系和美国气候交易中心两大碳排放权交易中心，这种高效的减排模式逐渐被全世界认同。

2011 年，国家发展和改革委员会将多个省区市确立为碳排放权交易试点。京津冀地区应抓住低碳契机，适时推出相关政策措施。在全球绿色振兴、低碳竞争的大环境下，京津冀政府应加快完善碳交易体系和碳税制度，探索对碳交易和碳税征收两种方式的协调使用，使得两者作用互补，效果更强。同时，京津冀政府应完善京津冀财税、金融等低碳政策的机制框架，以技术为支撑、以政策为保障，建设生态文明京津冀，推动全球绿色发展进程。

2）政策支持与补贴

京津冀要实现物流业的低碳发展，在很大程度上依赖于市场机制的作用，但是市场也不是无所不能的，也有失灵的时候。京津冀物流业的低碳发展还需要政府的积极参与，发挥政府在物流业中的引导作用，通过法规和制度对市场进行规范，通过政策和规划对企业进行引导，保障和约束京津冀物流业低碳运营。政策法规是企业和个人必须遵守的准则，与低碳物流相配套的政策法规能够有效引导和推动京津冀物流业低碳的进程。目前国内低碳的法规较少，相关的能源法律法规有《中华人民共和国煤炭法》《中华人民共和国节约能源法》《中华人民共和国可再生能源法》等。京津冀三地政府及相关部门应当积极拓展制度创新，充分结合京津冀地区发展实际，为低碳能源技术、低碳物流技术、碳污染控制技术的发展制定政策法规。税费政策可以驱使物流企业实行低碳化行为，使得物流企业逐步转移到可持续发展轨道上。

另外，借鉴国外低碳物流发展的成功经验是实现京津冀物流业低碳发展的有效途径。丹麦在全球率先建立的绿色能源模式，以及日本、美国、欧洲等国家和地区在可再生能源与清洁能源开发及利用上的实践，都可以给予京津冀物流业低碳发展启示。

3）调整能源结构

京津冀物流业的能源消费中基本以非再生能源为主，非再生能源中又以石油、煤炭为主。相比于国内其他省份和全国的物流业能源消费，京津冀还处于粗放型的阶段。

近年来，国家一直在大力推进水电、核能、风能等零碳排放的清洁能源，而且清洁能源在国家能源中的占比有增加趋势。京津冀在能源结构上由于历史发展和地理条件等方面的原因还处在比较落后的阶段，其以油料为主的能源结构和较低的能源效率，成为京津冀物流业低碳发展的瓶颈。技术落后和先进技术严重缺失等原因成为京津冀物流业的高碳排放重要影响因素，并且这一情况在未来一段时间内还将继续存在，京津冀物流业向低碳化发展模式的转变成本势必增大。因此，京津冀地区应尽快着手清洁能源的研发与应用，提升京津冀的科技实力，依靠科技研发与应用推动京津冀物流业碳排放量减少，有利于从源头上控制京津冀物流业碳排放。这样不仅可以解决煤炭、石油、天然气等传统非再生能源的日益枯竭问题，还可以改善物流业的能源结构，极大降低碳排放量。

2. 物流过程的碳排放控制

1）建立低碳运输体系

低碳运输体系的建立来自低碳运输方式、低碳运输技术及低碳运输工具三个方面的支撑。与低碳运输方式配套的是低碳运输工具的选择，京津冀地区应将电动汽车等清洁能源运输工具作为未来主要的运输工具。除此之外，京津冀地区还应采用先进的技术支持，如流程规划、路线规划、装载技术、运输方式的组合等，从而提升京津冀地区物流的效率、降低物流费用，以达到低碳化运营的目的。

a. 低碳运输方式

综合性的运输方式更有利于实现低碳化发展。将各种运输方式有机地结合在一起，使物流运输更安全、高效、节能，并充分利用各种运输方式的优势，实现强强联合。未来京津冀地区为应对物流业进行统筹规划，优化京津冀综合运输体系与网络布局。加强对各种运输方式的管理和协调，实现铁路、公路、水路、航空等运输方式的无缝对接。依托机场、货运站、港口码头和城市主干道，构建铁路、公路、水路、航空相结合的综合运输体系，提升京津冀地区物流的组织化和集约化程度。

b. 低碳运输技术

京津冀三地应进一步完善铁路、公路、水运、航空货运等系统信息平台，逐步形成以信息技术为支撑的京津冀现代物流服务体系。京津冀货物周转量中公路运输占据主导地位，在公路运输上加大投入力度能够起到很好地降低碳排放的效果。实现京津冀收费公路的智能化建设，有利于实现公路运输的低碳化。智能公路系统的建设以信息系统的建设为前提，需要对多种技术予以集成整合，包括信息技术、通信传输、电子控制、电子传感、计算机处理等技术。集成后的系统能够在大范围内发挥高效的管理作用。

应鼓励京津冀物流企业开发和应用 GIS 车辆线路安排系统、GPS，并在京津冀地区收费公路使用 ETC（electronic toll collect，电子不停车收费系统）等新技术。新技术的使用可以大幅提升物流运输的效率，有效降低碳排放量。具体来说，新技术的使用可以精确定位和导航车辆，优化车辆的运行和调度，减少运输车辆的空载率、对流运输、迂回运输、重复运输，避免由于不合理运输带来的资源消耗和碳排放。ETC 系统能够有效缓解运输过程中因等待造成的交通堵塞，提升通过效率，进一步减少运输过程中的浪费和污染。

c. 低碳运输工具

应鼓励京津冀物流企业生产和使用以甲醇、乙醇、天然气、太阳能、生物燃料等能源为主的车辆，来逐步替代以油料为主的车辆。例如，LNG 重型卡车就可以推广到京津冀物流企业。另外，应当在货物运输中积极推广和使用散挂汽车、列车运输等新的运输方式，从而降低单位运输成本。在低碳物流运输体系中，公路运输将成为主力军，应大力推广使用大吨卡车、重型专用车，特别是集装箱卡车，这将成为未来公路运输的发展新趋势。京津冀物流业通过采用低碳运输方式、低碳运输技术、低碳运输工具，提高运输能效并实现合理化运输，节约运力、费用、时间，实现低碳排放，有效避免运输过程中出现的各种浪费和高碳排放。

2）实现低碳包装

包装作为商品的重要组成部分，是商品生产中一道不可缺少的工序，在商品保护、减少物流损失、促进销售、提高商品附加值、服务国民经济发展等方面发挥着重要功能。过度包装在物流业是一个普遍问题，包装不当导致的物品损耗费也很大。减少包装可以节约由于包装不合理、包装不当带来的费用损失。合理的包装可以减少包装过程中产生的碳排放量。因此，包装减量化有助于节约资源和保护环境，能够进一步降低能源效率和碳排放强度；绿色包装的全部和部分回收、循环使用能够进一步降低碳排放，达到低碳包装的效果。

低碳包装是一个系统工程，低碳包装的实现涉及包装设计、生产、运输、使用和循环回收多个环节。京津冀物流业低碳包装的实现应尽量使用简化的、可降解的、可循环的材料，充分遵循 Reduce（减少材料使用）、Reuse（再使用）、Recycle（再循环）、Recover（再发现新价值）、Resource（节约能源）的 5R 原则，实现包装的标准化、大型化、集装化、循环化和再生处理化。包装的标准化能够对包装的基础尺寸和方法进行统一；大型化能够减少单位包装，节约包装材料和费用，保护货体、减少货损和仓储成本；集装化则有利于实现货物的机械化操作，便于搬运、保管和运输；循环化和再生处理化则能够实现包装的反复利用，减少包装费用和对环境的污染。

3）实现低碳仓储

低碳仓储的实质是在保证仓储功能实现的前提下，使仓储过程中的能源消耗量和碳排放量最小。低碳仓储实现的关键在于先进的仓储技术。从目前世界仓储业的发展来看，自动化仓储已经是大势所趋。自动化仓储的运行需要射频数据通信技术、扫描技术、条形码技术及数据采集等多种技术支撑，传送带、堆垛机、自动引导车和移动式机器人等设备都有先进技术的运用。采用灵活的传输设备和物流线路是未来京津冀仓储自动化进程的重要一步。储存定位、监测清点、储存保养和货物出入口管理技术的运用，能够实现货物高效的存储，动态精准地掌握货物存量情况，有利于实现资金货物的周转，减少货物储存不合理的现象发生。另外，还需考虑仓储的抗压性、气密性、保温性，以及太阳能等新能源的使用。有效做好库房的节能减排是实现京津冀物流业低碳仓储的健康、可持续发展的关键所在。

4）推进物流技术设备的发展

京津冀应加大对物流技术设备的投资力度，注重多元化投资。三地应在调查研究物流技术设备实际应用情况基础上，注重发展技术含量高的物流技术设备，有意识地淘汰陈旧落后、效率差、安全性能低的物流技术设备，配套先进物流机械设施，如运输系统的新型机车、车辆、大型汽车、特种专用汽车；仓储系统中的立体仓库、高层货架；搬运系统中的起重机、叉车、集装箱搬运设备、自动分拣和监测设备等。京津冀应规范区域内物流技术设备供应商的经营行为，鼓励其扩大经营规模，提高技术水平和设计能力，为物流企业提供更好的物流技术设备。引导物流企业在选择物流技术设备时，不仅要注重设备的价格，还要注重设备的质量、安全性能及对整个系统的作用，结合自身实际需要选择合适的物流技术设备，使整个系统效益最优。另外，京津冀三地应提高区域企业及各级政府对物流技术设备在物流发展中的认识，使他们在进行物流技术设备系统规划、设计时，能通盘考虑，避免使用不便和资源的浪费。

3. 物流末端的碳排放控制

1）物流业森林碳汇和碳捕捉技术的应用

从减碳的路径来看，物流业碳减排包括直接减碳和间接减碳两种途径。直接减碳是通过能源消耗减少和碳中和技术控制碳源，降低排碳量；间接减碳是根据森林生态系统的功能和原理，通过提高碳汇方式，增加森林生态系统的碳贮量和碳吸收，达到间接减碳的目的。由于目前碳中和技术的开发应用还需时间，成本昂贵，不适合于京津冀物流业碳减排的客观实际。森林碳汇具有工业减排所无法比拟的优势，由于其成本低、综合效益好，可以真正地减少和吸收二氧化碳。为此，京津冀应加大对碳汇产业的扶持，做大碳汇产业。通过政策的支持和引导，让更多的物流企业参与进来。鼓励物流企业参与植树造林，并给予财政和政策方面的支持，继续深化和推进植树造林事业。同时，京津冀应加强对碳汇固碳的计量与监测，适时为碳汇林建设提供技术和制度方面的支持，加强对技术的推广和建立人才培养的保障体系。依托京津冀气候特点，发展阔叶林种植，发挥阔叶林碳吸收能力强的特点。初步构建京津冀的林业生态体系、林业产业体系和森林资源保障体系。

2）大力发展逆向物流

近年来，随着电子商务的发展，物流业已经从传统的流通业中剥离出来，独立性越来越强。京津冀相关部门对环境保护越来越重视，相应的环境保护法规也将进一步出台，逆向物流的经济价值也将日益显现。目前，企业实行逆向物流还缺乏有力的政策护航，他们对逆向物流关注不够，更多的是出于商业性的考虑。因此，京津冀三地相关部门应深刻认识到逆向物流在废弃物处理、产品的寿命延长、原材料部件节省、环境保护等方面所发挥的巨大经济效益和社会效益，并在实际实践中给予逆向物流企业以资金和技术的支持，才是实现京津冀物流业低碳发展的关键所在。随着新的资源再生技术的推广和逆向物流技术的进一步发展，处理回收物品和资源的成本将进一步降低，逆向物流不仅能够降低企业的运营成本，同时还能够提升环境效益和社会效益。

3）集合政府、企业、消费者的力量

低碳物流是当今经济可持续发展的一个重要组成部分，低碳物流的全面实施，需要京津冀政府、企业和消费者的一起行动。京津冀政府要发挥引领和导向作用，要把地区社会经济全过程的绿色低碳作为施政的基本策略，不能只强调生产和消费的低碳化，而忽视物流的低碳化。政府在低碳物流化刚起步阶段要高度重视，积极支持，采取措施，全面引导，使低碳物流化能顺利进行。

5.2.2　协同发展背景下京津冀物流业低碳发展对策

1. 明确京津冀三地物流业发展定位

京津冀三地物流业具体发展定位的明确，可以实现差异化运营，减少各种运输方式争夺共同资源的情况，实现流通的高效率，减少不必要的碳排放。《京津冀协同发展规划纲要》明确了京津冀三地各自的定位，与物流相关的定位分别描述如下：河北省为“全国现代商贸物流重要基地”，北京市为“京津冀生态环境支撑区”，天津市为“北方国际航运核心区”。相比于北京市和天津市，河北省的土地和人力资源较为丰富，需要承接京津商贸物流的转移，将河北省建设成为全国现代商贸物流重要基地，具体包括建设成为北京市批发市场承接地、环京津鲜活农产品物流基地、京津大型商贸承接地、环京仓储基地、冀津口岸物流基地 5 个方面。北京市应重点建设满足城市居民日常生活需求的消费品物流基地，主要体现在面向消费者末端物流的优化和完善方面，也要发挥先进的科技基础，科技创新物流业；天津滨海新区已经形成了海、空和保税港三港联动，工业和物流业共同发展的良好局面，应着重建设港口物流基地，逐步形成北方国际航运核心区。

2. 出台京津冀物流业低碳协同发展政策

京津冀三地政府在物流业政策方面应逐步协调统一，引导物流资源跨行政区域的整合及优化配置，在环境方面实现绿色低碳的目的。京津冀三地出台政策时应把绿色、低碳物流发展作为规划中的一个方面，基于京津冀生态环境保护及大气污染的严峻性、物流业高碳排放的现状，出台专门的《京津冀物流业低碳发展专项规划》，强化政府规划与监管，通过政策整合京津冀现有的物流资源，形成统一、全方位、多层次、快捷高效的物流业碳排放系统，引导物流企业实现低碳发展。

3. 调整京津冀地区运输结构

运输尤其是公路运输的碳排放量一直占很大比重，所以运输在整个物流业碳排放量降低中占有重要位置。在京津冀区域内，北京市的航空运输、天津市的水路运输、河北省的公路运输特征最为明显，但三者之间的整体协调性较差，三种运输方式衔接少。在运输的统筹规划方面，京津冀三地应将这几种运输方式有机地结合起来，降低污染物的排放。应构建以轨道交通为主的货运体系，完善铁路运力。从绿色低碳的角度看，铁路运输的能耗最低，所以应多考虑铁路运输。

4. 补齐京津冀物流企业技术短板

北京市和天津市的物流企业水平较高，应多带领河北省及区域内水平较低的企业，应用先进的硬件技术设备和管理信息系统，如条码技术、射频识别技术、电子标签拣选等，提高服务质量和效率，引领物流业的发展。中国邮政的 EMS（express mail service，邮政特快专递服务）计划是建立统一的京津冀物流信息平台，实现区域内物流信息互通、信息共享，实现京津冀的物流园区与物流基地信息平台的对接，就能避免行政区域规划因素而导致的不合理运输配送路线，降低碳排放量。

京津冀还要加快三地物流技术设备标准化的制定工作。物流技术设备标准化对于提高物流运作效率起着至关重要的作用，统一的标准有利于各种设备之间相互衔接配套，以及物流企业之间的业务合作，从而缩短物流作业时间，提高物流生产效率，改善物流服务质量，进而减少不必要的碳排放。

5. 构建京津冀物流业信息服务平台

京津冀区域内应建立第三方物流信息交流平台，以共享信息为前提，把生产企业、电子商务企业、仓储资源、物流企业等供应链节点信息顺畅地连接起来，互联互通，降低流通成本。京津冀物流业要想步调一致共同发展，节点个体的信息系统必须兼容互联，实现物流信息一体化，建设物流业碳排放信息平台是发展的重点。

6. 培养京津冀地区物流人才

京津冀三地应采取产学研相结合的做法，支持高校、科研机构和京津冀产业基地及大型企业的合作，致力于物流人才开发的资源共享、政策协调、制度衔接和服务贯通，建立物流综合培训及实验基地，加快物流人才方面的教育培训和知识普及，推进物流人才开发的一体化。另外，京津冀还应鼓励高校根据市场的需要设立物流专业，设置物流专业的研究生课程和教育，形成具有一定规模的研究生物流教育体系。三地也要发挥各自的教育资源优势，结合需要进行物流企业培训及向外部学习，为物流人才的成长和培养创造有利的条件，尽快建立起完善的物流人才培养和保障体系。

5.3　本 章 小 结

本章研究了基于协同发展的京津冀物流业低碳发展对策，具体如下：①分析了京津冀物流业碳排放的制约因素。以油类为主的能源消费结构是京津冀物流业碳排放产生的根本原因，生产规模扩大是京津冀物流业碳排放产生的主要原因，缺乏有效协调机制是京津冀物流业碳排放产生的重要原因。京津冀物流业务量增加，同时能源利用效率低下，这就使得物流业碳排放量也随之增加，此外，京津冀物流技术装备水平不高，不能满足低碳物流发展的需要；社会对于绿色物流、低碳物流观念的缺失和漠视也加剧了碳排放量的增加。②提出了促进京津冀物流业低碳发展的对策。京津冀物流业要实现低碳发展，不仅需要来自政府的大力支持和积极引导，更需要企业自身不断的优化与改善，还需要社会公众的积极配合。要注意做到三个层面上的低碳化，即分别从碳排放的源头、过程、末端来控制碳排放，实现物流业的低碳发展，也就是全过程的低碳发展。同时，还要注意协同发展背景下京津冀物流业的低碳发展，首先明确京津冀三地物流业发展定位，其次三地政府应出台京津冀物流业低碳协同发展政策，引导物流资源跨行政区域的整合及优化配置，将各种运输方式有机地结合起来，调整京津冀地区运输结构，降低污染物的排放。应用先进的硬件技术设备和管理信息系统，避免行政区域规划因素导致的不合理运输配送路线，降低碳排放量。同时，京津冀区域内还应着手建立第三方物流信息交流平台，把生产企业、电子商务企业、仓储资源、物流企业等供应链节点信息顺畅地连接起来。在物流人才培养方面，京津冀三地要采取产学研相结合的做法，致力于物流人才开发的资源共享、政策协调、制度衔接和服务贯通。

第6章 总结与展望

6.1 总　　结

随着我国生产力布局由南向北的推移，世界经济重心向亚太地区转移，以及京津冀区域特有的政治文化区位优势、雄厚的工业基础、强大的研发能力和技术装备等特质及区域经济一体化步伐的加快，京津冀成为21世纪中国最具发展潜力和活力的经济增长中心之一。强大的经济发展势头产生了大量的物流需求，促使市场物流供给激增，京津冀物流市场呈现繁荣景象，但物流业发展存在着不可持续的现象，造成能耗的增加和浪费。建设“两型”社会（资源节约型社会、环境友好型社会），发展低碳经济，减少京津冀物流业的资源消耗和碳排放，实现低碳物流无疑是其内在需要，京津冀物流业作为地区经济发展的支撑，在低碳方面大有可为。本书探讨了京津冀物流业碳排放、影响因素、低碳发展对策，得出如下结论。

（1）在京津冀物流业发展方面，近年来，北京市物流业产值略有下降，天津市物流业发展迅速，河北省物流业企业数量不断增加，规模不断扩大，服务水平不断提升。在京津冀能源消费方面，京津冀物流业 2004~2017 年的能源消费总量整体上呈现波动上升的趋势，能源消费总量均增长了好几倍；京津冀物流业在发展节能提效方面推进程度不一致，北京市能源强度下降最为明显，天津市次之，河北省最末。在京津冀物流业碳排放方面，京津冀物流业 2004~2017 年碳排放量呈现波动性增长趋势，北京市和天津市碳排放量翻了一番，河北省碳排放量翻了两番。三种能源中，油品和电力碳排放量最大，在京津冀三地区物流业碳排放量中占比 90%及以上，煤类、燃气和热力的碳排放量最少；京津冀物流业 2004~2017 年的碳排放强度下降趋势不同，天津市下降趋势最为明显，北京市次之，河北省最末，说明京津冀物流业低碳发展推进程度不一致；京津冀物流业 2008~2017 年人均碳排放量中，北京市最多，天津市次之，河北省最少，说明京津冀物流业低碳发展各地区责任不同、目标不同。

（2）京津冀物流业的碳排放影响因素分为直接影响因素和间接影响因素，其中，直接影响因素包括油类能源消费中的汽油、煤油、柴油、燃料油、液化石油气五项指标；间接影响因素涉及河北省的经济发展水平指标，主要包括人均 GDP、第一产业总值、第二产业总值、社会消费品零售总额四项指标。京津冀物流业碳排放影响因素的灰色关联分析表明，在直接影响因素中，京津冀物流业碳排放的首要直接影响因素均是柴油消费，对于北京市物流业碳排来说，其次是汽油消费，煤油消费居于第三位；对于天津市物流业碳排放来说，其次是燃料油消费，汽油消费居于第三位；对于河北省物流业碳排放来说，其次是汽油消费，煤油消费居于第三位。在间接影响因素中，第一产业总值是京津冀物流业碳排放的首要间接因素，对于北京市、天津市而言，其次是人均 GDP，第二产业总值居于第三位，河北省稍有不同，位于第二位的是第二产业总值，人均 GDP 位于第三位。从京津冀物流业碳排放与经济增长的脱钩关系来看，北京市和河北省处于扩张连接状态，天津市处于弱脱钩状态，京津冀总体上也处于弱脱钩状态；河北省物流业碳排放与生产总值脱钩弹性系数最大，其次是北京市，最后是天津市。

（3）LSSVM-PSOTVAC 模型能更准确地预测出京津冀物流业的碳排放量、碳排放强度和人均碳排放量变化趋势，预测精度与预测效率更高，可用于京津冀物流业碳排放指标的外推预测。预测结果表明，2022~2025 年京津冀物流业碳排放三项指标将呈现不同的变化趋势，其中，京津冀物流业碳排放量预计呈现波动性变化趋势，京津冀物流业碳排放强度预计整体上出现波动性下降的变化趋势，京津冀物流业人均碳排放量预计出现逐年稳步增长的变化趋势。

（4）以油类为主的能源消费是造成京津冀物流业碳排放产生的根本原因，生产规模扩大是京津冀物流业碳排放产生的主要原因，缺乏有效协调机制是京津冀物流业碳排放产生的重要原因。京津冀物流业要想实现低碳发展，需要多方面的努力，不仅需要来自政府的大力支持和积极引导，更需要企业自身不断优化和改善，还需要社会公众的积极配合。要注意做到三个层面上的低碳化，即分别从碳排放的源头、过程、末端来控制碳排放，实现物流业的低碳化发展，也就是全过程的低碳发展。同时，注意协同发展背景下京津冀物流业低碳发展，明确京津冀三地物流业具体发展定位，出台京津冀物流业低碳协同发展政策，调整京津冀三地交通物流运输结构，应用先进的硬件技术设备和管理信息系统避免行政区域规划因素而导致的不合理运输配送路线，降低碳排放量，还要着手建立第三方物流信息交流平台，把生产企业、电子商务企业、仓储资源、物流企业等供应链节点信息顺畅地连接起来。在物流人才培养方面，京津冀三地要采取产学研相结合的做法，致力于物流人才开发的资源共享、政策协调、制度衔接和服务贯通。

6.2 展　　望

本书对京津冀物流业的碳排放、影响因素及低碳对策进行了探讨，由于受各种因素的制约，研究内容仍存在一些不足之处，可在今后进一步展开研究。

（1）由于京津冀物流业的统计数据限制，本书以交通运输、仓储和邮政业的数据代替物流业的相关数据，并且仅使用了 2008~2017 年的统计数据，样本量较少，在一定程度上影响了研究结果。今后若有条件，可尝试扩大样本数量，进一步完善本书研究。

（2）受资源、认识及能力的限制，在京津冀物流业碳排放影响因素研究中，本书仅从京津冀物流业碳排放的直接影响因素与间接影响因素两方面分别提取了五项和四项影响指标，并没有将所有因素考虑进来；本书仅从定量角度分析各影响指标对于京津冀物流业碳排放的影响程度，没有深入探讨各影响指标之间的关系。因此，今后可将更多的影响因素纳入研究中，并且进一步分析各影响因素之间的关系。

参 考 文 献

白静，杨利红，张雪英. 2013. 一种面向语音识别的抗噪 SVM 参数优化方法[J]. 中南大学学报（自然科学版），44（2）：604-611.

边肇祺，张学工. 2000. 模式识别[M]. 北京：清华大学出版社.

曹兵斌. 2017. 基于低碳发展的区域生态物流绩效评价及其影响因素分析——以江西省为例[D]. 江西财经大学硕士学位论文.

曹翠珍，赵国浩. 2015. 区域物流发展、经济增长与能源消费——基于中国省际面板数据的实证分析[J]. 财贸研究，26（2）：44-52.

曹飞. 2014. 中国碳排放的组合预测与减排缺口分析[J]. 工业技术经济，（12）：88-93.

陈果. 2007. 一种实现结构风险最小化思想的结构自适应神经网络模型[J]. 仪器仪表学报，28（10）：1874-1879.

陈军胜. 2013. 组合结构特征的自由手写体数字识别算法研究[J]. 计算机工程与应用，49（5）：179-184，194.

陈毅松，汪国平，董士海. 2003. 基于支持向量机的渐进直推式分类学习算法[J]. 软件学报，14（3）：451-460.

陈治国，陈俭，杜金华. 2020. 我国物流业与国民经济的耦合协调发展——基于省际面板数据的实证分析[J]. 中国流通经济，34（1）：9-20.

程叶青，王哲野，张守志，等. 2013. 中国能源消费碳排放强度及其影响因素的空间计量[J]. 地理学报，68（10）：1418-1431.

崔介何. 2015. 物流学概论[M]. 5 版. 北京：北京大学出版社.

邓聚龙. 2002. 灰理论基础[M]. 武汉：华中科技大学出版社.

刁梦雯. 2020. 基于宽度学习的多变量时间序列预测研究及应用[D]. 南京邮电大学硕士学位论文.

丁唯佳，吴先华，孙宁，等. 2012. 基于 STIRPAT 模型的我国制造业碳排放影响因素研究[J]. 数理统计与管理，（3）：499-506.

丁优佳. 2020. 甘肃省物流业绿色发展的动力机制研究[D]. 兰州大学硕士学位论文.

董锋，徐喜辉，韩宇. 2016. 低碳约束下的我国省际物流业效率研究[J]. 华东经济管理，

（5）：86-91.
董千里. 1999. 高级物流学[M]. 北京：人民交通出版社.
董千里，董展，关高峰. 2010. 低碳物流运作的理论与策略研究[J]. 科技进步与对策，27（22）：100-102.
杜立峰，张永，鲍香台，等. 2012. 发展道路货运业低碳物流的认识及动力因素分析[J]. 物流技术，31（2）：1-4.
杜喆，刘三阳，齐小刚. 2009. 一种新隶属度函数的模糊支持向量机[J]. 系统仿真学报，21（7）：1901-1903.
段向云. 2011. 物流企业低碳化发展的影响机理与运营机制研究[D]. 天津财经大学博士学位论文.
樊星. 2013. 中国碳排放测算分析与减排路径选择研究[D]. 辽宁大学博士学位论文.
方大春，张敏新. 2011. 低碳经济的理论基础及其经济学价值[J]. 中国人口·资源与环境，21（7）：91-95.
冯婷婷. 2016. 新疆物流业碳排放现状及其影响因素研究[D]. 新疆大学硕士学位论文.
冯亚萍. 2015. 江西省物流业碳排放波动及影响因素研究[D]. 华东交通大学硕士学位论文.
付加锋，刘小敏. 2010. 基于情景分析法的中国低碳经济研究框架与问题探索[J]. 资源科学，32（2）：205-210.
傅立. 1992. 灰色系统理论及其应用[M]. 北京：科学技术文献出版社.
傅由甲，相入喜，黄鸿，等. 2011. 基于支持向量机的多姿态人脸特征定位[J]. 计算机工程，37（17）：7-10.
高凤华. 2013. 政府规制下的企业低碳物流技术应用博弈研究[D]. 山东大学硕士学位论文.
高怡. 2018. 陕西省物流业碳排放测算与能源结构研究[J]. 物流技术，37（2）：87-89，155.
耿立艳，张占福. 2017. 基于新型城镇化建设的物流业发展研究——以河北省为例[M]. 北京：科学出版社.
龚雪，荆林波. 2017. 发展绿色物流理论与政策研究述评[J]. 现代经济探讨，（11）：126-132.
顾丽琴，梅志强. 2012. 基于环境库兹涅茨模型的江西省物流业碳排放分析[J]. 物流技术，（9）：262-265.
顾婷婷. 2016. 对外贸易对物流业碳排放的影响研究[D]. 东南大学硕士学位论文.
郭超，宋卫华，魏威. 2014. 基于网格搜索-支持向量机的采场顶板稳定性预测[J]. 中国安全科学学报，24（8）：31-36.
郭丽丽，丁世飞. 2015. 深度学习研究进展[J]. 计算机科学，42（5）：28-33.
国家统计局. 2007. 中国第三产业统计年鉴[M]. 北京：中国统计出版社.
国务院. 2014. 物流业发展中长期规划（2014—2020年）[Z].
韩晓慧，杜松怀，苏娟，等. 2014. 基于参数优化的最小二乘支持向量机触电电流检测方法[J]. 农业工程学报，30（23）：238-245.
郝渊晓. 2003. 现代物流采购管理[M]. 广州：中山大学出版社.

何明珂. 2002. 物流概念研究——概念、术语与定义[C]//中国物流学会. 首届中国物流学会年会论文集. 中国物流学会，中国物流与采购联合会：26.

赫金 S. 2004. 神经网络原理[M]. 2 版. 叶世伟，史忠植译. 北京：机械工业出版社.

胡小飞，王秀慧，吴爽. 2019. 长江经济带物流业碳排放测算及其驱动要素研究[J]. 生态经济，35（7）：49-55.

黄州旋. 2010. 浅谈绿色物流理论及其发展潜力[J]. 经济研究导刊，（33）：181-182.

贾小勇，徐传胜，白欣. 2006. 最小二乘法的创立及其思想方法[J]. 西北大学学报（自然科学版），（3）：507-511.

姜彤彤，吴修国. 2011. 低碳物流探析[J]. 经济与管理，25（7）：79-83.

焦李成，杨淑媛，刘芳，等. 2016. 神经网络七十年：回顾与展望[J]. 计算机学报，39（8）：1697-1716.

金凤花，富立友，马洪伟. 2016. 区域物流碳排放空间格局的演化研究[J]. 科技管理研究，36（8）：254-257.

金乐琴，刘瑞. 2009. 低碳经济与中国经济发展模式转型[J]. 经济问题探索，（1）：84-87.

赖苏，熊忠阳，江帆，等. 2012. 利用改进的多项式核函数支持向量机进行文本分类[J]. 重庆大学学报（自然科学版），35（S1）：41-45.

李碧珍，林湘，杨康隆. 2015. 福建省低碳物流发展的实践探索及其模式选择[J]. 福建师范大学学报（哲学社会科学版），（1）：36-43，167.

李超群. 2014. 低碳物流运作的理论与策略分析[J]. 赤峰学院学报（自然科学版），30（11）：72-73.

李建民，张钹，林福宗. 2003. 序贯最小优化的改进算法[J]. 软件学报，（5）：918-924.

李京文，徐寿波，王之泰，等. 1987. 物流学及其应用[M]. 北京：经济科学出版社.

李雷，房小萍，张宁. 2012. 一种基于几何分布的新支持向量机多分类方法[J]. 计算机技术与发展，22（11）：172-175.

李莉. 2003. 中国物流产业发展——核算、竞争力、测评与展望[M]. 武汉：中国地质大学出版社.

李太武. 2011. 快递企业实现低碳物流问题探讨[J]. 现代商贸工业，23（5）：9-10.

李艳波. 2008. 全球化背景下生态物流的实现形式及其相互关系[J]. 工业技术经济，（1）：92-96.

李洋，王迎，张立毅. 2014. 基于环境库兹涅茨模型的物流业碳排放分析——以天津与全国对比为视角[J]. 天津商业大学学报，34（5）：27-32.

梁雯，秦胜杰，张伟. 2016. 基于 VAR 模型的物流业与碳排放动态关系研究——以安徽省为例[J]. 资源开发与市场，32（9）：1042-1046.

梁雯，许丽雲，司敏. 2017. 安徽省物流业碳排放与城镇化、经济增长关系实证研究[J]. 东北农业大学学报（社会科学版），15（6）：14-20.

刘爱东，刘文静，曾辉祥. 2014. 行业碳排放的测算及影响因素分析——以 10 个国家对华反倾销涉案为例[J]. 经济地理，（3）：127-135.

刘丙泉，程凯，马占新. 2016. 城镇化对物流业碳排放变动影响研究[J]. 中国人口·资源与环境，26（3）：54-60.

刘慧林. 2019-11-25. 从中国物流发展的四个阶段，看物流行业的技术转型[DB/OL]. https://www.iyiou.com/analysis/20191125118680.

刘龙政，刘佩. 2014. 物流业发展与碳排放、能源消耗之间的关联研究——以福建省为例[J]. 市场论坛，（12）：34-37，40.

刘龙政，潘照安. 2012. 中国物流产业碳排放驱动因素研究[J]. 商业研究，（7）：189-196.

刘明达，蒙吉军，刘碧寒. 2014. 国内外碳排放核算方法研究进展[J]. 热带地理，（2）：248-258.

刘楠. 2013. 城市物流业碳排放测算及影响因素分析——以天津市为例[D]. 长安大学硕士学位论文.

刘俏. 2013. 情景分析法在城市规划区域污染物排放总量中的预测研究——以安庆市为例[D]. 合肥工业大学硕士学位论文.

刘清春，孔令群，安泽扬. 2014. 中国制造业能源相关的碳排放因素分析[J]. 中国人口·资源与环境，（S2）：14-18.

刘三阳，杜喆. 2007. 一种改进的模糊支持向量机算法[J]. 智能系统学报，（3）：30-33.

刘思峰，郭天榜，党耀国. 1999. 灰色系统理论及其应用[M]. 2 版. 北京：科学出版社.

刘晓星，张旭，李守伟. 2021. 中国宏观经济韧性测度——基于系统性风险的视角[J]. 中国社会科学，（1）：12-32，204.

刘晓叙. 2009. 灰色预测与一元线性回归预测的比较[J]. 四川理工学院学报（自然科学版），22（1）：107-109.

刘勇. 2014. 物流业全要素能源效率评价及其影响因素分析[J]. 统计与决策，（1）：66-68.

刘渝，李莱. 2018. 中国各省物流业碳排放的脱钩及影响因素研究[J]. 环境科学与技术，41（5）：177-181.

刘志强，王晓琳，吴凡凡. 2013. 河北省发展低碳物流园区的问题及策略[J]. 河北工程大学学报（社会科学版），30（3）：23-26.

卢增祥，李衍达. 1999. 交互 SVM 学习算法及其在文本信息过滤中的应用[J]. 清华大学学报（自然科学版），39（7）：93-97.

吕中亮，汤宝平，周忆，等. 2016. 基于网格搜索法优化最大相关峭度反卷积的滚动轴承早期故障诊断方法[J]. 振动与冲击，35（15）：29-34.

马立权，李维，蔡韩辉，等. 2001. 手写数字识别中的预处理技术研究[J]. 仪器仪表学报，（S1）：263-265.

马锐. 2010. 人工神经网络原理[M]. 北京：机械工业出版社.

马晓明，孙璐，胡广晓，等. 2016. 中国制造业碳排放因素分解——基于制造业内部结构变化的研究[J]. 现代管理科学，（10）：64-66.

马勇，丁晓青. 2003. 基于层次型支持向量机的人脸检测[J]. 清华大学学报（自然科学版），（1）：35-38.

马越越，王维国. 2013. 中国物流业碳排放特征及其影响因素分析——基于 LMDI 分解技术[J]. 数学的实践与认识，43（10）：31-42.

毛文富. 2017. 我国物流产业与区域经济的协调发展评价研究[D]. 首都经济贸易大学博士学位论文.

毛振华. 2019-05-20. 天津港：一座国际大港撬动一座现代都市[N]. 经济参考报.

穆晓央，王力，徐蓉，等. 2020. 西部省域物流业碳排放脱钩及影响因素研究[J]. 环境科学与技术，43（4）：214-219.

牛文元. 2012a. 中国可持续发展的理论与实践[J]. 中国科学院院刊，27（3）：280-290.

牛文元. 2012b. 可持续发展理论的内涵认知——纪念联合国里约环发大会 20 周年[J]. 中国人口·资源与环境，22（5）：9-14.

欧阳强斌. 2011. 物流业碳排放实证分析[J]. 重庆与世界，28（7）：4-6.

彭佳雯，黄贤金，钟太洋. 2011. 中国经济增长与能源碳排放的脱钩研究[J]. 资源科学，33（4）：626-633.

秦金中. 2014. 我国物流业发展水平与碳排放内生性研究——基于协整和脉冲响应函数的视角[J]. 物流技术，33（3）：183-185.

秦新生. 2014. 物流企业碳排放指标计算方法研究[J]. 铁道运输与经济，36（7）：60-65.

全春光，段维，程晓娟，等. 2019. 我国绿色物流发展对策研究[J]. 物流科技，42（9）：22-25.

全国物流标准化技术委员会. 2007. 《中华人民共和国国家标准：物流术语》GB/T18354—2006[S]. 北京：中国标准出版社.

日本日通综合研究所. 1986. 物流手册[M]. 吴润涛，靳伟，王之泰译. 北京：中国物资出版社.

单玉刚，王宏，董爽. 2012. 改进的一对一支持向量机多分类算法[J]. 计算机工程与设计，33（5）：1837-1841.

邵扬. 2009. 物流业对中国经济增长的影响研究[D]. 吉林大学博士学位论文.

沈文婷. 2013. 我国物流业碳排放测算[J]. 经营与管理，（12）：63-66.

史祎馨. 2014. 广东省物流业碳排放及低碳物流经济现状分析[J]. 物流科技，（3）：86-91.

双小川，张克. 2012. 基于统计和结构特征的手写数字识别研究[J]. 计算机工程与设计，33（4）：1533-1537.

宋宸，刘玲丽，杨远鹏，等. 2012. 我国低碳物流发展现状及建议[J]. 中国市场，（10）：13，14.

孙峰华，魏晓，刘玉桥，等. 2008. 山东半岛城市群物流业发展核心竞争力[J]. 地理学报，（10）：1108-1118.

孙剑，郑南宁，张志华. 2002. 一种训练支撑向量机的改进贯序最小优化算法[J]. 软件学报，13（10）：2007-2013.
孙宁. 2010. 如何实现碳减排约束下的经济增长——技术进步碳减排效应的理论和实证分析[J]. 中国软科学，（S1）：123-132.
汤中明，周玲. 2016. 物流业发展对低碳经济影响的实证研究[J]. 生态经济，（11）：84-87.
唐建荣，马洁纯，卢玲珠. 2014. 基于脱钩和LMDI理论的物流业低碳隧穿路径研究[J]. 求索，（3）：83-89.
陶晶. 2010. 低碳经济下的低碳物流探讨[J]. 中国经贸导刊，（12）：72.
田光明. 2008. 情景分析法[J]. 晋图学刊，（3）：7-9，12.
田景文，高美娟. 2006. 人工神经网络算法研究及应用[M]. 北京：北京理工大学出版社.
田青，郑力，缪立新. 2010. 物流产业经济学[M]. 南京：南京大学出版社.
田雨波. 2009. 混合神经网络技术[M]. 北京：科学出版社.
万云虹，刘燕，王耀球. 2005. 物流产业辨析[J]. 物流技术，（8）：4-7.
汪鸣，冯浩. 2002. 现代物流的发展及管理[J]. 宏观经济管理，（11）：34-37.
汪欣，万明. 2017. 安徽省物流业碳排放规模及其影响因素研究——基于长三角四省市比较视角[J]. 安徽大学学报（哲学社会科学版），（3）：148-156.
王博. 2012. 基于线性回归和神经网络的预测模型在国民经济数据中的应用[D]. 吉林大学硕士学位论文.
王成林. 2013. 我国物流产业发展特征研究[J]. 中国流通经济，27（11）：22-25.
王迪，聂锐. 2012. 中国制造业碳排放的演变特征与影响因素分析[J]. 干旱区资源与环境，（9）：132-136.
王国文. 2010. 低碳物流与绿色供应链：概念、流程与政策[J]. 开放导报，（2）：37-40，53.
王泓漓，马丽. 2012-09-28. 报告称气候变化将致 2030 年一亿人死亡[DB/OL]. http://scitech.people.com.cn/n/2012/0928/c1007-19138495-2.html.
王欢良，韩纪庆，李海峰，等. 2006. 基于HMM/SVM两级结构的汉语易混淆语音识别[J]. 模式识别与人工智能，19（5）：578-584.
王金男. 2014. 营改增对物流业上市公司影响的实证研究[D]. 东北石油大学硕士学位论文.
王桔. 2012. 绿色物流理论及其研究意义和方法[J]. 物流技术，31（19）：69-71.
王军. 2008. 气候变化经济学的文献综述[J]. 世界经济，（8）：85-96.
王丽萍. 2017. 物流业碳排放与能源消耗、经济增长关系的实证研究——以河南省为例[J]. 系统科学学报，25（2）：112-116.
王丽萍，刘明浩. 2018. 基于投入产出法的中国物流业碳排放测算及影响因素研究[J]. 资源科学，40（1）：195-206.
王丽萍，王兵兵. 2015. 节能减排背景下河南省物流企业碳排放特征研究[J]. 资源开发与市场，31（4）：452-454.

王玲. 2007. 绿色物流理论及其发展路径探析[J]. 商品储运与养护，（6）：46-49.
王玲. 2015. 我国物流产业技术效率实证研究——基于能源消耗与碳排放内生化的测度[J]. 软科学，29（10）：6-9，15.
王能民，杨彤. 2001. 基于绿色制造的供应链设计[J]. 制造业自动化，23（4）：10-12，52.
王艳，李作聚. 2010. 浅谈低碳物流的内涵与实现途径[J]. 商业经济研究，（14）：32-33.
王瑛琦. 2017. 浙江省物流业碳排放测算及影响因素研究[D]. 大连海事大学硕士学位论文.
王永哲. 2017. 基于能源消费的中国碳排放影响因素研究[D]. 首都经济贸易大学博士学位论文.
王瑜，马明霞. 2019. 节能减排背景下宁夏物流业碳排放特征研究[J]. 北方民族大学学报（哲学社会科学版），（5）：153-158.
王越，吕奇峰，王泉，等. 2013. 一种改进的支持向量机序列最小优化算法[J]. 重庆理工大学学报（自然科学版），27（3）：76-79.
王筠，赵丹青. 2018. 国内外绿色物流发展现状及对我国的启示[J]. 物流技术，37（2）：20-25.
王长琼. 2004. 绿色物流[M]. 北京：化学工业出版社.
王振友，陈莉娥. 2008. 多元线性回归统计预测模型的应用[J]. 统计与决策，（5）：46-47.
王之泰. 1995. 现代物流学[M]. 北京：中国物资出版社.
魏丽华. 2018. 京津冀产业协同发展问题研究[D]. 中共中央党校硕士学位论文.
邬啸，魏延，吴瑕. 2011. 改进的双隶属度模糊支持向量机[J]. 重庆师范大学学报（自然科学版），28（5）：49-52.
吴丹. 2014. 管理决策方法——理论、模型与应用[M]. 南京：河海大学出版社.
吴清一. 1996. 物流学[M]. 北京：中国建材工业出版社.
谢泗薪，王文峰. 2010. 绿色物流路径：物流绿色化改造的战略选择[J]. 中国流通经济，24（5）：15-18.
谢天慧. 2014. 旅游景区生态物流及其发展策略探讨[J]. 物流技术，33（15）：57-58，89.
胥爱霞. 2018. 基于 LMDI 方法的广东省物流业碳排放影响因素分析[J]. 数学的实践与认识，48（23）：272-277.
徐旭. 2011. 低碳物流的内涵、特征及发展模式[J]. 商业研究，（4）：183-187.
徐勇谋. 2003. 现代物流管理基础[M]. 北京：化学工业出版社.
薛宁静. 2011. 多类支持向量机分类器对比研究[J]. 计算机工程与设计，32（5）：1792-1795.
阎平凡，张长水. 2005. 人工神经网络与模拟进化计算[M]. 2 版. 北京：清华大学出版社.
杨斌，白雪微，白丽莎. 2014. 基于 PCA 和 DEA 的江苏省物流业碳排放效率评价[J]. 江苏科技大学学报（自然科学版），28（2）：171-176.
杨桂元，唐小我. 1998. 非负权重组合预测模型优化方法研究[J]. 数量经济技术经济研究，（3）：56-60.
杨建华，高卉杰. 2016. 北京城市物流业碳排放及驱动因素研究[J]. 数学的实践与认识，46（6）：54-61.

杨涛. 2010. 关于低碳物流的内涵及相关问题的探讨[J]. 上海物流，（3）：18-21.
杨之雷. 2011. 现代物流业对低碳经济影响作用研究[J]. 生态经济，（6）：99-101.
叶航军，白雪生，徐光祐. 2003. 基于支持向量机的人脸姿态判定[J]. 清华大学学报（自然科学版），（1）：67-70.
于洋. 2014. 中国二氧化碳净排放和驱动因素研究[D]. 东北师范大学硕士学位论文.
余光英，员开奇. 2015. 湖南省碳排放总量测算及土地承载碳排放效应分析[J]. 资源开发与市场，31（1）：52-56，99.
俞立军，赉可荣. 2002. 基于神经网络的软件可靠性模型的实现与分析[J]. 计算技术与自动化，21（3）：1-4.
员开奇，董捷. 2014. 湖北省碳排放研究：总量测算、结构特征及脱钩分析[J]. 农业现代化研究，（4）：397-402.
苑清敏，张文龙，宁宁宁. 2016. 京津冀物流业碳排放驱动因素及脱钩效应研究[J]. 科技管理研究，（5）：222-226.
岳馨. 2010. 低碳经济下的低碳物流[J]. 中国商贸，（12）：101-102.
岳珍，赖茂生. 2006. 国外“情景分析”方法的进展[J]. 情报杂志，（7）：59-60，64.
臧新，潘国秀. 2016. FDI 对中国物流业碳排放影响的实证研究[J]. 中国人口·资源与环境，26（1）：39-46.
曾珏，周叶. 2019. 中国省域物流业碳排放空间差异分析[J]. 物流科技，42（6）：113-119.
翟永杰，王子杰，黄宝海，等. 2008. 基于 PSO 优化的 SMO 算法研究及应用[J]. 华北电力大学学报（自然科学版），（1）：57-61.
张阿钊. 2019. 新城市定位下北京城市物流发展现状及建议[J]. 物流科技，42（8）：137-138，144.
张峰，马洪云，沙景华. 2012. 基于情景分析法的 2020 年我国铜资源需求预测[J]. 资源与产业，14（4）：30-35.
张晶，蔡建峰. 2014. 我国物流业碳排放区域差异测度与分解[J]. 中国流通经济，28（8）：25-30.
张立国. 2015. 中国物流业能源消耗与二氧化碳排放效率测度及分析[D]. 南京航空航天大学硕士学位论文.
张立国. 2016. 中国物流业二氧化碳排放变化驱动因素分析[J]. 中国流通经济，30（12）：29-39.
张立国，李东，周德群. 2013. 中国物流业二氧化碳排放绩效的动态变化及区域差异——基于省级面板数据的实证分析[J]. 系统工程，31（4）：95-102.
张丽平. 2005. 粒子群优化算法的理论及实践[D]. 浙江大学博士学位论文.
张亮. 2015. 物流学[M]. 北京：人民邮电出版社.
张平. 2017. 我国生态物流的组织模式和网络结构分析[J]. 商业经济研究，（7）：109-111.

张文龙. 2016. 基于LMDI模型的京津冀物流业碳排放脱钩研究[D]. 天津理工大学硕士学位论文.
张耀华，李忠民. 2011. 中国各省区经济发展与碳排放脱钩关系研究[J]. 中国人口·资源与环境，21（5）：87-92.
张毅敏. 2014. 线性与非线性的组合模型在铁路客运量预测中的应用研究[D]. 西南交通大学硕士学位论文.
张永，鲍香台，梁歌，等. 2017. 低碳物流运作理论与方法[M]. 北京：科学出版社.
赵明. 2003. 多元线性回归预测及其检验在EXCEL中的实现[J]. 吉林化工学院学报，（2）：85-87.
赵倩. 2012. 内容分析法和情景分析法综合应用研究[D]. 南京农业大学硕士学位论文.
赵一平，孙启宏，段宁. 2006. 中国经济发展与能源消费响应关系研究——基于相对“脱钩”与“复钩”理论的实证研究[J]. 科研管理，27（3）：128-134.
钟颖，汪秉文. 2002. 基于遗传算法的BP神经网络时间序列预测模型[J]. 系统工程与电子技术，24（4）：9-11.
周宏春，王海芹. 2011. 对我国碳排放形势和低碳经济转型的研究[J]. 徐州工程学院学报（社会科学版），26（2）：1-7.
周晓剑，马义中，朱嘉钢. 2010. SMO算法的简化及其在非正定核条件下的应用[J]. 计算机研究与发展，47（11）：1962-1969.
周叶，郭玲俊，唐恩斌. 2018. 基于EKC的省域物流行业碳排放特征——中国四省域的实证[J]. 北京交通大学学报（社会科学版），17（1）：85-93.
周叶，王道平. 2011. 中国省域物流作业的CO_2排放量测评及低碳化对策研究[J]. 中国人口·资源与环境，21（9）：81-87.
朱齐丹，张智，邢卓异. 2007. 支持向量机改进序列最小优化学习算法[J]. 哈尔滨工程大学学报，（2）：183-188.
庄东，陈英. 2005. 基于加权近似支持向量机的文本分类[J]. 清华大学学报（自然科学版），（S1）：1787-1790.
Agarana M C，Bishop S A，Agboola O O. 2017. Minimizing carbon emissions from transportation projects in Sub-Saharan Africa cities using mathematical model：a focus on Lagos，Nigeria[J]. Procedia Manufacturing，7：596-601.
Aldy J E，Stavins R N. 2007. Architectures for Agreement：Addressing Global Climate Change in the Post-Kyoto World[M]. Cambridge：Cambridge University Press.
Andrawis R R，Atiya A F，El-Shishiny H. 2011. Combination of long term and short term forecasts，with application to tourism demand forecasting[J]. International Journal of Forecasting，27（3）：870-886.
Andreoni V，Galmarini S. 2012. European CO_2 emission trends：a decomposition analysis for water

and aviation transport sectors[J]. Energy，45（1）：595-602.

Arel I，Rose D C，Karnowski T P. 2010. Deep machine learning—a new frontier in artificial intelligence research[J]. IEEE Computational Intelligence Magazine，5（4）：13-18.

Bengio Y. 2009. Learning deep architectures for AI[J]. Foundations and Trends in Machine Learning，2（1）：1-127.

Bergh F V D，Engelbrecht A P. 2002. A new locally convergent particle swarm optimizer[C]//IEEE International Conference on Systems，Man and Cybernetics. Hammamet，Tunisia：96-101.

Bloomfield P. 2000. Fourier Analysis of Time Series：An Introduction[M]. Hoboken：John Wiley and Sons.

Bose M，Mali K. 2019. Designing fuzzy time series forecasting models：a survey[J]. International Journal of Approximate Reasoning，111（3）：78-99.

Boser B E，Guyou I M，Vapnik V N. 1992. A training algorithm for optimal margin classifiers[C]// The 5th Annual Workshop on Computational Learning Theory. New York：ACM Press：144-152.

Carter A P. 1966. The economics of technological change[J]. Scientific American，214：25-31.

Chaturvedi K T，Srivastava L，Pandit M. 2009. Particle swarm optimization with time varying acceleration coefficients for non-convex economic power dispatch[J]. Electrical Power and Energy Systems，31（6）：249-257.

Choudhary A，Sarkar S，Settur S，et al. 2015. A carbon market sensitive optimization model for integrated forward-reverse logistics[J]. International Journal of Production Economics，164：433-444.

Ding S F，Liu X L，Zhang L W. 2010. Research on ranking support vector machine and prospects[C]. Chinese Control Conference.

Duan K，Keerthi S S，Poo A N. 2003. Evaluation of simple performance measures for tuning SVM hyperparameters[J]. Neurocomputing，51：41-59.

Fan R E，Chen P H，Lin C J. 2005. Working set selection using second order information for training SVM[J]. Journal of Machine Learning Research，6（12）：1889-1918.

Govindan K，Kaliyan M，Kannan D，et al. 2014. Barriers analysis for green supply chain management implementation in Indian industries using analytic hierarchy process[J]. International Journal of Production Economics，147：555-568.

Granger C W J，Ramanathan R. 1984. Improved methods of combining forecasts[J]. Journal of Forecasting，3（2）：197-204.

Greene S，Jia H，Rubio-Domingo G. 2020. Well-to-tank carbon emissions from crude oil maritime transportation[J]. Transportation Research Part D：Transport and Environment，88：102587.

Hoen K M R，Tan T，Fransoo J C，et al. 2014. Effect of carbon emission regulations on transport mode selection under stochastic demand[J]. Flexible Services and Manufacturing Journal, 26（1/2）: 170-195.

Holden K, Peel D A. 1986. An empirical investigation of combinations of economic forecasts[J]. Journal of Forecasting, 5（4）: 229-242.

Huang H. 2010. A study of developing Chinese low carbon logistics in the new railway period[C]// 2010 International Conference on E-Product E-Service and E-Entertainment. Henan, China: 1-4.

Jamnongchob A, Duangphakdee O, Hanpattanakit P. 2017. CO_2 emission of tourist transportation in Suan Phueng Mountain, Thailand[J]. Energy Procedia, 136: 438-443.

Janson S, Middendorf M. 2003. A hierarchical particle swarm optimizer[C]//IEEE Congress on Evolutionary Computation. Canbella, Australia: 770-776.

Joachims T. 1998. Text categorization with support vector machines[C]//Proceedings of 10th European Conference on Machine Learning（ECML-98）. Chemnitz, DE: 137-142.

Joachims T. 1999. Transductive inference for text classification using support vector machines[C]// The 16th International Conference on Machine Learning: 200-209.

Keerthi S S, Gilbert E G. 2002. Convergence of a generalized SMO algorithm for SVM classifier design[J]. Machine Learning, 46（1/3）: 351-360.

Keerthi S S, Shevade S K, Bhattacharyy C. 2001. Improvements to Platt's SMO algorithm for SVM classifier design[J]. Neural Computation, 13（3）: 637-649.

Lakshmanan T R, Han X. 1997. Factors underlying transportation CO_2 emissions in the USA: a decomposition analysis[J]. Transportation Research Part D: Transport and Enviroment, 2（1）: 1-15.

Leal I C, Jr, D'Agosto M D A. 2011. Modal choice evaluation of transport alternatives for exporting bio-ethanol from Brazil[J]. Transportation Research Part D: Transport and Environment, 16（3）: 201-207.

LeCun Y, Jackel L D, Bottou L, et al. 1995a. Comparison of learning algorithms for handwritten digit recognition[C]//Proceedings of the International Conference on Artificial Neural Networks: 53-60.

LeCun Y, Jackel L D, Bottou L, et al. 1995b. Learning algorithms for classification: a comparison on handwritten digit recognition[C]//Neural Networks: The Statistical Mechanics Perspective: 261-276.

Lin B, Benjamin N I. 2017. Influencing factors on carbon emissions in China transport industry. A new evidence from quantile regression analysis[J]. Journal of Cleaner Production, 150: 175-187.

Lin C F, Wang S D. 2002. Fuzzy support vector machines[J]. IEEE Transaction on Neural

Networks，13（2）：464-471.

Little R. 1991. Advanced avionics for military needs[J]. Computing and Control Engineering Journal，1：29-34.

Liu J W，Wang Z Y，Xiao X. 2007. A hybrid SVM/DDBHMM decision fusion modeling for robust continuous digital speech recognition[J]. Pattern Recognition Letters，28（8）：912-920.

Mangasarion O L，Musicant D R. 2001. Lagrangian support vector machines[J]. Journal of Machine Learning Research，1（9）：161-177.

Mariano E B，Gobbo J A，Jr，Camioto F D C，et al. 2017. CO_2 emissions and logistics performance：a composite index proposal[J]. Journal of Cleaner Production，163：166-178.

Mazzarino M. 2000. The economics of the greenhouse effect：evaluating the climate change impact due to the transport sector in Italy[J]. Energy Policy，28（13）：957-966.

Mensink C，de Vlieger I，Nys J. 2000. An urban transport emission model for the Antwerp area[J]. Atmospheric Environment，34（27）：4595-4602.

Mnih V，Heess N，Graves A，et al. 2014. Recurrent models of visual attention[C]// Proceedings of the Neural Information Processing Systems：2204-2212.

Moody J，Darken C. 1989. Fast learning in networks of locally-tuned processing units[J]. Neural Computation，（1）：281-294.

Osuna E，Frenud R，Girosi F. 1997a. An improved training algorithm for support vector machines[C]//Proceedings of IEEE Workshop on Neural Networks for Signal Processing：276-285.

Osuna E，Frenud R，Girosi F. 1997b. Training support vector machines：an applicationto face detection[C]// Proceeding of Conference on Computer Vision and Pattern Recognition. Washington DC：IEEE Computer Society：130-136.

Papagiannaki K，Diakoulaki D. 2009. Decomposition analysis of CO_2 emissions from passenger cars：the cases of Greece and Denmark[J]. Energy Policy，37（8）：3259-3267.

Pham T Y，Ma H M，Yeo G T. 2017. Application of fuzzy Delphi TOPSIS to locate logistics centers in Vietnam：the logisticians' perspective[J]. The Asian Journal of Shipping and Logistics，33（4）：211-219.

Piecyk M I，McKinnon A C. 2010. Forecasting the carbon footprint of road freight transport in 2020[J]. International Journal of Production Economics，128（1）：31-42.

Pita P，Winyuchakrit P，Limmeechokchai B. 2020. Analysis of factors affecting energy consumption and CO_2 emissions in Thailand's road passenger transport[J]. Heilyon，6：e05112.

Platt J C. 1999. Fast training of support vector machines using sequential minimal optimization[C]//Scholkopf B，Burges C J C，Smola A J. Advances in Kernel Methods-Support Vector Learning. Cambridge：MIT Press：185-208.

Postorino M N, Mantecchini L. 2014. A transport carbon footprint methodology to assess airport carbon emissions[J]. Journal of Air Transport Management, 37: 76-86.

Raicharoen T, Lursinsap C, Sanguanbhokai P. 2003. Application of critical support vector machine to time series prediction[C]//Proceedings of the 2003 International Symposium on Circuits and Systems: 741-744.

Ramachandra T V, Shwetmala. 2009. Emissions from India's transport sector: statewise synthesis[J]. Atmospheric Environment, 43 (34): 5510-5517.

Rodrigue J P, Slack B, Comtois C. 2008. Green logistics[C]//Brewer A M, Button K J, Hensher D A. Handbook of Logistics and Supply-Chain Management. Bingley: Emerald Group Publishing Limited: 339-350.

Rudi A, Fröhling M, Zimmer K, et al. 2016. Freight transportation planning considering carbon emissions and in-transit holding costs: a capacitated multi-commodity network flow model[J]. EURO Journal on Transportation and Logistics, 5 (2): 123-160.

Saija S, Romano D. 2002. A methodology for the estimation of road transport air emissions in urban areas of Italy[J]. Atmospheric Environment, 36 (34): 5377-5383.

Sbihi A, Eglese R W. 2007. Combinatorial optimization and green logistics[J]. 4OR: Quarterly Journal of the Belgian, French and Italian Operations Research Societies, 5 (2): 99-116.

Shaw A W. 1912. Some problems in market distribution[J]. The Quarterly Journal of Economics, 26 (4): 703-765.

Shi Y, Eberhart R C. 1998. A modified particle swarm optimizer[R]. IEEE International Conference on Evolutionary Computation. Anchorage, USA.

Shi Y, Eberhart R C. 2001. Fuzzy adaptive particle swam optimization[C]//Proceeding of the Congress on Evolutionary Computation. Seoul, Korea: 101-106.

Suykens J A K, Vandewalle J. 1999. Least squares support vector machine classifiers[J]. Neural Processing Letters, 9 (3): 293-300.

Tapio P. 2005. Towards a theory of decoupling: degrees of decoupling in the EU and the case of road traffic in Finland between 1970 and 2001[J]. Transport Policy, 12 (2): 137-151.

Terui N, van Dijk H V. 2002. Combined forecasts from linear and nonlinear time series models[J]. International Journal of Forecasting, 18 (3): 421-438.

Thuy N T T, Vien N A, Vient N H, et al. 2009. Probabilistic ranking support vector machine[C]// Advances in Neural Networks-ISNN 2009. Berlin: Springer: 345-353.

Timilsina G R, Shrestha A. 2008. Factors affecting transport sector CO_2 emissions growth in Latin American and Caribbean countries: an LMDI decomposition analysis[J]. International Journal of Energy Research, 33 (4): 396-414.

Timilsina G R, Shrestha A. 2009. Transport sector CO_2 emissions growth in Asia: underlying factors and policy options[J]. Energy Policy，37（11）：4523-4539.

Tong S，Koller D. 2002. Support vector machine active learning with applications to text classification[J]. Journal of Machines Learning Research，2（1）：45-66.

Treitl S，Nolz P C，Jammernegg W. 2014. Incorporating environmental aspects in an inventory routing problem. A case study from the petrochemical industry[J]. Flexible Services and Manufacturing Journal，26（1/2）：143-169.

Vapnik V N. 1998. Statistical Learning Theory[M]. New York：Wiley.

Vapnik V N. 1999. The Nature of Statistical Learning Theory[M]. 2nd ed. Berlin：Springer.

Velázquez-Martínez J C，Fransoo J C，Blanco E E，et al. 2014. The impact of carbon footprinting aggregation on realizing emission reduction targets[J]. Flexible Services and Manufacturing Journal，26（1/2）：196-220.

Vincent P，Larochelle H，Lajoie I，et al. 2010. Stacked denoising autoencoders：learning useful representations in a deep network with a local denoising criterion[J]. Journal of Machine Learning Research，11（12）：3371-3408.

Warsing D P，Souza G C，Greis N P. 2001. Determining the value of dedicated multimodal cargo facilities in a multi-region distribution network[J]. European Journal of Operational Research，133（1）：81-93.

Wu H，Dunn S C. 1995. Environmentally responsible logistics systems[J]. International Journal of Physical Distribution and Logistics Management，25（2）：20-38.

Yachai K，Kongboon R，Gheewala S H，et al. 2020. Carbon footprint adaptation on green supply chain and logistics of papaya in Yasothon Province using geographic information system[J]. Journal of Cleaner Production，281：125214.

Yajima Y，Kuo T F. 2006. Efficient formulations for 1-SVM and their application to recommendation tasks[J]. Journal of Computers，1（3）：27-34.

York R，Rosa E A，Dietz T. 2003. STIRPAT，IPAT and ImPACT：analytic tools for unpacking the driving forces of environmental impacts[J]. Ecological Economics，23：351-365.

Yu H，Kim Y H，Wang S. 2009. An efficient method for learning ranking SVM[C]//Proceedings of Pacific-Asia Conference on Knowledge Discovery and Data Mining. Berlin：Springer：426-438.